如松与您一起循着历史的轨迹,揭示财富的真谛。

这是一部有关财富的史诗

如松看
财富之道

如松 ◎ 著

国防工业出版社
National Defense Industry Press
·北京·

图书在版编目(CIP)数据

如松看财富之道/如松著．—北京：国防工业出版社，
2017.2
　ISBN 978－7－118－11191－0

　Ⅰ．①如… Ⅱ．①如… Ⅲ．①货币银行学－研究
Ⅳ．①F820

　中国版本图书馆 CIP 数据核字(2017)第 014692 号

※

国防工业出版社出版发行
（北京市海淀区紫竹院南路 23 号　邮政编码 100048）
北京嘉恒彩色印刷有限责任公司
新华书店经售
*

开本 710×1000　1/16　印张 21¼　字数 278 千字
2017 年 2 月第 1 版第 1 次印刷　印数 1—20000 册　定价 58.00 元

（本书如有印装错误，我社负责调换）

国防书店：(010)88540777　　发行邮购：(010)88540776
发行传真：(010)88540755　　发行业务：(010)88540717

自序

我站在历史的殿堂上极目远眺,看到了很多伟大的时代丰碑,春秋战国、盛世隋唐、古罗马都极大地推动了世界文明的进步,并彰显其恢宏;也看到很多似流星一样的时代,历史虽为其留下些许笔墨,但记录的却只有耻辱、暴力和贫穷。

春秋战国的沃土上留下老子、孔子、鬼谷子等先贤的足迹,无数政治家、军事家、侠士、剑客在世间留名。兼容并蓄、海纳百川、自信自豪的伟大唐人演绎着盛世大唐,李白、杜甫、王维、李贺、韩愈、白居易、李商隐、杜牧用他们的风流倜傥书写着那个伟大的时代。我的眼光转向欧洲,探寻古罗马称霸地中海的深层原因,追寻大英帝国崛起之谜。

是什么造就了这些激情澎湃的时代?诞生无数风流人物?是什么激发了人们勇于探索、追求卓越、奠定繁荣与富强的伟大精神?是什么让这些时代积累了巨大的财富?让他们的人民走向富裕,让他们的民族走向强大?

夏日炎炎、我苦苦寻觅;白雪皑皑,我上下求索。拨开尘封的历史,终于见到了将这些时代引向繁荣富强的那缕光芒——黄金法则。是它,深耕出非凡的沃土,孕育出无数风流人物;是它,让人们具有不可遏止的进取精神,焕发出无穷无尽的动力;是它,让社会财富加速膨胀,让人民走向富足;是它,引领了财富从权力的身边转移到社会的各个角落,让财富普照大地,温暖人间。

以法治不断进步和货币信用恒定为两大支柱的黄金法则,造就了让世人充满向往的时代;破坏黄金法则就会形成民不聊生的时代,产生无数看似伟大的小人物。在历史的长河中，形成了截然不同的财富表现形式，也形成了不同的财富积累之路。

　　财富自有它运行的轨迹，无论政治家还是富可敌国的商人都是固有轨迹下弄潮的结果。

　　历史书写了过去也决定着未来，让我们顺着那缕光芒，寻找每个民族和每个人自己的财富之道。

目录

第一章 皇帝那点事儿 / 001
    刘邦的"烧钱"本领 / 002
    钱的"起义" / 028
    特殊的职业 / 047

第二章 商圣之道 / 049
    财神的商道 / 050
    吕不韦的财富之道 / 078

第三章 黄金的光芒 / 101
    人与自然 / 102
    地上的太阳 / 105
    黄金法则 / 109

第四章 黄金法则下的东方神话 / 113
    春秋战国的财富神话 / 114
    汉唐文明中的黄金光芒 / 145
    黄金魔咒 / 162

第五章 黄金代表的财富流动 / 191
    上币与下币 / 192
    财富社会化 / 201

第六章　终结者/ 203

　　西方的黄金法则/ 204

　　英国——终结者/ 208

　　国家的信用与国家的财富/ 215

第七章　富豪的神话/ 223

　　生产要素与"财富要素"/ 224

　　财富演义（一）/ 225

　　财富演义（二）/ 229

　　财富演义（三）/ 232

第八章　美元霸权的"虚"与"实"/ 235

　　美元与英镑/ 236

　　美元的霸权/ 242

　　美元的战略/ 249

第九章　财富赌局/ 271

　　津巴布韦的"竞技场"/ 272

　　筹码/ 279

第十章　信用货币的迷局/ 283

　　货币与银行券/ 284

　　游戏的核心/ 287

第十一章　货币周期与财富轮回/ 301

　　美元的轮回/ 302

　　滞胀——世界无法摆脱的归宿/ 320

后记/ 331

第一章

皇帝那点事儿

司马迁说：帝王（汉高祖刘邦）的功业，兴起于民间，天下英雄豪杰互相联合，讨伐暴秦，气势超过了三代（指夏、商、周三代）……高祖发奋有为而成为天下英雄，怎么能说没有封地便不能成为帝王呢？……汉朝兴起，面对过去的弊病，改变了治国法则，使百姓不疲倦。

在财富的问题上，刘邦更有卓越的见识！

此外，朱元璋还告诉我们，钱是怎么"起义"的，地主也是有境界的。

刘邦的"烧钱"本领

大夫的后代

刘氏起源于三皇五帝中的尧帝,尧帝长子监明受封于"刘"邑(今河北省唐县),刘姓从此产生。尧帝是中国先古时期的贤明之君,作为后代的刘姓朋友们自然值得自豪。但当今的刘姓也有很大一部分是由少数民族汉化而来(主要是南北朝时期),这部分刘姓朋友们也应该为先祖的尚武精神而自豪,遥想先祖们金戈铁马、跃马扬鞭、扫荡大漠南北,自然是心潮澎湃。汉高祖刘邦(公元前256年—公元前195年)应属于尧帝的后代,那时还没有少数民族汉化一说。战国后期,刘邦的先祖成为魏国的大夫。

大夫相当于什么呢?

早在夏朝的《礼记》就曾述及:"夏后氏官百,天子有三公、九卿、二十七大夫、八十一元士。"这说明,在夏朝的时候,天子的臣属中就有大夫这一等级,位列三公、九卿之下,士之上。到周成王制定周礼的时候,天子的臣属也按公、卿、大夫、士的序列设定。这些时期,士均排在大夫之后。到了战国时期,大夫依旧存在,但出现了一个新概念——"士大夫"。"士大夫"和"大夫""士"的唯一差异就是"士"悄悄溜到"大夫"前面去了,虽然表面差异不大,但内在的含义差别很大。春秋时期的大夫,大部分依靠分封而来,可以世袭,您当上了大夫,后代子子孙孙都可以担任这一职务,当然也享受这一职务所对应的食邑,并占有相应的封地。到战国时期,这样的"大夫"依旧存在,但有些"士"的地位悄悄地和他们并肩甚至超过了他们,这就产生了"士大夫"。这些"士"怎么才能与大夫并肩甚至超过他们？战国时期各路诸侯互相争霸，君主急需有才能的人，有些人虽然身份地位比较低，但君主也顾不了那么多，都要重用，否则就有被别的诸侯干掉的风险，这个玩笑可开不得。一些出身于"士"的人靠自身的才能，建功立业，就会上升到高位甚至出将入相，"士大夫"也就因此而产生，苏秦、张仪等人都属此类。这里蕴含的差异很明显，"大夫""士"强调的是等级，一个人的财富、地位完全取决于"投胎技术"，而"士大夫"强调的是才能，"投胎技术"差点没关系，"投胎"的时间误了钟点也可以补救，只要有才能就行，这是战国时期不断涌现各类风云人物的主要原因之一。等级界限不断淡化，任何有本事的人都可以凭自己的才能取得高官厚禄。但不管怎么说，无论春秋还是战国，大夫都指有一定官职和爵位的人，有自己的封地，具体刘邦的先祖属于哪一类，就无法考证了。刘邦的先祖在大梁（战国后期魏国的国都，今河南开封西北）当大夫，而刘邦的曾祖父刘清就在大梁出生，由此看来，刘邦也是典型的官N代。

　　刘邦先生比较不幸，源于他的官N代的身份在当时已经算不上什么好事。公元前361年，魏惠王将国都从洹水（今河北魏县）迁都大梁，此时魏国已经称霸中原100多年。但公元前341年的马陵之战后，魏国降格为战国时期的二流强国，而且魏国挡住了秦国东出的门户，秦国如果东出争夺天下，就必须先把魏国办得服服帖帖，所以，魏国一直受到秦国的打击。我们经常说，个人的命运与国家的兴衰紧密关联，魏国风雨飘摇，而刘邦的先祖在魏国当差，自然也是朝不保夕。到了刘邦出生以后，官N代的身份不是荣耀，却可能成为催命符。果然，到了公元前225年，秦国将军王贲以水淹之计攻破大梁，魏国灭亡。刘邦也成为亡国的官N代，算彻底歇菜了。

　　战国后期，魏国危在旦夕，只有信陵君魏无忌（？—公元前243年）在勉力支撑魏国的大局。魏国灭亡，秦国为了防止魏国死灰复燃，就会将魏国贵族看成打击对象，刘家属于大夫阶层，也属于贵族，很可能登上秦国的黑名单、生死簿。刘清为了避免上秦国的黑名单，曾隐姓埋名，改姓金氏，叫金流。后来时间长了，对刘家的贵族身份也就淡忘了，金流便又恢复刘姓，仍叫刘清。按刘邦的出生时间推断，此事应该发生在魏国灭亡之前。看来刘清是聪明人，在魏国这条"大船"沉没之前，提前洗洗脚、上了岸。

刘清的长子刘仁，就是刘邦的祖父，迁居沛郡丰邑。春秋战国时期，沛地原属宋国。公元前286年，宋国被齐国所灭，沛地划归齐国。公元前284年五国伐齐后，原宋国国土尽入魏国，是魏国东陲。到刘邦出生的时候，沛地已成为楚国的属地，到秦朝时设沛县，属泗水郡。如果您觉得很乱，很正常，本人也觉得乱，因为战国时期诸侯互相争霸，沛地这样的边陲之地，不停地变换大王旗也是正常的。到了刘太公（刘煓）和刘邦这二代，官N代已经成为过眼云烟，刘家已经是地道的农民。

职业的选择

按说，农民的职业就是春种秋收，农闲之余进城打点短工，贴补家用。估计刘邦那个时代也没有农民工的说法，一般农民不会脱离土地。

然而，凡事都有例外，刘邦不是一般的农民。

《史记·高祖本纪》记载，汉高祖"仁而爱人，喜施，意豁如也。常有大度，不事家人生产作业"。意思是说刘邦非常仁爱大度，乐意帮助别人，但惟独不爱农活。如果换成今天的语言，既可以说是胸怀大志，也可以说是游手好闲。按说干活并不耽误实现胸中的大志，但胸怀大志之人却一般不喜体力劳动，这其中的原委也是众说纷纭。

游手好闲的刘邦自然经常被刘太公训斥，刘邦的记性很好，直到登基称帝的时候还清楚地记得这些事，当然不是记仇，或许更多的是感慨。

今天，我们经常看到这样的情形，有些人是典型的劳模，经常起早贪黑地干活，但一年到头收入有限；可也有一些人，很少干活，有空就打打麻将，东游西逛，和朋友喝酒聊天，但这些人的收入并不少，他们从事的是脑力劳动，选择的是不一样的职业。

刘邦就应该属于后一种，虽然已经沦落为农民，但刘邦的血脉中依旧留着官N代的血脉，恢复先祖的荣耀或许才是他的志向。没想到，刘邦的这一志向，不仅仅恢复了先祖的荣誉与地位，而且改变了历史，成就了大汉四百年基业，成为开国的始祖。

由此看来，每个人都应该有自己的梦想和志向。

战国后期，魏国公子魏无忌是非常著名的人物。公元前277年，魏无忌的父亲魏昭王去世，魏无忌的哥哥魏圉继承魏国王位，是为魏安釐王，翌年把其弟魏无忌封于信陵（今河南省宁陵县），因而被称为信陵君。魏无忌处于魏国走向衰落之时，他效仿孟尝君田文、平原君赵胜的辅政方法，延揽食客，养士数千人，自成势力。他礼贤下士、急人之困，这自然在身边聚拢了很多有为之士，靠这些人的帮助和自身的才能，曾在军事上两度击败强大的秦军，分别挽救了赵国和魏国危局。但他也屡遭魏安釐王猜忌而未能得到重任。公元前243年，既不能救国，也不能得到魏王的信任，信陵君沉溺于酒色而死，上演了又一出"壮志未酬身先死，长使英雄泪满襟"的悲剧，可在封建君主制度之下，为了权力，这样的悲剧剧情总会不断上演。

信陵君死后十八年，魏国被秦国所灭。

刘邦年轻时，非常羡慕信陵君的为人，很想投入他的门下。于是，他西行至大梁，可惜到达之后才知道信陵君已死（当时没有电话可以提前咨询，当代科技就是好啊）。但信陵君的门客张耳亦招纳门客，于是，刘邦赶往外黄（今河南杞县东，张耳是当时的外黄令）投入张耳门下，两人结成知己。到魏国灭亡时，张耳上了秦国黑名单，成为通缉犯，门客四散而逃，刘邦也只能逃回家乡。

但刘邦和张耳的渊源就此开始。陈胜吴广起义后，张耳为赵王武臣的右丞相。项羽自立为西楚霸王后，封张耳为常山王，治信都（今河北省冀州市），更名襄国，但张耳被陈余和齐王田荣击败。公元前205年，丧家失国的张耳投靠汉王刘邦。公元前203年，攻破赵国的韩信报请刘邦请封张耳为赵王，刘邦同意。公元前202年，张耳病逝，儿子张敖继立为赵王。刘邦和吕雉姿色秀丽的长女鲁元公主就嫁给了张敖，刘邦和张耳成为亲家。

由此可见，刘邦不是真正的游手好闲，而是选择了和农民不一样的职业，他向往的是权力，做一个农民满足不了他的志向。

刘邦回到家乡，自然也不是为了种地，而是要继续"游手好闲"。在张耳的门下做过门客，或许也能帮助刘邦提升一点在当地的声望。公元前218年，刘邦担任了沛县泗水亭长，虽然是"白领"，但这个官不大。战国时期，各国一般在邻接他国的边界地带设亭，亭的长官就是亭长，担任防御敌人进犯之责。到秦、汉时，亭的设置就不仅仅在边界，而是成为疆域内的普遍设置，每十里的乡村设一亭。因此，刘邦的职位近似于今天乡镇的派出所所长，同时还要兼税务所所长、镇长等职，多种职位一肩挑，今天的乡镇干部们如果想到刘邦老先生曾承担这么多的职责，是典型的多面手，更是复合型人才，只能是惭愧。不管怎么说，刘邦成为地方上的头面人物，和沛县衙门的官吏混得很熟，在当地也小有名气。萧何、樊哙、任敖、卢绾、周勃、灌婴、夏侯婴、周苛和周昌均为刘邦的好友，在当时，这些人如果举行聚会，估计也就在乡村的小酒馆，应该想不到未来有一天可以在皇宫的大殿中聚会。

刘邦既然成为秦朝的"公务员"，自然就要给皇帝老人家当差。今天的税收比较简单，企业和个人将税款通过银行转账给税务局就算万事大吉，地方再将税款一级一级地通过银行转账往上缴。当时可没有银行，更无法转账，何况古时候税收是比较复杂的，粮、役都是税收的主要形式。粮好说，就是按你种地的多少（或你家的人头多少），向国家交一定比例的粮食，即所谓"交公粮"。"役"的含义是每个地方每年都要按一定比例出人给皇帝老人家无偿干活，干活的地点大多在国都附近（当然，如果修公路或边防设施，就是在全国各地），秦朝也一样。作为下层官吏的刘邦除了经常要给上级官府或朝廷送粮之外，还要定期赶着一群人去秦朝的都城咸阳（或其他地方）缴税（您可别笑，这是事实）。在一次去咸阳缴税的路上，碰到秦始皇大队人马出巡，远远看去，秦始皇坐在装饰精美华丽的车上，威风八面，刘邦先生长叹一声，说："唉，大丈夫就应该这样！"

对农活不感兴趣的刘邦，知道即便做"劳模"也无法享受荣华富贵，位居权力之巅才是他刘邦要选择的职业，用古话来说，就是：燕雀安知鸿鹄之志哉？

有这样宏大的志向，当时的刘邦或许觉得孤独，老爹更不会理解，但终归还有一个人理解，那就是吕公。

吕公原籍单父县（即山东单县，今属菏泽市），估计属于姜子牙（又名吕尚）老先生这一族的后裔。吕公与沛县县令交好，为了躲避仇家，定居到沛县。吕公有相人之术，今天属于算命先生的行业，应该称呼为大师。他的长女名雉，字娥姁，他常对人说："此女有大富大贵之相。"沛县县令为其子向吕公求婚，对于一个外乡人，这应该属于难得的好事，缘于县令公子不管怎么说也属于官二代（虽然不那么显耀），老爹属于地方的土皇帝、大老爷，但遭到吕公婉言谢绝。在一次沛县县令举行的酒宴上，吕公与时任泗水亭长的刘邦相遇，吕公见刘邦气度非凡，因而特别敬重他。吕公又见刘邦相貌稀奇，在客人都散去之后，对刘邦说："我从年少的时候，就好给人相面。我相过的人太多了，但没有一位像你的相貌这样高贵的，愿你多多自爱！"虽然吕公看不上县令公子，却当场自作主张将吕雉嫁与刘邦，就是后来的吕后。

此时的刘邦已经 30 多岁了，即便在今天，都属于大龄未婚青年，在古代，更属于婚姻困难户。虽然泗水亭长有点权，但应该无法划归"钻石王老五"的范畴，"游手好闲"也不算什么好名声，好友萧何还不断给刘邦上"眼药"，对吕公说："刘邦只会说大话，没什么成就。"（估计刘邦登基后，萧何想到这句话就后悔，脖子后面的冷风嗖嗖的）

吕公的主张自然也遭到家庭的反对。

吕公妻子吕媪对吕公将女儿嫁与刘邦自然是非常不满意，怒冲冲地说："你平素总说我这个女儿不寻常，应该嫁与贵人。而今为何轻易把女儿打发了？"吕公一笑："妇道人家懂得什么？"最终，吕雉嫁给了刘邦。

吕公这一"面"相得相当有水平，不愧是姜氏家族的后裔，深得姜子牙老先生的"真传"。考虑到刘邦成为后来的汉高祖（图1.1），属于千百万人中唯一的一个，吕公的相面水平绝对属于大师级。

图1.1 清朝画家上官周《晚笑堂画传》中的汉高祖刘邦画像
（图片来源：维基百科）

汉高祖刘邦是中国历史上第一位平民出身的天子，也是唯一一位主要依靠家乡的穷哥们打下天下的皇帝，虽然出身寒微，但具有雄才大略。

创业之路

据《史记·高祖本纪》记载："高祖以亭长为县送徒骊山，徒多道亡。自度比至皆亡之，到丰西泽中，止饮，夜乃解纵所送徒。曰：'公等皆去，吾亦从此逝矣！'徒中壮士愿从者十余人。"大意是说，刘邦以亭长的身份将需要服役的犯人送往骊山，路途中多有逃亡，自己揣度即便到了骊山，刑徒也该逃光了，以秦国严酷的法律，自己也是必死无疑。此时的刘邦，体现出黑道"大哥"的一面。到了丰西泽中，召集大家畅饮一番，然后将押送的犯人全部释放，对他们说：你等都逃命去吧，我也要从此消失。既然"大哥"如此义气，就有十几个壮士自愿追随刘邦。

此时的刘邦，有家不能归，只能到芒砀山落草为寇。

我们经常说，时势造英雄，刘邦当然是英雄，一样为时势所造就。此时的秦朝，如果人民安居乐业，一片太平，刘邦这个山大王最终也是被秦朝军队剿灭、绑缚法场的命运。可当时的秦朝完全不是那么回事，由于秦朝暴政，已经是天怒人怨。公元前209年（秦二世元年）秋，朝廷征发闾左贫民当壮丁，到渔阳（今北京、天津蓟县一带）守卫边防，其中就有陈胜、吴广等900余名戍卒。途中在蕲县大泽乡（今宿州）为大雨所阻，不能如期到达目的地，按秦律当斩，情急之下，陈胜、吴广领导戍卒杀死押解的军官，发动兵变。这本不奇怪，既然误了日期，左右都是死，如果不选择等死就只能是造反，最奇怪的是陈胜吴广起义之后各地的反应。

《史记·陈涉世家》如此说："当此时，诸郡县苦秦吏者，皆刑其长吏，杀之以应陈涉。"说的是陈胜（又称陈涉）起义后，各郡县受秦国官吏压榨的人们纷纷起事，将官吏抓起来，杀死之后响应陈涉。此时的秦朝已经是天怒人怨，主要原因是一间"办公室"和一块"墓地"的修建。

今天的人们自然无法理解，办公室再大也有限，一块墓地的建设更不可能成为浩大的工程，但古代的人们或许不是如此理解，因为时代不同了。

这间办公室不是普通办公室，而是皇帝老人家居住、办公的地方，叫作阿房宫；墓地也不是普通人家的墓地，而是皇帝老人家死后的住处，叫骊山陵墓。

阿房宫和骊山陵墓是秦朝并驾齐驱的两大工程，规模非常浩大。《史记·秦始皇本纪》载："始皇初即位，穿治郦山，及并天下，天下徒送诣七十余万人，穿三泉，下铜而致椁，宫观百官奇器珍怪徙藏满之。"这说明秦国统一六国之前、秦始皇刚刚登上王位之后，就开始在骊山修建自己的墓地，预备自己在阴间的住处。秦国统一六国之后，又征调70多万刑徒继续修造。皇帝老人家活着住在皇宫，在大殿上班，有大臣一起议事，下班以后有三宫六院从事娱乐活动，死后的待遇当然不能改变，依然要工作生活两不误，更不能让老人家寂寞，而且还要提防盗墓。所以，骊山陵墓挖得极深，再灌进铜液把洞穴的空隙处填满，然后放下外棺，在墓室里藏满了陶制的宫殿、百官、珍奇宝物等随葬品。当皇帝就是好啊，死后也不会退休，待遇完全不变。

秦始皇去世时，阿房宫并未修成，但考虑到皇帝老人家急需阴间的住所，工期紧任务重，阿房宫工地的刑徒都被调到骊山陵墓去填土。二世皇帝元年（公元前209年）四月，秦始皇陵主体工程基本完工之后，二世皇帝继续先皇未竟的事业，集中人力修筑阿房宫。

骊山陵墓是浩大的工程，但阿房宫毫不逊色。阿房宫工程的规模到底有多大？《史记·秦始皇本纪》记载："（始皇帝）三十五年（公元前212年）……始皇以为咸阳人多，先王之宫廷小，吾闻周文王都丰，武王都镐，丰镐之间，帝王之都也。乃营作朝宫渭南上林苑中。先作前殿阿房，东西五百步，南北五十丈，上可以坐万人，下可以建五丈旗。周驰为阁道，自殿下直抵南山。表南山之颠以为阙。为复道，自阿房渡渭，属之咸阳，以象天极阁道绝汉抵营室也。"这是《史记》里关于阿房宫兴建规模、总体规划与布局的唯一一段描述。秦始皇要仿照周文王、周武王的做法营造两处宫殿，原来秦朝的宫殿在咸阳，新的宫殿在渭南上林苑。这项工程需要分期完成，一期工程是先造前殿阿房宫，属于主体建筑，是皇帝与朝臣议事的地方，东西宽度约五百步，约合今天的700米，南北长五十丈，约合今天的115米，占地面积约8万平方米，殿上可容纳1万人就坐，殿下可以立五丈高的旗帜。

二期工程是在前殿阿房宫及其附属建筑竣工后,以阿房宫为中心,在其周围架设天桥阁道并从殿前直达终南山,还在山顶修建宫阙。又在殿后修建复道,由阿房宫北渡渭水,连接咸阳宫殿。

即便在今天,这也是非常宏伟、花费巨大的工程,更不用说是在2000多年前。

然而,这只是局部,不知道大家注意了没有,秦朝的国都在咸阳,这就在咸阳集中了大量的人口,文武大臣(包括他们的老婆孩子)、皇帝的七大姑八大姨和三宫六院甚至包括到咸阳做生意的都集中在咸阳,这对咸阳的粮食供给造成很大的压力。现在又大规模修建骊山陵墓和阿房宫,这些刑徒和管理人员是要吃饭的,关中平原不可能满足这么多人口的粮食供给,只能从关东调拨。那个时代,既没有飞机、高铁,也没有高速公路和国道,所有的运输都要靠人力、畜力来完成,为了防止这些人力、畜力消耗运往关中地区的粮草,二世皇帝特地下令,运粮食的民工只能自带干粮,不能消耗征调的粮食,这些后勤补给需要更大量的人力,最终农业生产被荒废,人民苦不堪言。

二世皇帝虽然高高在上,但脚下已经是一堆干柴,陈胜就是那点火之人,各地纷纷响应。

本来刘邦在芒砀山落草为寇,如果天下不乱,最多做个山大王也就到家了。可是,陈胜点燃了农民起义的熊熊烈火,山大王就不是"草头王",最终的事实证明,刘邦这山大王的"山"扩大成了江山。

时势造英雄。

秦朝各地纷纷杀掉地方官吏,沛县县令也是惶恐不安,担心自己哪一天也会脑袋搬家,急忙召集手下商议,主要是萧何和曹参。看到县令召集这两人(刘邦的哥们),知道他的眼光可不是一般的差。萧何在当地具有比较高的威信,秦朝御史来沛县考核各郡国事务时,萧何表现很好,被评为第一,御史想征召萧何进入朝中当官,被萧何拒绝。考虑到秦朝当时的局势,萧何也是个明白人,秦朝的"船"就要沉了,我怎么能上"贼船"?县令非常倚重萧何。无论萧何还是曹参,说是县令的下属，不如说是刘邦的内应，与刘邦的关系非常好。商议的结果也就可想而知，萧何、曹参等人自然劝县令召回刘邦，县令答应，于是派樊哙前往征召。樊哙一走，县令就明白过味来了，估计他对自己手下这帮人与刘邦的关系也有所耳闻，如果刘邦回来，即便自己可以保得住性命，也是大权旁落。所以，刘邦到达沛县时，县令拒不开城，但刘邦有办法（城内有很多自己人自然有办法），率领百余人往沛县城中射箭送信，说服城内人诛杀了县令，于是刘邦被立为沛县令，自称沛公。此时，刘邦的兵力有五六千人，开始不断攻掠周围各地，刘邦的创业之路正式起步。

刘邦"烧现金"

秦朝处于特殊的时代，之所以特殊，有两点原因，一项是客观的，另一项是主观的。

咱先说客观的。虽然秦始皇在公元前221年统一了中国，但在此之前，中国已经经过了数百年的春秋战国大分裂时期，各国逐渐形成了自己的习俗、文化和价值观，楚国就是楚国，燕国就是燕国，等等，大一统的概念已经淡化，战国时期的各个诸侯国对自身的独立性都有了很深的认同，诸侯国就是自己的国家，各诸侯国内部宗族、贵族的势力更是盘根错节。虽然秦始皇用武力在名义上统一了六国，但各国文化、习俗、信仰等方面的独立性并没有改变，这是任何一个长期分裂的国家在统一之后必定面临的问题。此时的秦朝必须通过长期的修养生息、轻徭薄赋使人们安居乐业，削弱各诸侯国的贵族势力和宗族势力，让各地的人民相互认同、诸侯国国家的观念淡化之后，才能实现彻底的稳定。秦始皇亡于公元前210年，秦二世亡于公元前207年，距离秦国统一六国的公元前221年仅仅十来年，虽然国家表面上统一了，但内部并未稳定，当动荡来临时，就很容易再次四分五裂。

再说主观的，无论秦始皇还是秦二世，实行的都是严刑酷法，加上骊山陵墓和阿房宫的修建，人民负担沉重，苦不堪言，再加上一个著名的"人妖"赵高的折腾，秦朝就只有"奈何桥"一条路可走，而且是快速灭亡。

陈胜吴广起义之后，关东地区立即大乱。公元前209年10月，田儋自立为齐王；公元前209年11月，周市立魏咎为魏王，周市任相国，其余赵、楚、韩、燕也纷纷复国，加上关东义军有项梁、项羽这样的名将，秦朝立即分崩离析。

刘邦在此时率领义军参与推翻秦朝，并率先攻入关中（图1.2为汉太祖入关图），成了一路诸侯，被封为汉王。

图 1.2　汉太祖入关图

（作者为宋代画家赵伯驹，图片来源：维基百科）

刘邦被尊称为汉高祖、汉太祖。公元前207年，秦上将军章邯打败楚地各路义军之后，率20余万秦军北上进攻赵国，与王离部20万秦军共同围困赵王歇于巨鹿（今河北平乡）。楚怀王命宋义、项羽、范增救赵，刘邦向西进攻关中。公元前206年，刘邦攻入武关，武关位于今陕西省丹凤县境内，与函谷关、萧关、大散关并称为"秦之四塞"，随后，秦朝灭亡。鸿门（今陕西临潼城东）宴之后，刘邦被项羽封为汉中王。

秦朝灭亡之后，各路豪杰再次争霸天下，尤其是楚汉相争，这才是真正的、登上权力顶峰的艰难道路，此时的刘邦显示出自己的谋略和"烧钱"的豪气。

在古代的封建社会，皇权拥有一言九鼎的权力。比如：皇帝有很多特权，住皇宫，有三宫六院，有大批的侍卫守护，"普天之下莫非王土，率土之滨莫非王臣"，等等。掌握了皇权就意味着拥有全社会所有的财富，这些财富中的大部分并不是市场上流通的货币可以衡量的，更无法实现购买。官员们也因为掌握了部分权力而拥有无形的财富，他们如果到各地巡视，前面会有人举个牌子，上书"肃静""回避"，做买卖的讲话要压低声音，路上摆摊的、行走的都要回避，当地的地方官员需要迎接，在西周时期，只有官吏的子弟才有资格读书，等等。这些都是官吏独有的财富，也无法用流通的货币来衡量，一般也不能购买。

假如一位明朝的高官和徐霞客（明代旅行家）同时出发，外出旅行同样的距离和时间，兜里揣着同样多的钱，高官回家时，兜中的钱甚至会增加，源于各地方的官吏总要孝敬孝敬，吃住行都会是免费招待，而徐霞客先生归来时很可能是囊中空空。这代表同样数量的钱币，实际的价值并不同，含金量有巨大的差异，缘于高官随身还带着无形、真正的财富——权力。

换言之，在封建社会，拥有权力就拥有了社会的财富，皇权代表的是拥有普天之下的所有财富，是最大的地主。刘邦要想成为普天之下最大的地主，就必须登上权力的顶峰，这条路有进无退，退则意味着时刻可能一无所有，后来的韩信应该深有体会。

刘邦对这个门道认识得很清楚，所以，西汉建国之后，异姓王被铲除，这些没有登上权力顶峰的地主甚至连做农民的资格都没有，刘邦老先生给他们中的大部分人制作了两种饭票：一种是牢狱的饭票；一种是阴间的饭票。

既然明白了封建社会的财富真谛，对于黄金与土地这些有形的钱财，刘邦老先生使用起来也就得心应手，也就有"烧钱"的豪气，而且绝不眨眼，注定他的主要对手项羽会败下阵来。

秦朝灭亡之后，各路诸侯开始瓜分秦朝这块蛋糕。当时，项羽的实力最强，自封为西楚霸王，为最大的地主；刘邦为汉王，都南郑，也就是现在的汉中地区；雍王章邯、塞王司马欣、翟王董翳，此三人据守关中地区，卡住了刘邦东出争夺中原的咽喉；西魏王魏豹、河南王申阳、韩王韩成、殷王司马卬、代王赵歇、常山王张耳、九江王英布、衡山王吴芮、临江王共敖、辽东王韩广、燕王臧荼、胶东王田市、齐王田都、济北王田安等，为关东地区的大小地主。

春秋战国的事实生动地教育了这些大小地主，只有强者才能生存，否则就很可能掉脑袋，所以，这些王的椅子还没坐热，就又打了起来。《史记·项羽本纪》记载："汉之元年四月，诸侯罢戏下，各就国。"文中的"戏"是"麾"的意思，因为各路地主实际是项羽分封的，大家都聚集在项羽的麾下。当明白了自己的地盘之后，就要离开项羽的"麾"，回到自己的封地，时间是公元前206年4月。可是，有些王还没进家门，热水还没喝一口，就发现有人来刨自己的一亩三分地了。当年5月，齐国相国田荣攻打齐王田都，田都可能连自己地盘的界线还没弄清楚，就跑到楚国找项羽诉苦去了。田市本来被封为胶东王，想回家看看自己的一亩三分地，走到半路，田荣请他就任齐王，本来也算好事，加上胶东，田市的地盘更大了。可田市害怕项羽怪罪，不敢当大地主，只想回胶东安稳地当自己的小地主。田荣对这个不争气的侄子（田市是田荣的侄子）甚为愤怒，派人追杀田市于即墨，然后，又回军攻杀济北王田安，自立为齐王。田荣虽然占有了齐王、胶东王和济北王的地盘，但齐王的封号名不正言不顺，乃是自封，也怕项羽讨伐，索性一不做二不休，来个先下手为强，封彭越为将军，攻击楚国。项羽派萧公角攻打彭越，被彭越打得大败。齐地不安宁，其他的地主更不消停，韩王韩成连实地看一眼自己地盘的福分都没有，直接被项羽带到彭城杀了。韩成悲喜交加，喜的是被封王，悲的是还没坐上王座就掉了脑袋。韩广原是燕王，不愿迁徙就任辽东王，这也是人之常情，当时，燕地（今京津地区附近）虽然算不上什么繁华之地，甚至有些荒凉，可总比辽东那不毛之地要强得多。但如此一来，新任的燕王臧荼不干了，您不走，我这个燕王的饭堂开在哪？难道想抢我的地盘不成？直接就将韩广干掉了，辽东的地盘也划归了臧荼。常山王张耳直接被陈余赶出了自己的封地，成为流民，只能投奔了汉中王刘邦（好在他们本来就是好友，属于好友聚会），等等，关东地区再次大乱。

此时的刘邦显示出超人的智慧，面对一片大乱的关东地区，立即采取两项措施：第一，用暗度陈仓之计攻击三秦，占据了夺取天下的有利态势；第二，项羽分封的很多王都被赶走或干掉，那些自封的王名不正言不顺，项羽肯定不承认，相当于项家不给饭票。此时，刘邦说：项家不给你们饭票，我给！其实刘邦也没费多少力气，只是派使者送张委任状，承认这些王的称号，既团结了这些大小地主，又将自己的地位抬升到和项羽同等的高度（项羽相当于当时各路诸侯的盟主），这是典型的不劳而获。

通过这些措施，刘邦在公元前205年纠集了塞、翟、魏、赵、殷五国诸侯联军56万，以项羽杀害"义帝"为口实，趁项羽攻打齐国的机会，分两路与项羽开战，争夺天下的盟主宝座。北路由曹参、灌婴统率，进攻定陶（今属山东菏泽），击败龙且、项它。南路为刘邦亲自统率，部将为张良、陈平、韩信、吕泽、张耳、夏侯婴、樊哙以及五诸侯军队，至外黄（今开封杞县东），击败楚将程处、王武。彭越率3万人归附刘邦，刘邦封彭越为魏相国，派其攻打梁地（当时泛指现在的开封地区），派樊哙北上攻打邹县（今山东邹城）、鲁县（今山东曲阜）等地，以阻止项羽从齐国南下。刘邦向东攻取下邑、派吕泽驻守，然后与北路军曹参、灌婴会合，进攻砀县（今河南省永城市芒山镇）、萧县（今属江苏徐州市），攻取彭城（今徐州）。

萧县在彭城的西面，下邑在彭城的西北面，如果项羽从齐地回师彭城，即便突破了樊哙在鲁县的拦截，也会受到下邑、萧县和彭城守军以及樊哙部队的夹击。或许刘邦心想，如果项羽敢来争夺彭城，就给他来个"关门打狗"。可惜，无论怎么看，项羽都不是一条狗，而是如假包换的猛虎。

今天我们经常说，小富即安的小农思想要不得，会妨碍人们成就大事业。普天之下，最大的事业就是皇权的争夺，就更不能小富即安，如果有这样的想法，最终很可能掉脑袋。刘邦虽然也属于官N代，但那是久远的回忆，从父辈开始，已经成为地道的农民，既然攻下了项羽的老巢，小富即安的思想开始发作，自然要享受一番。

刘邦在彭城大摆酒宴，昼夜狂欢，彭城是项羽的都城，自然集中了大量的珠宝和美女，以刘邦的性格，不去享受享受那是不可能的。

刘邦开始享受，好运也就到头了，命苦不能怨"项羽"。

项羽得知刘邦攻下彭城后，留部将继续攻打齐国，自率精兵3万疾驰南下，先击败驻守在鲁县的樊哙，越过胡陵。胡陵城位于今江苏省沛县龙固镇东北部的湖田中，是一座存续2000多年后湮没于黄河大水之下的历史古城，始建于西周初期，老子曾居住于此，孔子曾在此地向老子问道。越过胡陵城之后的楚军疾驰南下，乘夜再围萧县，拂晓时分突然发起攻击，汉军溃败，仓皇向彭城奔逃。项羽追至彭城，与汉军展开大战，汉军大败，自相践踏，乱作一团，被楚军于彭城近郊斩杀10余万人。汉军一路向南奔逃，楚军猛烈追杀，锐不可当，追到今安徽宿州灵璧城东濉水处，再斩杀汉军10余万，汉军溺水而亡者不计其数，濉水竟被阻塞断流。楚军将刘邦及其残部团团包围，正待聚歼之际，忽然西北大风猛袭而来，飞沙走石，树木被连根拔起，房屋被掀翻，一时之间天昏地暗，吹得楚军阵营混乱，刘邦趁此机会，仅带10余骑兵突围而逃。刘邦突围之后，先回沛县以图安抚家室再行西逃，但家属已先逃，未得相见。在西逃途中，遇见其子孝惠，其女鲁元（也就是张耳未来的儿媳妇），但楚军紧紧追来，刘邦怕被楚军追及，3次把子女推下车去，但3次都被夏侯婴救起。后依旧被楚将丁公追及，刘邦向丁公求饶，才得以脱身，刘邦的妻子吕雉被楚军俘获。

事实证明，项羽是猛虎，更似一名技艺高超的剑客，以闪电般的速度击溃了刘邦布下的阵势，从头至尾，萧县和下邑的汉军，要么一触即溃，要么畏首畏尾，刘邦在天公和项羽部将丁公的帮助下才得以逃脱。

小农思想要不得呀！

按说，被项羽杀到这份上，一般人再遇到项羽，腿肚子都要转筋，但刘邦不是一般人，洗把脸、撸撸袖子接着干。

飘飘然的刘邦也开始清醒，自己虽然有50多万联军，但以这些乌合之众对抗楚军是远远不够的。彭城之败以后，这些诸侯翻脸比翻书还快，大多再次投降项羽，与刘邦为敌。楚汉战争中，就勇武而言，项羽勇冠三军、力能举鼎，而刘邦与项羽完全不在一个等级，无法成为项羽的对手。但刘邦之所以最终击败项羽，在于心中有一把剑，这把剑锋利无比，普天之下无人可以匹敌，它的名称叫做"联合、共赢"，面对项羽这样的对手，也只有这把剑才可以取胜。彭城之战前，刘邦就联合了几路诸侯，事实证明这是远远不够的。彭城之战后，刘邦将自己的"剑"升级换代，就是在联合的基础上重用有才华的人。刘邦西逃行至下邑，下马倚着马鞍问道："我打算舍弃函谷关以东的一些地方作为封赏，谁能够同我一起建功立业呢？"张良进言说："九江王黥布（即英布）是楚国的猛将，同项羽有隔阂；彭越与齐王田荣在梁地反楚，这两个人可立即利用。汉王您的将领中唯有韩信可以托付大事，独当一面。如果要舍弃这些地方，就把这些地方送给这三个人，就可以打败楚国了。"最终击溃楚国的，就是这三个人的力量。张良的聪明才智和观察人的本领，不服不行啊。

公元前205年6月，刘邦回军关中进攻章邯，使章邯兵败自杀，然后返身回到荥阳（今属河南省郑州市）。此时，刘邦已经劝说英布背叛楚国，英布与楚将龙且、项声交战，牵制了楚军。项羽与刘邦的中大夫灌婴在荥阳以东大战，被击败；在"京县"（今河南郑州荥阳豫龙镇京襄城村附近）与"索亭"（今河南荥阳索河街道）之间再次被击败，只好退到荥阳以东。

京索之战，汉军稳住阵脚，楚军无力突破汉军防线进攻关中，双方开始在荥阳、成皋一带拉锯，战争进入相持阶段。

此时的局势是刘邦耗得起，可以坐下来悠闲地喝茶，而项羽耗不起，焦躁不安。

公元前205年9月，韩信突袭盘踞河东的魏王豹（郡治是安邑，今山西夏县西北禹王城），魏军大败，魏王被俘虏，刘邦采取"拉壮丁"的手段，令其为将，帮助守卫荥阳。

公元前205年闰9月，韩信攻破代国（今山西大同、河北蔚县一带），生擒代国相国夏说，代国灭亡。

公元前205年10月，韩信、张耳率领汉军越过太行山，在井陉口（今河北井陉东南）大败20万赵军，斩杀赵军主帅成安君陈余，生擒赵王歇，赵国灭亡。随后，采取赵国降将李左车的建议，不战而迫降燕王臧荼，刘邦继续使用"拉壮丁"的手段，令燕军加入汉军对楚作战。

公元前203年，韩信灭掉齐国并击败楚国20万大军。

公元前205年，九江王英布被楚将龙且击败，从隐蔽小道逃到汉营，之后，刘邦送兵马给英布，令其收复九江（今安徽寿春、庐江一带）。

公元前204年—公元前202年，彭越率军在今开封一带多次攻击楚军侧翼城池，烧毁并缴获楚军大量粮草，对楚汉正面战局起到了决定性的作用。

虽然刘邦与项羽在荥阳、成皋一线对峙，但大局在逐渐向有利于刘邦的方向发展。韩信、彭越、英布在原来楚国控制的势力范围内今天刨三分地，明天刨半亩地，刨来刨去，基本将项羽控制的地盘刨光了。韩信每攻陷一国，就会给刘邦在成皋一带的正面战场输送"壮丁"，对楚军施加更大的压力。楚军三面受敌，加上彭越一心一意做"劫道"的"英雄"，抢劫楚军的粮草，要把项羽饿死，楚军已经极其被动。

但最终还需要楚汉决战。

刘邦要使用好"联合、共赢"这把无敌之剑，在那个时代，讲理想、讲道德估计是无效的，封官进爵也有限制，英布已经被项羽封为九江王，刘邦总不能将未来的皇位赊出去吧，所以，最重要的手段是烧钱，而且不能"烧"铜钱，这档次太低，必须烧"真金白银"——这可是货真价实的"现金"。

公元前205年冬季，楚汉两国的军队在荥阳对峙，谁也无法快速取胜，项羽向刘邦和彭越学习，想方设法攻击刘邦的粮道，刘邦很难再支持下去，如果失败，就只能继续钻山沟（刘邦的封地汉中大部分是山区）、打游击。对于这样的局势，刘邦自然清楚后果，赶紧与陈平商议局势。据《史记·陈丞相世家》记载，陈平建议：谁都无法拒绝黄金的诱惑，可以用黄金来离间楚军的将帅，尤其是性情耿直的钟离昧（？—公元前200年）和足智多谋的范增。这实际是烧"现金"，刘邦以布衣之身取得天下，烧起"现金"来气魄惊人。立即命人取了4万斤黄金（汉制4万斤相当于今天的9.92吨）用于陈平计策的实施。12月的一天，一行车马从汉军大营悄悄驶出，直奔楚军而去，领队的就是陈平，他身后的车上装有4万斤黄金，用于在楚营收买将军和士兵。

这是古老的反间计，但屡试不爽。

陈平送去黄金之后没几天，谣言就在楚营传开了，谣言的主要内容是"钟离昧不满项羽不给他封地称王，有与汉军联合的动机，目的是与汉军瓜分楚国的土地称王"。钟离昧是朐县伊芦乡（今江苏省连云港市灌云县伊芦乡）人，与龙且并称为项羽手下两大名将，在楚汉战争中让刘邦吃尽了苦头。韩信是钟离昧的好朋友，钟离昧曾屡次向项羽推荐韩信担任大将，但项羽拒不接受，最终韩信投奔了汉军。钟离昧骁勇善战，在楚营士兵中的声望很高，这种流言对士兵的士气是严重的打击。项羽虽然是天神一般的战将，但性格多疑，并有优柔寡断的一面，对这种反叛性质的流言自然是非常在意，对钟离昧产生了猜忌。结果，钟离昧在垓下之战中脱离了楚军，在项羽败亡之后，投奔了韩信。同时，陈平又用计谋离间项羽和范增，项羽对范增也产生了猜忌，剥夺了范增的权力。范增得知后，以他对项羽性格的了解，知道大势已不可为，只能请求告老还乡，结果病死在旅途中。这时的项羽失去了钟离昧的忠心，又失去足智多谋的范增，已经注定了失败的命运。

  这是楚汉战争的转折。以前，刘邦与项羽的正面交锋中，楚军占有优势，汉军处于劣势，从此后，楚汉之间的局势开始逐渐逆转。虽然项羽取得了荥阳之战的胜利，但刘邦成功逃脱。随后，刘邦联合英布和彭越东山再起，在公元前205年—公元前203年的成皋（今荥阳市汜水镇西北成皋古城）之战中，虽然以订立"鸿沟和议"作为战争结束的标志，但项羽的数十万楚军精锐丧失大半，在广武（今河南荥阳东北广武山上）进退两难，最终，项羽在垓下之战（图1.3为描绘垓下之战的画作）后被迫自杀。

图1.3　垓下之战

垓下之战被列为古代世界著名七大战役之一，被称为"东方滑铁卢"。由此产生的"十面埋伏""四面楚歌""霸王别姬"等故事与中国文化相融相伴。垓下在今安徽省灵璧县境内。"鸿沟和议"后，刘邦率兵追击项羽，被项羽击败。之后，韩信、彭越、英布与刘邦合兵，汉军参战兵力已超过六十万人，在垓下将十万楚军团团包围。韩信率汉军主力与项羽决战，虽然取胜，但亦损失惨重。韩信令汉兵学唱楚国民谣，是夜，四面皆楚歌，楚军自项羽以下均以为汉军已经占领了楚地，士气崩溃，军士四散而去，次日，项羽身边仅剩八百人。项羽率八百骑乘夜向南突围，渡过淮水后，身边只剩百余骑，至长江北岸乌江（今安徽和县）时，身边仅剩二十六人，乌江亭长领船来救。但项羽自觉起兵时有八千江东子弟追随，今日几乎孤身而还，无颜见江东父老，不愿过江，与汉将灌婴的五千骑兵步战之后，挥剑自刎而亡。

"力拔山兮气盖世，时不利兮骓不逝。骓不逝兮可奈何，虞兮虞兮奈若何！"是项羽败亡之前吟唱的一首诗，是足以惊神泣鬼的一首壮歌，抒发了项羽在汉军的重重包围之中那种充满怨愤和无可奈何的心情。

即便刘邦亦为项羽之死而感慨，刘邦在谷城（今山东省平阴县）以鲁公之礼安葬项羽，并亲自为其发哀，大哭而去。

刘邦"烧土地"

刘邦肯定没读过大学金融学教程，也不喜欢读书，这是有证据的。唐朝诗人章碣在《焚书坑》中说到："竹帛烟销帝业虚，关河空锁祖龙居。坑灰未冷山东乱，刘项原来不读书。"诗的本意是讽刺秦始皇"焚书坑儒"（也有一说法是焚书坑术），欲图愚昧天下的百姓，让他们甘于接受统治。但令他始料不及的是，两个不喜欢读书的人——刘邦和项羽，摧毁了秦朝的基业。刘邦在《手敕太子》里承认："当秦禁学，自喜，谓读书无益。"这不代表刘邦赞成秦朝的举措，而是他自己懒得读书，朝廷把书烧了，正对了自己的心意，省事了。但刘邦却真正读懂了金融内在的含义，"烧钱"的过程是为了登上皇位，掌握皇权就可以拥有普天之下的所有财富。刘邦做的是大生意，做大生意就要有超人的"烧钱"气魄,让陈平"烧掉"4万斤黄金"现金",这在刘邦的履历中还算小儿科。公元前202年,"鸿沟和议"之后,刘邦趁项羽没有防备、楚军疲惫不堪之机,突然对楚军发动战略追击(有点阴,但符合兵不厌诈的原则)。约韩信从齐地(山东)、彭越从梁地(河南东北部)南下合围楚军。10月,韩信、彭越依旧未能如期南下。刘邦追击楚军至固陵(河南淮阳西北),楚军反击,刘邦大败而归。对于刘邦来说,失败已经成了家常便饭,屡败屡战是对刘邦最好的写照。但刘邦深知本次失败的原因,不"烧钱"不足以调动韩信和彭越的积极性,刘邦就提高档次、以更大的气魄"烧钱",这次不再"烧现金",而是烧土地货币(或者说是财富)。划陈(河南淮阳)以东至海边地区为齐王韩信封地,包括了今山东大部和河南、安徽、江苏的一部分土地,那是沃土千里的广阔之地,韩信瞬间成了超级地主。封彭越为梁王,划睢阳(河南商丘)以北至谷城(山东东阿南)为其封地,彭越也成为大地主。既然刘邦开出了这么高的价码,韩信、彭越的积极性空前高涨,立即率军攻楚。韩信南下攻占楚都彭城和今苏北、皖北、豫东等广大地区,兵锋直指楚军侧背,彭越亦从梁地西进。项羽被迫向垓下退兵,在垓下决战中,汉军一战成功,奠定了汉朝的基业。

从特定的含义来说,大汉的天下是刘邦"烧钱"烧出来的。

刘邦在家乡时,属于游手好闲之流,不喜欢农活,经常被父亲训斥,无非就是被骂"败家子"之类。统一天下之后,刘邦拿此事和老父开玩笑:"您看我和刘仲(刘邦的二哥)到底谁创下的基业大?"虽然刘邦不喜欢读书,但在财富这一行当中,如果将其形容为"优等生"是远远不够的,在大学里带博士后也绰绰有余。

在刘邦的理论中,铜钱、金银、土地所代表的财富档次太低,属于"烧"的范畴,权力才是财富的核心,皇权是一个国家财富的全部,这是财富的真谛,也是刘邦老先生胸中的鸿鹄之志。

逆袭的本钱

刘邦完成了屌丝逆袭,从一个不敢大声宣扬(先祖需要隐姓埋名)

的官N代一跃而登上龙椅，成为普天之下最大的地主，但完成这样的逆袭是要有本钱的，会"烧钱"、敢"烧钱"只是他的本钱之一。

公元前202年2月，45岁的刘邦在山东定陶举行登基大典，定国号为汉，为汉高帝。刘邦即皇帝位后，起始定都洛阳，一个月后迁栎阳（今陕西西安境内），不久，正式定都长安。

据《史记·高祖本纪》记载：帝置酒雒阳（今洛阳）南宫。上（指刘邦）曰："列侯、诸将毋敢隐朕，皆言其情。我所以有天下者何？项氏之所以失天下者何？"高起、王陵曰："陛下使人攻城略地，因以与之，与天下同其利；项羽不然，有功者害之，贤者疑之，此所以失天下也。"上曰："公知其一，未知其二。夫运筹帷幄之中，决胜千里之外，吾不如子房（张良，字子房）；填国家，抚百姓，给馈饷（供给军饷），不绝粮道，吾不如萧何；连百万之众，战必胜，攻必取，吾不如韩信。三者皆人杰，吾能用之，此吾所以取天下者也。项羽有一范增而不用，此所以为我所禽也。"群臣说服。

刘邦的总结非常深刻。老子说："知人者智，自知者明。"刘邦既能自知也能知人。这一点在和韩信的对话中也得到了体现。韩信被刘邦用计擒拿后囚在洛阳，降为淮阴侯。有一天，刘邦与韩信评论起将领们各自的才能高下。这是一场坦诚相待、十分有趣的谈话。刘邦问韩信："依将军看，如果我带兵杀敌的话，大概能带多少兵啊？"韩信回答："陛下最多能带十万，不能再多了，再多就要出问题。""那么你最多能带多少兵呢？"刘邦问。"让我带兵嘛，多多益善。"韩信回答。其言外之意，是说自己统兵百万，也实属平常，不足为怪。刘邦笑着又问："好一个多多益善，那怎么会被我所擒呢？"韩信回答："陛下不能将兵，而善将将，这就是韩信会被陛下所擒的原因。"

刘邦的知人善任是夺取天下的最重要原因，但还不是唯一的原因，本人总结，还有以下几点原因：

第一，在楚汉战争中，失败一直伴随着刘邦，屡败屡战是需要有坚强意志的，这是常人难以企及的。

第二，刘邦之所以做到屡败屡战，是因为他有一个打不散的核心团队。如果只剩下刘邦老人家一个人，最终的结局依旧是被楚军砍掉脑袋，或者是成为项羽的俘虏。刘邦在沛县起义时，带走了一大批家乡子弟兵，陆陆续续有数万人之多，他们攻城略地，辅佐刘邦抗秦灭项，屡建奇功。卢绾、樊哙、夏侯婴、曹参、萧何之类的"影子兄弟"，从沛县这个小县城跟着"老大"刘邦一起出来打天下，大家知根知底，无论多么险恶的环境，都无所畏惧，干工作不怕加班，没工资一样玩命，即便失败了，还要保护着"老大"一起跑，跑到安全的地方继续干活。萧何的地位尤其重要，从后方源源不断地向前线输送士兵和粮草，这让刘邦有了屡败屡战的本钱。当刘邦登基之后也充分报答了自己的家乡，免除家乡的赋税。公元前196年，淮南王英布起兵谋反，由于英布英勇善战，刘邦只能亲自出征。在平定英布之后，得胜回军的途中，刘邦回到了自己阔别多年的家乡——沛县，把昔日的朋友、尊长、晚辈都召来，共同欢饮十数日。一天酒酣，120人歌唱助兴，刘邦一面击筑（一种古代乐器），一面唱起著名的《大风歌》：

大风起兮云飞扬，

威加海内兮归故乡，

安得猛士兮守四方！

这首歌自然展现了刘邦的抱负，同时也隐含的意思是，大汉的天下是家乡的子弟一起打下来的，也需要家乡的子弟为汉朝镇守四方。在刘邦分封的18个诸侯中，沛县籍的有10个，在143个侯爵中，沛县籍的有23个。沛县安国乡有"五里三诸侯"之说，即在5华里之内有3个"侯"，即周勃（绛侯）、王陵（安国侯）、灌婴（颍阳侯）。宋朝丞相文天祥在《过沛怀古》中写道："秦世失其鹿，丰沛发龙颜。王侯与将相，不出徐济间。"

其实，古代任何成大业者都必须有自己的核心团队。曹丕、杨坚称帝时，核心团队的人马已经齐备。李渊在隋朝末期是太原郡留守，本身就有自己的文臣武将。宋太祖更不用说，称帝以前任殿前都点检，为殿前禁军最高统帅。刘邦老人家在芒砀山当山大王之前是亭长，估计手下的捕快也没几个，要争夺天下，自然要组织家乡的一帮子弟兵。

第三，刘邦占据了地利。刘邦被封为汉王，起兵伊始就"暗渡陈仓"占据了关中地区。关中一直是中国古代兵家必争之地，刘邦占据了关中，就占据了非常有利的战略态势。

当刘邦据有了关中地区之后，就有了稳固的大后方为汉军提供强大的经济支持，既有源源不断的粮草供应又有充足的兵员补充，这是汉军战斗力的根本保证，也是刘邦争夺天下的基础。

第四，天时。刘邦在芒砀山落草为寇，如果是国家稳定、人民丰衣足食的时代，刘邦最好的结果也就是终身为寇。最可能的结局是被秦军捕获，或者吃牢饭，或者被砍头。但秦末时期天下大乱，提供了刘邦逆袭的土壤。

第五，也是最重要的，那就是制度优势。

公元前206年10月，刘邦率大军抵达咸阳，秦朝灭亡。将士们见宫殿巍峨，街市繁华，顿时忘乎所以，纷纷乘乱抢掠金银财物，甚至刘邦也贪恋秦宫的珍宝美女而不忍离开。幸亏樊哙与张良等人劝阻、陈述厉害，方才幡然自悟，命兵士查封皇宫府库，返回灞上。唯独萧何进入咸阳后，一不贪恋金银财物，二不迷恋美女，却急如星火地赶往秦丞相御史府，派士兵迅速包围。然后让忠实可靠的人将秦朝有关国家户籍、地形、法令等图书档案一一进行清查，分门别类，登记造册，统统收藏起来。后来，萧何依靠这些秦国和秦朝的法律制度制定了汉国的大政方针和律令，也为西汉的建立打下了基础。

所以，汉国和汉朝，从制度上来说，就是秦国和秦朝的延续。

秦国和秦朝最基本的法令均来自商鞅变法。在商鞅变法中，前后有三条和奖励军功明确相关：其一是明令军法，奖励军功。比如：士兵斩敌甲士首级一颗可得爵位一级、良田一顷、住宅土地九亩、役使无爵位的庶子一人，并拥有担任官吏的资格；斩敌甲士首级五颗可以役使本乡的五户人家，等等。想当官的人，也好办，不用去拉关系，拿敌人的人头说话，斩敌甲士首级一颗可担任五十石俸禄的官员，等等，规定非常详细。战后，士兵将斩获的敌兵首级示众三天后交由将军核实，核实无误三天后可按军功获得爵位，无需托人情也无需送礼，立即兑现。其二是废除世卿世禄制度。凡是宗室、贵戚没有军功的，不得列入宗室的属籍，不能享受贵族的特权。相当于没有军功的宗室、贵戚被从自己的宗族开除，成了"丧家犬"。有军功可以彰显荣耀，没有军功的，即使是大"土豪"也不能彰显荣耀，您的钱只能偷偷花，建豪宅、坐豪车属于违法。其三是建立二十等军功爵制。按军功赏赐爵位，官吏必须从有爵位的人中选用，军功爵制后来逐渐发展成二十等爵位制。想当官的人，请客送礼是没用的，只有一条道可走，那就是去砍敌人的人头，先得了爵位，然后再想当官的事，没有军功，啥也别想。土地、房产的分配以及家臣、奴婢的服饰，都由爵位等级决定。即便马路上走碰头了，虽然都是别人的家臣或奴婢，但抬头一看对方的服饰，就明白相互之间的地位高低，地位低的人得恭敬地站在路边：您先请！爵位自"小夫"至大夫，每高一级死后可在坟墓上多栽一棵树来彰显地位。商鞅变法的这些内容为每个人提供了通过建立军功来改变自己身份和地位的途径。这代表的是一种公平，彻底打破了西周延续下来的世卿世禄制度，激发了将士们奋勇争先的精神，使秦军战斗力得到彻底的改变，几乎成为当时的无敌之师。

基于商鞅变法建立的一系列奖惩制度，在汉军特别是韩信的军队中得到彻底的贯彻，这让汉军英雄辈出，既成就了强大的汉军，也成就了韩信的威名。

以商鞅变法为基础的一系列法令，让秦国走向法治，不断强大的秦国扫荡了关东六国，统一了天下；同样以这套法律制度为基础，让汉国扫荡了关东的各路诸侯，击败了项羽，最终让刘邦奠定了大汉四百年基业。

这就是法律制度的威力！核心是公平二字。

在财富这门学科中，刘邦是祖师级别的人物，他认识到在封建社会的特定社会形态下，权力才是财富的核心，只有掌握了最高的权力，才能还天下以安宁，改善自己生活的同时，也让百姓安居乐业。铜钱、金银和土地等财富形态，自然下降到处于"烧"的范畴。

刘邦祖师有很多著名的弟子，但这条路风险高，对学员的综合素质要求也高，而且绝大多数时期社会稳定，几十年甚至数百年都不具备这些弟子开业的土壤，也就无法普及。有鉴于此，为了改善办学条件，刘邦老先生降低了入学门槛和开业条件，开了一个辅助培训班，那就是依附权力发家致富。清朝最成功的商人莫过于胡雪岩和乔致庸。胡雪岩被称为红顶商人，后文我们还会说到；乔致庸的发迹过程中，权力也是最核心的要素之一。这两位老人家都是刘邦辅助培训班中杰出的弟子。

钱的"起义"

生活的无奈

公元1344年，从安徽濠州钟离孤庄村（今安徽凤阳县小溪河镇燃灯村）走出一个17岁的穷小子，不是去旅游或打工，而是到皇觉寺投奔高彬和尚。

这个穷小子原来的职业是放牛，而且放的牛不是自家的牛，是地主家的。在1343年开始的旱、蝗、疫大灾中，放牛的职业也保不住了，缘于父、母、兄相继去世，只剩下自己和二哥。家里没钱买棺材，甚至连埋葬亲人的方寸之地都没有，多亏了邻居刘继祖给了他们一块坟地，用几件破衣服包裹好亲人的尸体，安葬在刘家的土地上。为了活命，他只好与二哥、大嫂和侄儿分开，各奔活路。

一个农家的孩子，要求并不高，只想有个温暖的家，有父母亲人陪伴，通过自己辛勤的劳作，维持温饱，可这点基本的要求都被剥夺了。

我们知道这个穷小子就是后来的洪武大帝、金口玉言的明太祖朱元璋，但此时，对于朱元璋来说，金口玉言还是梦想，最现实的问题是用未来的"金口"填饱肚子。

可是，大灾之年，皇觉寺也是僧多粥少，朱元璋在寺中住了50多天之后，只好去云游，《明史》的说法是"逾月，游食合肥"。你可别当是旅游，而是讨饭。如果您敢说皇帝老人家当初是去讨饭、做乞丐，一定是不想混了。而且这一"游"就是三年，"云游"了安徽合肥和河南的光、固、汝、颍等州，1348年，朱元璋回到皇觉寺。

"得失"这两个汉字经常连在一起使用。讨饭自然是痛苦的，身体的痛苦对于农家的孩子不算什么，最大的痛苦莫过于失去了自尊，每当敲开一扇门的时候，得到的可能是白眼、嘲讽或者施舍，但失去的是自尊。可是，在失去自尊和饿死之间，你又能怎么选择？但失去自尊的同时，他也一定得到了一样东西，那就是坚强，这是一种内心的坚强，百折不挠。刘邦老先生打败仗像吃饭那么简单，但屡败屡战让他在垓下一战而成功，朱元璋这位农家的孩子也得到了同样的收获，但差别还是有的，源于他在未来的征程中几乎是百战百胜。

刘邦老先生将失败就是人生的财富、失败永远孕育着最后的成功演绎得淋漓尽致；朱元璋先生将胜利而不骄狂，最终必定成功也演绎得更加淋漓尽致。他们都是人生哲理的践行者。当今社会很多人会说这些都是"鸡汤"，但鸡汤是有丰富营养的。

被逼上了致富路

朱元璋先生此时的志愿或许只是当和尚，可他注定无法安稳地当和尚，这倒和本人的志愿无关。如果一直当和尚，也许世间会多一位大师或高僧，也就没有后来的洪武大帝。原来，朱元璋收到儿时伙伴汤和的信，邀请他参加安徽濠州郭子兴的义军，此时的汤和已经是义军的千户。或许汤和的意思是，斋饭是饭，兵营的饭也是饭，希望帮老朋友一把。可恰在此时，他的师兄秘密告诉他，说有人知道此信，要去元廷告密。在当时，元朝的军队有剿灭义军的任务，可是，元军已经不是成吉思汗时期、纵横欧亚大陆的铁骑，甚至坐在马背上都歪歪扭扭，唱戏还可以，打仗就抓瞎。在和义军交手的过程中经常打败仗，无法斩获义军的首级向皇上交差，这可是件麻烦事，皇帝老人家怪罪下来就得吃不了兜着走。但办法总是有的，这些元军不敢招惹义军，但欺负老百姓的本事还是有富余的，就把老百姓的脑袋割下来，交上去，算完成任务，然后照样领赏钱，皇帝与元军的将士们，你好我好大家好。对于朱元璋来说，朝廷官员既然知道了这封信，简直是主动提着自己的脑袋去凑数。但是，在中国古代有句俗语叫做"好男不当兵，好铁不打钉"，在大乱的年代，当兵也不算什么好职业，那是要掉脑袋的，不珍惜脑袋的人估计还没生出来。何况，无论念经还是放牛，都需要规规矩矩，如果造反，性质完全变了，是人生的重大改变。朱元璋不是莽撞之人，遇到了人生最大的难题，在做决定之前一定会深思熟虑。可是，此时的情形已经由不得朱元璋深思熟虑，说不定哪天念经的时候，闯进几个蒙古兵，铁链子往脖子上一套："跟我们走一趟"！这辈子就算交待了。所以，他只能马上做出三种选择之一：继续念经，逃跑，造反。最后，采取最古老的办法决定前程——算卦！算卦的结果是"卜逃卜守则不吉，将就凶而不妨"，意思是逃跑或待在这里都不吉利，去造反还可能没事。

没办法了，反了吧。

这一反，惊天动地，朱元璋成为明太祖，成就了近三百年的大明基业。

据《明史》记载，朱元璋的身世和出生时的情形是："父世珍，始徙濠州之钟离。生四子，太祖其季也。母陈氏，方娠，梦神授药一丸，置掌中有光，吞之，寤，口余香气。及产，红光满室。自是夜数有光起，邻里望见，惊以为火，辄奔救，至则无有。比长，姿貌雄杰，奇骨贯顶。志意廓然，人莫能测。"既然生下来就"红光满室"，自然是祥瑞之兆，但无论怎么看，这时的朱元璋更像是一个老实的庄稼汉子，从登基之后朱元璋的所作所为来看，更是一个难得的勤劳之人（连丞相的活都自己包揽），属于劳模的类型。除了灾荒之外，是什么将他逼上了造反的道路？庄稼汉子擅长种田，当兵之后拿刀砍人毕竟不是专长。

缘于在封建社会的很多时候，勤劳不能挣口饭吃，用今天的经济术语来说，经济秩序在权力的干扰下失灵了。

封建社会的理念是"君权天授"，皇帝是代天行事："普天之下莫非王土，率土之滨莫非王臣。"今天我们知道，土地和人都是最基本的生产要素，既然人和土地都是皇帝您老人家的，天下的财富自然也都是您的。这样看来，封建朝代发行货币纯属多余，因为货币用于商品交换和价值的计量与储藏，既然所有的财富都属于皇帝一人所有，总不能自己和自己计量吧。

此时，皇帝就出现了好与差的区别。好皇帝就会极力通过稳定货币的信用，推动生产的发展，让江山稳定的同时实现百姓生活的富足。差皇帝就会将货币看作是自己的工具，通过货币掠取社会的财富，满足自己的私欲。

如果皇帝仅仅考虑自己的私欲还不是大问题，虽然皇权是无限的，但皇帝老人家一天也吃三顿饭，即便加上夜宵，也才四顿；虽然后宫三千佳丽，但也总不能将天下的女人都占为己有，那纯属浪费；一座皇宫或再加上几处行宫也够皇帝老人家住的了；再加上照顾皇族，形成了皇室的支度。虽然皇权是无限的，但支度还相对有限。可是，权力不仅仅只体现在皇帝老人家一人身上，皇帝很忙，朝堂上忙朝廷的事，后宫忙家里的事，一个人是无法管理国家的，这就需要找帮手来管理国家，六部和地方衙门就必不可少，结果就需要将权力适当地分出去。

官员们得到了权力，就会向差皇帝学习，或许还要"好好学习"。皇帝的权力是无限的，官吏在自己的一亩三分地上就成了老爷（所以过去的官员被称作大人或老爷），他的权力也接近无限。差皇帝用无限的权力为自己服务；然后官吏们用接近无限的权力也为自己服务，一级一级的官吏形成层层盘剥，最后，底层的劳动者就只剩下劳动的权力,即便像朱元璋老先生这样的劳模,也没法填饱肚子,走向了本不属于自身"专业"的造反一途。

如果朱元璋遇到的是中国历史上的所谓明君,比如汉文帝、宋仁宗等,自然需要恭喜恭喜,可恰恰这位朱先生运气不佳,遇到的是历史上差得几乎不能再差的皇帝——元顺帝,结局自然也就清楚了。

朱元璋先生,您再勤劳也无法填饱肚子。

勤劳的朱元璋先生,您别委屈,很多人在当时和您是同样的境遇。

黄河(图1.4所示为黄河上游河段——九曲黄河第一湾)是中国的母亲河,和长江一起滋润了中华民族。然而,历史上黄河水也不时泛滥,给沿岸百姓带来了数不尽的灾难。

图1.4　黄河上游河段——九曲黄河第一湾
(图片来源:维基百科)

黄河在古代被称为大河,发源于青海巴彦喀拉山脉海拔4675米的雅拉达泽峰。

已有的资料表明,距今150万年至115万年,华北—塔里木古陆块上有许多古湖盆,在当代黄河所在的区域内,自西而东有:共和、西宁、陇西、宁南、银川、河套、陕北、晋西、陇东、汾渭、洛阳、沁阳及华北等古湖盆,后来又增添了古扎陵、鄂陵湖和古若尔盖湖。由于西高东低梯形台地的形成,每个湖盆都是当地河流的归宿,今天的渤海,当时也是湖。正是这些湖盆水系的形成与发展,孕育了黄河。距今115万年至10万年,本区地壳产生明显的差异性构造运动，湖盆之间的隆起带上升强烈，引起河流急剧下切，不仅使早期已具雏形的古河道继续加深增宽，而且区域性水文网络开始出现，某些地段逐步连通形成大河，有的湖盆萎缩，甚至干涸。距今50万年至10万年，除共和盆地以西和沁阳盆地以东仍为独立湖盆水系外，其余地段古黄河已相互沟通，河道也基本定型。距今10万年至1万年间，大部分古湖盆已淤积消亡，少数存留的水域面积也大为缩小，今天津以东水域为海水所侵占，称为古渤海，古黄河经天津湖入海。距今10000年至3000年，河水上下贯通，形成今天的黄河。

1344年5月，黄河水位暴涨，位于今河南兰考东北的白茅堤、金堤决堤，沿河州郡先遇水灾，又遭旱灾、瘟疫，灾区的人口减少过半。黄河决堤后，冲坏了山东盐场，严重地影响了元朝政府的钱袋子（财政收入）。在这种情况下，雇人修复河堤也是顺理成章，可问题是权力"先生"不规矩，这就带来了比黄河决口更严重的问题。1351年4月，元顺帝命贾鲁为工部尚书、总治河防使，强征民工15万人开凿280里的新河道，使黄河东去，合淮河入海。按说，这本是时间紧任务重的大事，可是，官吏们紧迫的是另外一件事：这样的工程可是大好的发财机会，可以趁机克扣民工的"食钱"，今天的术语就是克扣餐费。河工们干了活，不仅没工钱，饭票也没了，灾荒年代物价上涨，加上元顺帝滥印钞票给上升的物价接上火箭推进器，结果，活不下去的人们只能走上造反的道路，戴上"红巾"加入了韩山童、刘福通、徐寿辉等人的队伍。

朱元璋先生，您并不孤单，上述这些人中，未来有很多人会成为您的帮手，当然也有对手。

就本质而言，货币是所有者之间关于购买权的契约，不同形式的货币在本质上是统一的。可是，在封建社会的时代，这种契约的效力是有限的。元朝末年，河工们付出了劳动，但并不能依照契约得到货币形式的报酬，既然货币形式的报酬得不到，更谈不上购买或占有财富。即便得到货币形态的报酬，还有一个毁约的家伙等着你，那就是元顺帝，他滥印钞票，使得钞票的购买力不断下降。

如果您的运气很好，赶上一个明君，自己又聪明能干，积累了一定的货币，然后用货币购买了家产，老婆孩子热炕头，日子过得挺滋润，手中有钱觉得自己是富人，走路就可以很横，实际上也错了。

皇帝也是要换岗的，如果运气不好，下一任赶上一位暴君，割下一个人的脑袋稀松平常，割下脑袋之后还是一无所有，您拥有的货币和财富都失去了意义，老婆孩子即便不被株连，也会成为孤儿寡母。还比如，清朝初期如果您是"大款"，在直隶地区拥有大片的良田，不知道该恭喜您还是该担心您，八旗子弟的快马跑过之后，土地就改主了，您瞬间变得一无所有，您在购买土地的过程中付出了无数的劳动和心血，赚了钱，这些劳动和金钱瞬间化为乌有。

没有法律的保护，就没有货币的购买力，更谈不上财富的积累。

在封建社会，通过劳动实现财富积累的道路是不通畅的，权力才是获取财富的终极手段。当获得了一定的财富之后，也难以保持，只有拥有权力，才能保护和持有自己的财富。

既然勤劳不是致富路，拥有权力才能获得财富，朱元璋先生就被逼上了"致富路"。

"钱"压垮了元朝

对于皇帝来说，一方面钱是多余的，掌握了皇权，就拥有了全天下的财富，成为唯一的地主，可以让人盖皇宫、娶很多老婆，想要什么就有什么，钱几乎就是累赘。

虽然皇帝会觉得钱是个累赘，但他又离不开钱。

皇帝这个大地主，要管理自己庞大的庄园，这就需要管家，需要工头和雇工，还需要兵丁守卫。问题是这些人要吃饭，要穿衣，要养老婆孩子，所以就需要给他们报酬。

支付这种报酬有两种方式：第一种方式是直接给他们划块地，这就是封地，对于那些大功臣或者皇亲国戚可以这样做，但是，给皇帝打工的人太多，完全用这种方式支付报酬就比较困难；第二种方式就是皇帝收租，既然普天之下的土地都是自己的，就有了收租的收入，用这些租金支付报酬就是一种普遍形式。最初，皇帝是收粮食（税），然后用粮食支付报酬，所以，实物货币就出现了，粮食、布帛等都曾经作为货币出现。但是，这种支付报酬的方式有一个弊病，那就是效率比较低，粮食在储存的过程中，会出现变质，如果出现这样的情形，皇帝老人家就会亏本。

为了解决这一问题，皇帝和皇帝的智囊们就开始开动脑筋想办法。最终想出来的办法就是朝廷发行一种凭证，这种凭证可以在市场上购买所需要的东西，同时跟每一个租户讲清楚，交租（就是缴税）的时候不用再交粮食，直接交这种凭证，你们自己将粮食（或蔬菜水果什么的）到市场上换取这种凭证。皇帝老人家就解决了有可能亏损的问题，然后，皇帝用这种凭证支付管家、工头、雇工、大兵的报酬，也让他们到市场上自己去买东西，想买什么就买什么。

到此为止，一切都很完美。

现在，"阶级斗争"又出现了新动向，既然这种凭证是皇帝自己铸造或印刷的，面值的大小和发行多少是皇帝老人家说了算。可是，土地产出是比较确定的，在灾荒之年还会减少，价格就开始出现了，一端是商品，比如一斤粮食、一斤水果，另一端就是多少凭证。这种价格变动的历史就演绎了缤纷多彩的故事。

一般来说，皇帝用这种凭证支付的薪水，在短期内比较固定。但是，灾荒之年，土地的收成减少，物价就会上涨（但农民的收入未必增加，因为产量下降，灾荒严重的时候还会亏损），此时，皇帝有两种选择：第一是加薪，给雇员们发更多的凭证。凭证的数量增加，商品价格就上涨得更快，这就是现代术语——通货膨胀。本来，灾荒之年产出下降，整个社会的日子都难过，皇帝老人家发放更多的凭证（主要进入自己和自己雇员的口袋），穷人的日子就更过不下去，所以，灾荒之年都是历史上农民起义多发的时候。另一种方式是加税，原来一亩地缴一张凭证作为赋税，现在缴两张，让交租人更加苦不堪言，动乱也会多发。

所以，持续的灾荒带来社会动荡。

还有一种情形也会带来价格的变化。比如西汉末年的王莽，希望多雇一些管家、兵丁，归自己调遣，在西汉州、郡、县三级行政管理体制中再设一个部，变成了四级行政管理体制，需要养的人增加了，凭证的支付数量就要增长，所以，王莽需要铸造大量的虚钱，这势必带来商品价格的上涨，通胀就会加剧，再遭遇灾荒，老百姓就过不下去了，所以，西汉末年农民起义不断爆发。

以上自然都是昏君的做法。但还有另外的方式，皇帝自己和雇员们节衣缩食，既不多印凭证也不加税，和社会一起"同甘共苦"，这就是历史上的明君，比如汉文帝。

今天我们知道，这种凭证就是钱，这是中国的叫法，洋人则称之为货币。由于这种凭证是朝廷发行的，就是主权货币。当然，这个时候的主权本质上代表的是皇权，和老百姓实在没多少关系。

朱元璋先生运气不大好，赶上了一个最差的时代，这是当然的，父母亲人都在饥荒中饿死了，差的不能再差了。但是，对于想成为天下最大地主的人来说，又是一个最好的时代。看来，哲学在任何时候都是重要的，同样的时期，如果一个人志向不同，好与坏的差别可就大了。

秦朝灭亡的时候，货币依旧具有支付能力，那时的货币是秦半两。虽然战争会带来物价上涨，但秦半两的支付能力还是基本有保证的，这就意味着掌握更多秦半两的人拥有更大的、调动社会资源的能力，比如：可以养更多的兵，等等。虽然秦末陈胜吴广起义动摇了秦国的根基，但秦国灭亡的最主要原因之一是关东六国贵族的分裂行为，也就是说内部分裂直接导致秦朝的灭亡。典型的是项梁起事后，采纳范增的建议，自称武信君，立战国时期楚怀王熊槐的孙子熊心为王，以从民望，后项羽尊其为义帝。齐、燕、韩、赵、魏等国纷纷复国，秦朝分裂而亡。秦朝灭亡之后，分封了十八个王，刘邦最终是以汉王的身份争夺天下，建立了西汉政权，起家的主要资本是汉王拥有的"资源"。西汉末年，虽然王莽是中国历史上货币造假第一人（好赖也是第一），但所发行的货币是金属货币，虽然虚钱的价值下降，但支付能力依旧存在，并不会彻底丧失。西汉末年的农民起义极大地动摇了西汉的根基，甚至王莽也被农民军杀死，但光武帝刘秀依靠上谷、渔阳两郡和地方豪强的支持，建立了东汉。东汉末期，黄巾军起义动摇了东汉的根基，东汉的五铢钱虽然贬值，但支付能力依旧存在，加上曹操担任丞相的时候，恢复了足值的五铢钱，地方势力具有调动社会资源的能力，可以招兵买马，所以，东汉政权最后落入豪强手中（曹操本身就是一路豪强）。南北朝时期的南朝也是皇权在豪强之间不断转移（东晋之后，又建立了宋、齐、梁、陈四个政权，都是地方大士族或功臣悍将建立的）。隋朝和唐朝的建立也是如此，杨坚和李渊都是原来朝代的重要官员。宋朝是个例外，直接亡于北方游牧民族。

任何王朝的末期，都是豪强势力不断壮大的时期，官吏和豪强在占有大量土地的同时，积累大量的钱财，当农民起义（或其他因素）动摇了皇权统治的时候，这些豪强或官吏就会凭借自身强大的财力，以自身占有的土地和势力范围为依托争夺天下，最终夺取政权。而农民起义的领导者，一般没有自身的根据地，顺利时轰轰烈烈，遭遇挫折时就会一触即溃，虽然可以打击、动摇皇权的统治，但基于各种因素的制约，加上皇权和豪强的共同反扑，都很难建立稳定的新政权。

官吏和豪强对农民起义的反扑能力和社会动员能力是以当时货币的支付能力为基础的，当前朝的货币依旧具有购买力的时候，就可以招兵买马，保护自身的土地和势力范围，以此为依托争夺天下。

在元朝以前，各个朝代后期的钱币虽然都会遭受贬值，但购买力不会消失，反而让地方豪强具有更强的购买力和支付能力，进而壮大自己，并最终夺取天下，形成了皇权在官吏和豪强之间不断转移的模式。

元朝是蒙古人建立的王朝，随着元朝的不断衰落，地方豪强也不断膨胀。孛罗帖木儿和察罕帖木儿是当时北方并列的两大军阀，分割了当时北方的东部，察罕帖木儿在南，孛罗帖木儿在北，分别组成孛罗军阀集团和察罕军阀集团，双方经常互相攻打，扩充自己的实力。察罕帖木儿死后，既是外甥也是养子的扩廓帖木儿（汉名王保保，《倚天屠龙记》中赵敏的哥哥）接管了他的部分势力和地盘，不臣之心就更加明显。元廷曾任命孙景益为太原行省丞相，限制扩廓帖木儿的扩张，扩廓帖木儿勃然大怒，尽杀太原的朝廷命官。元廷曾命令扩廓帖木儿南下讨伐义军，但他不理不睬，而是奉行攘外必先安内的原则，大肆在北方吞并异己，攻城略地。李思齐（汉人）本是河南罗山县的一名典吏，组织汉人武装与察汗帖木儿一起围剿红巾军，大获成功。连元顺帝听到李思齐的表现后也不得不感叹："人言国家轻汉人，如此，果轻汉人也。"李思齐通过不断的实力扩充，占有了关中西部和陇西地区。张良弼也是汉人，祖籍河南省汝宁府息县（今河南息县），生于陕西华阴，将官世家，曾官拜陕西宣慰使、参知政事、湖广参知政事、陕西左丞相等职，占据关中东部。

但这些地方势力最终无法登上最高权力的舞台，这是为什么呢？

元顺帝不断滥发货币，民怨沸腾，在自己的龙椅之下点燃熊熊烈火。而元朝的各路豪强使用的都是元顺帝发行的纸钞，同样丧失了购买力，在角逐天下的过程中也丧失了优势。最终，无论元顺帝还是豪强，都只能成为那个时代的配角，乖乖地退出了历史的舞台。

大中通宝"敢死队"

1351年8月，徐寿辉与彭莹玉、邹普胜在蕲州（今湖北蕲春南）起事。10月，攻克蕲水（今湖北浠水），徐寿辉称帝，国号天完（这个年号有点好笑，老天都不喜欢，那还不玩完），年号治平，同时发行天完通宝。徐寿辉虽然地盘不大，但派头不小，元朝有的机构，徐寿辉都有。以邹普胜为太师，倪文俊为领军元帅，置统军元帅府、中书省、枢密院、中央六部。手下倒是有一群名将，丁普郎、杨普雄、项普略、况普天、欧普祥、陈普文、赵普胜、傅友德等。除了傅友德，中间都是普字，估计是起义之后重新起的名字，如果继续使用"陈九四""朱初一""朱重八"之类的名字，会有损将军们的光辉形象，也不符合徐寿辉的面子工程。1353年底，在元军围剿之下，蕲水失陷。后迁都汉阳（今武汉汉阳），改年号太平，铸太平通宝。公元1359年4月，改元天定，铸天定通宝。事实证明，老天不喜欢，国运就不会长久，天完国很快玩完了。公元1360年，陈友谅杀死徐寿辉，自己登基称帝，改国号为汉，陈友谅是弑主之人，却改元为大义，铸造大义通宝。

1355年2月，刘福通在亳州拥韩山童的儿子韩林儿为帝，国号为宋，年号为龙凤，铸造龙凤通宝。此外，张士诚铸造天佑通宝，朱元璋铸造大中通宝等。

按说，很多历史上的农民起义，给人以一盘散沙的感觉，属于游击队的性质。这也是没办法的事情，为了多招兵，年龄就要放宽（能割脑袋就行），"政审"也不严格，同时，原来都是农民，直接拿着锄头、镰刀就上阵了。更有些起义军的领袖，帝王思想膨胀，拉大旗作虎皮，铸造钱币也是这样的性质，属于应付门面，只是为了拉开做生意的架势，铸币自然会粗制滥造。虽然元末的农民起义也有这样的倾向（最典型的是徐寿辉，地盘不大，派头不小），但在铸币这件事上却不是如此，他们铸造的钱币都非常精美，绝对具有"中央银行"的铸造水平。

比如，龙凤通宝所用的铜料赤黄，灿灿如金，钱币本身和上面的文字都非常秀美，制作得非常精致。清朝《钱录》的作者张端木称其"字文遒美，铜质如黄金"。公元1359年，陈友谅的势力崛起，徐寿辉的势力已经衰落，天完国很快就要玩完了，但当时铸造的天定通宝也绝不将就。天定通宝书法俊秀，制作精良，形制规范，是元朝末年流通比较广的一种精美钱币。

元朝末年的农民起义军领袖不是农民、渔民就是盐贩子、布贩子，当然，朱元璋文化水平肯定不高，能写好自己的名字就不错了，但在铸造货币的问题上绝不含糊，比正规铸币还要正规，很多都成为现代的珍品（图1.5为元末农民起义时期的几种钱币）。

图1.5　元末农民起义时期的几种钱币

（图片来源：中国网）

左图为张士诚所铸造的"天佑通宝"，据说是张士诚率部攻下平江（今苏州）城毁坏了承天寺的铜佛像后铸成的。中图是陈友谅所铸造的"大义通宝"。右图为朱元璋称吴国公后所铸造的"大中通宝"。

朱元璋属于政治强人，也是军事好手，但还是理财能手。战争期间，朱元璋是韩林儿的部下，一方面协助韩林儿发行"龙凤通宝"，另一方面为了笼络民心，在战争期间答应老百姓元朝交钞在他的地盘上也可以使用，规定交钞一两值"龙凤通宝"四十文，十两交钞作为一贯使用。他还在应天府（今南京）设置宝源局，铸造"大中通宝"，与其他货币一起参与流通。

货币的不同彻底逆转了南方与北方之间的局势，"大中通宝"等钱币成为冲垮腐朽元朝的"敢死队"。

无论南方的农民起义军还是北方打着元军旗号的军阀，他们都渴望登上权力的顶峰——登基称帝，但货币的不同决定了他们之间的处境有本质的差异。

设想一下当时滑稽的情形。以朱元璋为主的南方和以元廷为主的北方都需要招兵，朱元璋只要吩咐征兵官竖起大旗，摆出的报酬形式是属于硬通货的大中通宝等，后面就会排起一字长蛇阵，征兵官还要设定年龄、身高、体重、家庭出身等指标进行挑选；可北方的元军将领（本质上是军阀）就麻烦了，竖根征兵大旗估计是没用的，他们有的只是元顺帝发行的至正钞，基本等同于废纸，根本买不来东西。所以，只能挨家挨户地拉壮丁，也别讲什么标准了，走得动的就行。

中国人很讲究人心所向，那些有志之士个个都是人精，只要一看征兵处的人气，就明白该做什么样的选择，自然都跑到南方的大旗下，南方兵多将广。

北方的征兵官麻烦，管理粮草军械的后勤官员更是哭丧着脸。朱元璋只要竖起征集粮草军械的大旗，农民就会赶紧用小推车把粮草推来，把军械运来，回到家还会抓紧种地、干活，因为得到的是硬通货，无需担心贬值，可以养活老婆孩子。朱元璋的粮草军械有充足的保证。北方怎么办？如果拿至正钞购买粮草，和抢差不多，不会有人送，最终只能靠抢，一半士兵打仗还得余下一半士兵抢粮草，这仗没法打。

到了战场上，南北方军队的士气差别更大。南方士兵都是红着眼（赏赐的铜钱的颜色），猛杀猛砍，战场上立功所得到的奖励都是实实在在的；而北方士兵一定是能跑就跑（反正是拉来的），不能跑就投降，两边的"工种"一样，都是砍人，跟着给硬通货的老板砍人更好。双方的战斗意志有天地之别。

乱了，全乱了，游击队（南方农民军）变成了正规军，士兵素质有保证，战斗意志旺盛，粮草军械供给充足，而正规军（元廷的军队）反成了游击队，兵源不够靠拉，粮草军械不足靠抢，和土匪差不多。

这世界调了个。

中国有句俗语："命苦不能怨政府。"但北方的军阀与豪强无法争夺天下，却与元顺帝代表的元朝政府脱不了干系，因为他们被元顺帝使用至正钞"阉割"了，自然也就没有充足的实力争夺天下。

元朝末年，初期一个最突出的特点是各打各的，南方各路起义军互相攻杀（当然也有农民军与元军的战斗）成为焦点；而同时，北方也没消停，豪强和军阀之间也是打打杀杀。朱元璋扫平了南方后，徐达、常遇春等猛将像秋风扫落叶一样扫平了北方。看来"正规军"与"游击队"还是有很大差别的。

朱元璋先生，您生在最差的时代，但也是最好的时代。元朝末年发生的与其说是农民起义，不如说是"钱"的起义。

地主的境界

姓刘的、姓李的、姓赵的，都曾经登上天下最大地主的宝座，也拥有普天之下所有的财富，现在轮到了1344年从安徽濠州走出来的穷小子朱元璋。1368年1月23日，朱元璋在应天府称帝，国号大明，年号洪武。

当上大地主，自然就要改善自己的生活条件，皇宫（王宫）的修建是必不可少的。1367年1月，朱元璋亲自祭祀山川之神，并向诸神"汇报工作"："予自乙未（1355年）渡江，丙申（1356年）驻师金陵，抚安黎庶，于今十有二年……兹欲立郊社，建宫宇于旧城之东、钟山之阳。国祚绵长，惟山川气运是从。"工作汇报完之后，即开始动工建设吴王新宫，当时动用工匠、军卒数万人。1367年10月建成，效率很高，考虑到朱元璋小时住过农民的草房也住过禅房，估计吴王新宫不会太奢侈。1368年称帝之后，以应天府为南京，开封为北京，略作修缮之后，将吴王新宫改为皇城。考虑到自己出家时，已经是房无一间地无一垄，如果回家就没有住处，在老家凤阳兴建中都城。除此之外，还要多娶几个老婆，实现后继有人，等等。

但是，朱元璋虽然登基前后就开始改善自己的生活，但并未忘记小时候的经历，更没有忘记还有很多自己小时候一样的穷苦人。

首先，朱元璋在工作中投入了忘我的热情。

朱元璋的勤劳在历史上都是极其罕见的，吴晗先生统计过，从洪武17年（1384）9月14日到21日，仅仅8天内，朱元璋收到了1666件公文，合计3391件事，平均每天要看200份文件，处理400件事情。按处理、交代一件事情5分钟计算，需要约33个小时，这是不可能的，因为老朱精力再好也要吃饭睡觉，所以，每件事情需要在两三分钟内处理完毕。由此可见，在他的概念中，工作就是打仗，打仗就是工作，和时间车轮赛跑，老朱自身就是上紧了发条的钟表。如果在今天，属于特级劳模的水平，可惜，那时既没人给他发奖金，也没人给他授予荣誉证书。自己当劳模还不算，还要求手下人以自己作为榜样，官员们一年只有三天假，分别是冬至、过年和朱元璋的生日，剩下的时间，干活去吧。

朱元璋的勤劳没有白费，他制定了非常完备的法律制度，包括刑法、户籍、行政、教育等方面，甚至连不同行业的人该穿什么衣服，老朱都制定好了。老朱心想，自己辛苦一点没所谓，子孙们只要照着这些规矩去做就行了，大明江山可以千秋万代。

在老朱的努力下，明朝社会迅速恢复。最典型的是黄泛区的治理，从山西大规模移民至山东和河南，政府对开垦农田的人们进行物质和精神支持，灾区迅速恢复，在元顺帝手下无法解决的问题，甚至成为元朝灭亡的导火索，在老朱手上立即解决。

其次是治理吏治。

老朱可能算历史上"反腐第一人"。小时候的经历告诉他，官吏们不可靠，如果没有元朝官吏的层层盘剥，就没有元末农民运动的风起云涌，甚至自己都不会光荣参军，虽然不参军就不会登上九五之尊，但自己的父母亲人却永远失去了。

估计老朱还有另外一个想法。明朝的官员有很多是元朝的旧官吏，这也是没办法的事，社会上有点文化的就那么多，虽然老朱不喜欢这些旧官吏，但考虑到自己人手不足，只能将就着用。但朱元璋保留着警惕之心，如果这帮家伙继续像过去一样对老百姓进行无穷无尽的敲诈勒索，大明的江山也会像元朝一样，对他们来说，充其量换个老板继续打工、继续敲诈勒索，我老朱怎么办？考虑到元顺帝已经被自己赶到漠北，去和他作伴肯定不受欢迎，自己无处可去，那只能掉脑袋。所以，朱元璋时刻盯着这帮人以及自己手下的功臣宿将，发现挖自己"墙角"的事情（敲诈勒索就是挖自己的"墙角"）决不轻饶。

当他发现御史宇文桂身藏十余封拉关系、拍马屁、走后门的信件后，立即派人对中央各部和地方官府进行调查，结果显示从上到下贪污腐败现象极其严重。这是正常的，从元朝过来的那帮人已经习惯了这些,养成了"职业病";即便自己新选任的官员,也认为该到了享受的时候。朱元璋龙颜大怒,立即诏令天下:"奉天承运,为惜民命,犯官吏贪赃满六十两者,一律处死,决不宽贷。"而且,任何人都不例外,无论是高级干部还是皇亲国戚都一视同仁。

一般的圣旨是以"奉天承运,皇帝诏曰"作为开头,可是,老朱的圣旨"奉天承运"之后,调头了,说的是"为惜民命"。或许是因为老朱文化有限,不习惯圣旨的"规范化"格式,但更可能是故意的,如果没有民,哪有皇帝?所以,直接改成"为惜民命"。老朱很清楚,官吏贪污,就会有很多百姓因此失去亲人,这是自己的经历告诉他的,走投无路的老百姓只能造反,必须有人给老百姓做主。因此,他杀掉了大批的高级干部,包括很多跟随自己打天下的功臣,至于六、七、八品的芝麻官,就更多了,这点大家都很清楚,但有一点可能不清楚,他连自己的女婿也杀掉了。

欧阳伦(1356年—1397年),进士出身,1381年迎娶安庆公主。安庆公主是朱元璋的第四个女儿,母亲是孝慈皇后(1332年—1382年),也就是民间所说的马皇后。可以说,如果没有马皇后,朱元璋可能活不到当皇上那天,在濠州城就可能被郭子兴饿死,朱元璋对马皇后的感情可想而知,而安庆公主是朱元璋和马皇后的女儿。

想到这点,欧阳伦会觉得自己脑袋上的吃饭家伙是有一定安全系数的,也正因为这样的想法,直接让他丢掉了吃饭的家伙。

在明朝,西蕃地区需要茶叶,明朝控制住茶叶之后,就可以在一定程度上制约少数民族地区。明朝规定用茶叶交换马匹,既可以制约少数民族地区军力的增长,也可以增强自身的军事实力。这样一来,茶叶在明朝就成了战略物资,严禁私自出口。欧阳伦官至都尉,1397年(洪武三十年)"奉使至川、陕","数遣私人贩茶出境",从中牟取暴利,陕西布政司官员不敢过问。欧阳伦的家奴周保更是蛮横,为了运茶出关,擅自动用数十辆官府车辆,强闯关卡并殴打蓝田县把关官员。地方官吏惹不起,只能向朝廷报告。朱元璋大怒,立即把欧阳伦抓起来处死。

在朱元璋那里,法律大于亲情。

在封建社会，有句俗语叫作"只许州官放火，不许百姓点灯"。但朱元璋打破了这个规矩，准许百姓上访举报官吏，同时，如果官吏在征收税粮以及摊派差役中作弊曲法，百姓也可以直接将犯官扭送朝廷。明朝百姓上访，受朝廷保护，对于那些应当接访而没有接访的上级官员，亦要依法论处。此外，朱元璋在午门外特设"鸣冤鼓"，民间百姓若有冤情在地方讨不回公道，可上京击鼓告御状。

有些场合说，朱元璋是历史上非常刻薄寡恩的皇帝，几乎与刽子手同列，对于贪官污吏来说，是对的，对于草民百姓来说，是错的。

朱元璋的这些举措当然是为了维护自己得之不易的"地主"地位，让大明公司长治久安，后代子孙再也不用当农民，更不用讨饭。但对于百姓来说，他是一个"好地主"。

朱元璋的货币学

在朱元璋称吴王时，也和各路的农民起义军一样，既在战场上起义，也在"钱"上起义，铸造大中通宝钱币。虽然今天大中通宝有很高的文化价值，但在当时，大中通宝比其他钱币低了一个档次，因为无论徐寿辉、韩林儿还是陈友谅，所铸造的钱币都是年号钱，也就是这些人已经称帝，按自己的年号铸钱，所以，大中通宝不如其他起义军的钱币"气派"。

朱元璋在1368年称帝之后，国号大明，年号洪武，才开始按年号铸造洪武通宝。

当时，元朝的纸币逐渐丧失了购买力，那是彻底歇了。明初时期，不仅张士诚、徐寿辉、韩林儿等人发行的钱币继续流通，以前其他朝代的钱币也准许流通，实际流通的钱币非常繁杂。这就带来几个问题：其一，登基之后的朱元璋虽然已经成为大地主，但对自己一亩三分地上流通的货币数量并不清楚；其二，这些钱币良莠不齐，交租的时候如果交上来的是这些钱币，如何计算"汇率"就成了问题。何况，虽然陈友谅、张士诚这些人已经死了，但他们铸造的年号钱还在自己眼前晃悠，明显给朱元璋添堵；其三，朱元璋虽然登上皇位，成了大地主，却发现自己做不到想要多少钱就有多少钱，那是因为明朝缺铜，这可能会勾起朱元璋儿时的回忆，怎么当皇帝了还缺钱？

朱元璋有办法，1375年开始发行大明通行宝钞。从此后，朱元璋踏实了，自己想要多少钱就有多少钱，后代子孙再也不用为钱发愁了。可如此一来，发生了劣币驱逐良币的法则，私人开始藏钱。据2011年1月7日《杭州日报》报道，2010年12月10日，"西溪诚园"建筑工地上，施工人员从地里挖出了1万多枚古钱币，大部分钱币保存情况较好，制作精致，钱文清晰。这批铜钱涉及西汉、新莽、唐、五代十国（后周、前蜀、南唐）、北宋、南宋、西夏、金、元和明等朝代，最早为西汉文帝前元五年（公元前175年）开始铸造的四铢半两钱，最晚为1368年开始铸造的洪武通宝，也有韩林儿铸造的龙凤通宝等，这批钱币代表的时间跨度竟然有1500年，共78个品种。基于钱币的日期推断，应该是朱元璋先生让钱币的主人藏起来的，是劣币驱逐良币的结果，民间将铜钱收藏了起来。可是，完全没有保证金的大明通行宝钞是会贬值的，通胀会不断发展，这让老朱很丢面子，但老朱还有办法，最好的办法自然是把良币全部收缴。因此，1395年，朱元璋将铜钱全部收缴，禁止金银流通，大明通行宝钞作为唯一合法货币。

朱元璋用武力一统天下，也用大明通行宝钞一统了货币江湖。

朱元璋发行大明通行宝钞，有铜短缺的原因，但也有元顺帝的诱导，因为元顺帝就是这么干的。朱元璋并不担心自己会走元顺帝的老路，元朝吏治腐败，朝廷铺张浪费，自然需要不断印钱，导致元朝的钞最终成为废纸。自己只要勤俭节约过日子，严肃吏治，发展生产，就可以限制纸钞的发行量并增大商品供给，结果就会不同。他是这样说的，也是这样做的，而且基本实现了自己的目的。

然而，朱元璋忘记了，后代的子孙可能不会像自己那样勤俭，也会出现败家子，国家也有很多意外的开支，比如哪里受灾就一定要赈济，外敌入侵就一定要出兵，皇族不断繁衍开支就会加大（地主家条件好、老婆多，繁衍速度自然快，相对老百姓会快很多倍，这是一个几何级数的运算题），等等，最难以预料的是自己死后，叔（朱棣）侄（朱允炆）之间打起来了，而且轰轰烈烈，让开支急剧膨胀，这些都会让大明通行宝钞加速贬值。随意可以得到的钱，购买力是难有保证的。

但不管怎么说，当时的朱元璋是安心了。我终于登上了财富的顶峰；我掌握了皇权，天下我说了算；拥有天下的土地和人民，成为拥有天下的地主；挖大明公司墙角的家伙们（贪官污吏）虽然除不了根，但普遍斩了一遍草；全天下的钱都在我手里，想印多少就印多少，后代子孙再也不会因为缺钱过自己小时候的苦日子。最重要的是，我制定了完善的制度，子孙们只要按着这些制度去做，就可以保证大明公司长盛不衰，大明食堂永远开饭。

朱元璋满足了，该走了，1398年，朱元璋病逝于应天。朱元璋或许走得安详，但终归还是没有逃脱封建社会的历史规律。200多年后，西北走出一个和朱元璋一样的穷小子，为的也是吃口饱饭、发家致富，结果毁掉了大明食堂，这个人大家也很熟悉，他叫李自成。

特殊的职业

世界很多国家都有漫长的封建社会史，基本都属于家天下的历史。

中国封建社会经历了秦、汉、唐、宋、元、明、清等朝代，几乎所有的开国帝王都在历史上建立了较高的声誉，也都是有所作为的"好皇帝"。中国历史上曾经出现很多盛世，比如文景之治、昭宣中兴、隋唐盛世、仁宗盛治、万历中兴等。按这样的逻辑，不断出现盛世，意味着中国人的生活水平从汉朝以后应该是不断提高的，可是，如果拿出数字，您会大吃一惊。

今天，人类社会喜欢用GDP来衡量一个国家的经济发展水平，人均GDP是最基础的数字。

有关古代经济总量的统计，由于资料的欠缺和数据的不准确性，势必有极大的困难，而且年代愈久远，难度就愈大。但是，即便如此，经济学家还是能够给出一个相对准确的数据。据西方经济史大家麦迪森的研究，中国在西汉末期的公元元年和北宋早期的公元1000年，以1990年的美元购买力为基准，人均GDP均为450美元。

这意味着1000年的漫长年代内，中国人的生活水平停滞不前。

同样根据麦迪森的研究，在公元元年，中国的GDP占世界总量的26%，公元1000年时占世界的22.7%，1870年占世界总量的17.2%，1913年只占8.9%。1800多年来，中国占世界经济总量的比例在下降。

某些书上曾教导我们说，朝代的更迭意味着新的、更先进的生产力代替腐朽、落后的生产力，是社会的进步。但是，从中国封建社会的财富变化趋势上看不出这一点，朝代的更迭只代表掌握社会财富的主人在更迭，是一种财富在不同姓氏之间的转移。历史上的盛世不断创造财富，但战争却在毁灭财富，而王朝更迭一般意味着持续不断的战争，换句话说，朝代更迭也是财富挥发的过程。

开国皇帝实现了皇权的转移，也就实现了全社会财富的转移，同时，相关的战争对社会财富造成了巨大破坏。

一个朝代建立之后，一般会带来社会稳定，财富增长，如果再出现所谓的明君，社会财富就会加速增长。但社会财富增长的同时，皇族的人口也会加速扩大。最典型的是朱元璋，老人家农民出身，登基称帝的时候家族也没剩下几个人，可到了万历时期，皇族已经膨胀到40多万人，这些人都需要老婆（先生）、需要仆人，都需要赡养。在四川，皇族所占有的耕地已经是耕地总数的70%，这说明财富加速向皇族转移，社会财富分配的比例日趋恶化。当初的朱元璋赤手空拳打天下，打的是蒙古人，到明朝末期，世界开始调了个个，朱元璋的后代成为被打的靶子，最终，明朝灭亡。

第二章

商圣之道

范蠡无论治国、持家、经商还是对待爱情,都几乎做到了尽善尽美。他在经商过程中将商品的角色进行合理转换,甚至今天的人们还没领会其深刻的含义。如果想在生活中体验道家的精髓,就一定要深入了解范蠡的人生,商圣自有其不平凡的内涵。

古人之所以将人生演绎得如此精彩,缘于他们思维的深度和广度。

财神的商道

公元前473年,越国击败了吴国,实现了复仇的目的,登上春秋时期霸主的宝座。范蠡(图2.1)居功至伟,被封为上将军。可范蠡急流勇退,(很可能)带着恋人西施泛舟江湖。《越绝书》记载:"吴亡后,西施复归范蠡,同泛五湖而去。"古往今来,范蠡与西施的故事成为浪漫爱情的音律,优美动人,让有情人向往。

图2.1 范蠡

同时,范蠡还被誉为财神,被商人奉为商圣,无论治国还是经商,都是完美的化身。

初出茅庐

范蠡出生于春秋末期,是楚国宛地三户邑(今河南南阳淅川县)人,出身贫寒,年轻时就学富五车,上晓天文、下识地理,满腹经纶,文韬武略，无所不精。可在当时的楚国，进入仕途的敲门砖是可以证明自身血统高贵的"户口本"，学识这块敲门砖敲不开王宫的大门，也就走不上仕途之路。

当时的楚国，贵胄专权，政治紊乱。楚平王（熊居，公元前528年—公元前516年在位）在登上王位之前，名声还不错。在楚国灭掉陈、蔡二国之后，熊居曾被封为陈蔡公，负责治理这两个地方。陈蔡公这个岗位的"级别"和拥有的实力都不低，陈、蔡两地有战车千乘，在春秋战国时期相当于中等诸侯的实力，或许相当于今天大军区长官的级别。在他的治理下，境内盗贼平息，百姓安居，得到晋国贵族叔向很高的评价。可是，熊居先生有个毛病，那就是好色。对于已经登上楚王之位的熊居先生来说，多娶几个漂亮媳妇也算不上什么大事，只要不是太多以致"工作"过于辛苦，有损"龙体"，也没人会多嘴多舌。可这位熊居先生连自己漂亮的儿媳妇（秦女，太子建的妻子）都夺过来了，过分了，太过分了。从此，朝中一片大乱，太子建出奔，太子的大臣伍奢、伍尚父子被杀，伍奢的另一个儿子伍子胥（公元前559年—公元前484年）投奔吴国。如果是一般人，即便逃走也没什么关系，可熊居先生"中彩"了，伍子胥不是一般人，而是春秋战国时期著名的军事家，楚国的厄运从此开始。伍子胥到吴国之后日夜练兵，持续攻打楚国，公元前506年，占领了楚国的都城。当时，熊居先生已经使用阴间的饭票了，而且已经使用了10年，但还是被伍子胥拉到阳间受刑，挨了三百鞭子。熊居先生的儿子楚昭王逃往随国（今湖北随州），若不是秦国出兵，楚国的历史也就到此为止。

如此混乱的国政，再加上贵胄当道，非贵族不得入仕，即便满腹经纶，范蠡也是报国无门。

可是，范蠡先生不认命，此处不留爷，自有留爷处，约公元前496年前后，郁闷的范蠡和宛令（相当于县令）文种一起到了吴国，希望可以在吴国出人头地，一展抱负。

吴国的历史几乎和楚国一样悠久，此时，吴国在伍子胥和孙武

（约公元前545年—约公元前470年）的辅佐下已经相当强大。伍子胥就不必再说，对于孙武，大家更熟悉，被尊称兵圣或孙子。看到"圣"和"子"这两个字，大家自然知道他的历史地位，中国历史上的大思想家老子、孔子、鬼谷子、墨子等诸"子"，都属于圣贤，孙武被尊为"圣"和"子"，自然处于圣贤的行列。孙武还同时被誉为"百世兵家之师""东方兵学的鼻祖"。孙武的《孙子兵法》被誉为"兵家圣典"。

孙武在兵家已经占据了至尊的地位，再也无人可以超越，但还有一件更神奇的事情，那就是孙武将军还会"算卦"，这一卦算得相当精准，算的是晋国六卿的运程。

晋国始于周成王的弟弟叔虞，姓姬，字子于，他的封地是唐，位于汾水之东，方圆一百里，因此被称为唐叔虞。叔虞的儿子晋侯燮父将部族迁徙到了晋水一代，并改唐国为晋国。到了晋穆侯（公元前811年—公元前785年在位）时期，穆侯有两个儿子，长子名叫公子仇，少子名叫公子师。当时晋国的大夫师服就说："君上给儿子起的名字很奇怪啊，太子叫做仇，仇的意思是仇敌，幼子叫做师，师是能成其众的意思。名是自命的，物是自定的，如今长幼的名字彼此悖理，晋国以后肯定会出乱子。"师服的话预示晋国将有一场动乱。

拆字算命自成职业，看来是有缘由的，师服先生的水准具有大师的水平，这是后来的事实证明的。

晋穆侯死后，其弟殇叔自立为君，太子仇率领他的族人杀了殇叔即位，就是晋文侯（公元前780年—公元前746年在位）。这时，西周被犬戎消灭，周平王迁都洛邑，东周开始，各路诸侯开始壮大。晋文侯去世之后，其子昭侯伯（公元前745年—公元前740年在位）即位，都城是翼城（今山西翼城县），这一支是大宗；把他的叔叔公子师分封到曲沃城（今山西闻喜县东），从此公子师号称曲沃桓叔，这一支是小宗。在春秋时期，大宗有继承权，而小宗不具有继承权，但此后却发生了著名的"曲沃代翼"的故事。公元前679年，曲沃武公出兵讨伐大宗，攻陷了大宗的都城翼城。武公把缴获的晋国宝器贿赂周僖王（姬胡齐，公元前682年—公元前677年在位），希望得到周天子的承认。行贿受贿是古老的行业，也屡试不爽，可作为东周天子的周僖王居然接受贿赂就显得很滑稽，也说明此时的周天子已经落魄到何种地步。公元前678年，得了好处的周僖王正式授予武公晋侯称号。公元前676年，晋武公辞世，其子晋献公即位。"曲沃代翼"的过程就是晋国公族互相残杀的过程，晋献公即位之后，再次大规模残杀公族后代，公族的精英凋零，从此开始，晋国大规模启用异姓大臣辅政。

异姓大臣进入权力中心，意味着等级制度衰落，推动了晋国称霸中原的脚步。

晋文公重耳（公元前636年—公元前628年在位）开创了晋国100多年的霸业，成为春秋五霸中的第二位霸主。他建立了六卿制度，分为中、上、下三军制，每军各设一名将、一名佐，按地位高低分别是中军将、中军佐、上军将、上军佐、下军将、下军佐，中军将又称元帅、执政晋国，六卿就此形成。晋平公（公元前557年—公元前532年在位）以后，六卿的职位被赵氏、韩氏、魏氏、智氏、范氏、中行氏六家垄断，之后的六卿就特指这六个卿家。晋平公开始，晋国六卿不断壮大，开始向晋公室夺权。虽然晋国开始内乱，但奇怪的是，并不妨碍晋国对外争霸，缘于无论哪家，都会选出自己最优秀的人物登上将佐的位置，否则就很容易被别家所取代，这直接壮大了晋国的实力。

晋国是当时的霸主，内政外交都会受到各路诸侯的关注。就像今天的美国，由于是世界的老大，一举一动都惹人注目，即便一件鸡毛蒜皮的小事，也会被很多国家放到放大镜下仔细研究。这也是没办法的事，"老大"可以左右很多小国的命运。在当时，作为霸主的晋国，也可以决定各路诸侯的"饭堂"能否继续开办下去。晋国的事，自然也受到吴国的关注。

孙武将军的这一卦，算的就是晋国六卿的前程，算卦的过程记载在《孙子兵法·吴问》中。

算卦开始，提问者是吴王，回答者是孙武将军，可惜，估计孙将军没穿算卦先生的行头：

问："晋国的大权掌握在范氏、中行氏、智氏、韩氏、魏氏、赵氏六家大夫手中，你认为哪家能够强大起来？"孙武大师没有直接回答，而是采用排除法。

答："范氏、中行氏两家先亡。"

问："为何？"

答："这可以由他们的田制、收取赋税的比例、士卒的多少和官吏的贪廉作出判断。范氏、中行氏以一百六十平方步为一亩，六卿之中，这两家的田制最小，租税最重，高达五分抽一。公家敛财无度，人民转死沟壑，官吏众多而又骄奢，军队庞大而又屡屡兴兵，会首先众叛亲离，土崩瓦解！"

问："范氏、中行氏之后，该是哪家？"

答："根据一样的道理，要轮到智氏。智氏家族的田制，只比范氏、中行氏的田制稍大一点，以一百八十平方步为一亩，租税却同样苛重，也是五分抽一。公家富有，人民穷困，官吏兵丁众多，主人骄横，臣下奢侈，而且好大喜功，范氏、中行氏之后要轮到智氏。"

问："智氏之后，该是谁？"

答："那就该轮到韩、魏两家了。韩、魏两家以二百平方步为一亩，税率还是五分抽一。"

孙武接着说："赵氏和上述五家不同，六卿之中，赵氏田制最大，以二百四十平方步为一亩，赵氏收取的租赋历来不重。亩大，税轻，公家取民有度，官兵寡少，赵氏不过分骄横、奢侈，百姓可以温饱，赵氏可以兴旺发达。"

本人很怀疑，晋国的六卿，一定是偷听了孙武将军的算卦过程，否则这六家怎么会在春秋战国后来的历史中，几乎一模一样地照着孙武将军既定的程序走呢？公元前497年，中行氏和范氏在晋国内斗中战败，退守朝歌（今河南鹤壁淇县），8年后，中行氏和范氏出逃齐国。公元前458年，智氏联合赵氏、魏氏、韩氏三大夫，瓜分了范氏和中行氏的土地和财产。公元前453年，赵氏、魏氏、韩氏三家灭智氏，智伯瑶被杀。虽然孙武算不出后来的魏文侯变法和赵武灵王的胡服骑射（图2.2），但秦国在关东的最后一个劲敌，就是赵国！

图2.2 赵武灵王胡服骑射

（图片来源：文化中国网）

赵武灵王赵雍（公元前325年—公元前298年在位），嬴姓，赵氏，名雍，与秦国王室为同一先祖。春秋战国时期的变法中，以商鞅变法最为著名，赵雍的变法改革可以和商鞅变法相媲美。赵雍初即位时，赵国只据有山西中部和河北中南部的地区，处于国势衰落期。赵雍改中原地区宽袖长袍的服装为短衣紧袖的胡服以适应骑战的需要。春秋战国时期的兵种主要是车兵和步兵，赵雍开始训练骑兵，这是中国军事史上的重大变革，从此，骑兵成为古代的主要兵种。胡服骑射改革之后，赵国灭掉中山国，击败北方的林胡、楼烦，使赵国的版图扩大到今陕西北部、河北北部、内蒙中西部和广大的河套地区。同时，修筑了从今河北宣化沿阴山山脉西行，直达今河套五原以北狼山缺口的长城。赵国一跃成为可以和秦国匹敌的强国。

中国历史上有很多内战"英雄",盛名之下其实难副,只有守护中华民族的人才是真正的英雄。梁启超认为,赵雍是黄帝以后第一伟人,因为他和汉武帝、唐太宗、明成祖等一样,是少数可以取得对北方游牧民族战争胜利的人之一。

到这里,大家一定也很想请孙武大师算上一卦,谁不关心自己的前程啊!

可惜,范蠡没请孙武大师算卦。

在范蠡和文种到达吴国的时候,吴国正处于新老王爷交班的时间段,老王阖闾因伤去世,新王夫差"悲伤地"接班。交班前后估计比较乱,对范蠡先生接待不周也算正常,何况吴国已经强大起来,如果想直接当高级公务员难度更大,范蠡难尽其才,结果拉着文种去了越国。

吴王当时可能并不知道,走的这两个不起眼的人最终埋葬了吴国。在当时,可以匹敌孙武和伍子胥的或许也仅此二人,如果吴王知道了,应该也会来个"萧何月下追韩信"。

范蠡、文种到了越国,从此辅佐勾践20多年。

吴越争霸

越国的对手不仅是吴王夫差,更是伍子胥和孙武这两个中国历史上的卓越军事家。

可是,范蠡到了越国之后,又遇到另一位中国历史上的著名人物,那就是计然。计然是春秋时期葵丘(今河南商丘民权县)濮上人,姓辛,字文子,老子(就是传下《道德经》的那位圣贤)的弟子,早先是晋国的贵族。计然博学多才,天文地理无所不通,可是,外貌却显得平庸、愚钝,这就是人们经常说的那种大智若愚型人物。由于他品行刚直,酷爱山水,常常泛舟出游,不肯向诸侯推荐自己,所以尽管才冠天下,却没什么名气。他经常遨游山海湖泽,所以自称"渔父"。计然在越国收范蠡为徒。范蠡曾想将他推荐给越王,但他却对范蠡说:

越王为人，长颈鸟喙，可与共患难，不可与共荣乐。范蠡深深地敬佩计然的见识。

到此，主要人物均已出场，先列一下吴越争霸的主要演员名单：

夫差：吴国国君，吴国是春秋五霸之一；

勾践：越国国君，越国也是春秋五霸之一；

孙武：著名军事家、政治家，尊称兵圣，后人尊为百世兵家之师、东方兵学的鼻祖（算卦也有很高水平）；

伍子胥：著名军事家；

计然：著名战略家、思想家和经济学家，中国伟大的思想家老子的弟子；

范蠡：著名政治家、军事家和经济学家；

文种：著名谋略家，行政专家（本人添加）。

春秋战国时期，如果你和上述这些人做对手或战友，甚至曾在他们的手下当过兵，只能说三生有幸。

这是一个风云际会的年代。

吴越之间的战争，和历史上任何时期的战争都有所差别。我们津津乐道的楚汉战争、三国争霸、隋唐演义等，注重的都是军事方面，包括打几仗、将军们的英勇事迹、战略战术等，可吴越之间的征战是两个国家之间经济、军事实力的综合比拼，比历史上其他的战争更有意义，也更加波澜壮阔。

史书中大量记载了计然和勾践的对话，内容涉及方方面面，最主要是如何才能实现国富民强、如何准备战争才能做到有胜无败等内容。范蠡曾说，计然老师教给他七条富国强兵的计策，才使了五条，就打败了吴国，吴国是春秋时期的霸主，可在范蠡眼中却不是有足够分量的对手，不禁打。这七条计策全是关于经济方面的，涉及经济周期、价格调控、贸易时机的选择、价值判断、物极必反、资金周转等，即便对于现代经济，都有很高的价值。

今天，我们知道战争打的是两个国家之间的综合国力，经济战是战争的重要表现形式，可以决定硝烟战场上征战的胜负，而货币战、汇率战、关税战等均不过是经济战的外在表现形式，其实，2000多年前，范蠡就洞悉了这一战争的胜负手。

所以，吴越之间的战争主要是以经济战争的面目展现出来。

在此同时，范蠡还展示了他的军事思想，主要包括：强则戒骄逸，处安有备；弱则暗图强，待机而动；用兵善乘虚蹈隙，出奇制胜。这些均被后世的兵家所称道并沿用，与《孙子兵法》有很多异曲同工之处。

据明代冯梦龙的《东周列国志》记载，文种向勾践进言，治国之道既是爱民，爱民则国富民强。同时谈到破吴七术："一曰捐货币以悦其君臣；二曰贵籴粟囊，以虚其积聚；三曰遗美女，以惑其心志；四曰遗之巧工良材，使作宫室以罄其财；五曰遗之谀臣以乱其谋；六曰疆其谏臣使自杀以弱其辅；七曰积财练兵，以承其弊。"中心意思是说，多进贡钱财取悦其君臣，高价收购他的粮食掏空他的库存，多送美女使其丧失心智，多送能工巧匠帮其建筑宫室耗空他的财力，贿赂他的谀臣扰乱他的智谋，当面夸奖他的忠臣让君臣猜忌进而杀死他的忠臣，自己多集财富勤练兵马等。

吴越之间进行的是治国能力、经济发展、财富积累、军队训练、谋略策划等全方位比拼，这才是真正的、波澜壮阔的、全方位的战争，是中国战争史上的经典一幕。否则，以弱小的越国不可能击败强大的吴国，何况对面站的是孙武、伍子胥两位历史巨人。

孙武、伍子胥、范蠡、计然都是中国历史上占有重要地位的人物，是牛人，牛人们自然不能像街头混混一样一通乱打，进行的是高层次的、更高档次的战争，这才是中国历史的精华。

公元前494年春天，勾践听说吴国日夜演练士兵，准备向越国报仇，就打算先发制人，希望再复制一个檇李大捷（吴国与越国之间的檇李之战发生过两次：第一次发生在公元前510年，吴军在孙武的指挥下势不可当，除了在战场上大败越军以外，又在越国"大掠而回"；

第二次发生在公元前 496 年，两军战于樵李，勾践派敢死队自杀于吴军阵前，趁吴军惊惶之际率军突击，吴军大败，吴王阖闾被击伤脚趾，在回师途中死去）。范蠡力谏："天道要求我们盈满而不过分，气盛而不骄傲，辛劳而不自夸有功。"这是典型的道家思想，对于任何一个国家甚至一个人来说，骄则必败，要懂得顺势而为，遵循天道和人道。勾践不听范蠡劝谏，执意出兵，调集军队从水上向吴国进发，夫差率 10 万精兵迎战于夫椒（今江苏无锡马山）。在孙武、伍子胥的指挥下，吴军在夜间布置了许多疑兵，惊扰越军。在漆黑的夜幕中，吴军乘势发动总攻，大败越军，勾践在吴军的追击下带着 5000 名残兵败将跑到会稽山（今浙江绍兴市东南）上的一个小城中凭险抵抗，陷入吴军的重重包围。范蠡劝勾践答应吴国的任何条件以求保全性命，留得青山在，不愁没柴烧，"卑辞厚礼以遗之，不许，而身与之市"。而吴王没有听伍子胥"今不灭越，后必悔之"的进言，罢兵而归。

按照吴越双方的议和条件，越国战败两年后，越王勾践需要带着老婆孩子到吴国当奴仆，他想带上文种。范蠡自愿随勾践同行，说："四封之内，百姓之事，时节三乐，不乱民功，不逆天时，五谷睦熟，民乃蕃滋，君臣上下交得其志，蠡不如种也。四封之外，敌国之制，立断之事，因阴阳之衡，顺天地之常，柔而不屈，强而不刚……兵胜于外，福生于内，用力甚少，而名声章明，种亦不如蠡也。"由此可见，范蠡既有自知之明，也有识人之能。到了吴国之后，吴王夫差也知道范蠡的才能，很想收为己用，劝范蠡离开勾践，效力吴国。范蠡并不动摇，坦然地说："臣闻亡国之臣，不敢语政，败军之将，不敢语勇。臣在越不忠不信，今越王不奉大王命号，用兵与大王相持，至令获罪，君臣俱降，蒙大王鸿恩，得君臣相保，愿得入备扫除，出给趋走，臣之愿也！"

勾践与范蠡在吴国当了 3 年罪奴之后回到越国。公元前 476 年，伐吴的条件终于成熟了。当时，夫差倾全国之力，北上中原争霸，穷兵黩武的结局是国力严重消耗，后方空虚，国内只剩下老弱士卒与太子留守。越国经过近20年的精心准备，财力充足，民心凝聚，军队久经训练，国力强大，范蠡建议勾践立即兴兵伐吴。公元前473年吴越交战，吴军全线崩溃，吴王夫差逃到姑苏台上固守，同时派出使者向勾践求和，希望保住性命，勾践动摇了。这时，范蠡站出来，陈述利弊，打消了勾践动摇的心态，避免犯下夫差当初的错误。夫差认为自己愧对伍子胥，以至于造成如今的结果，遂蒙面自杀。

伍子胥的结局一样凄惨。当初夫差打败越国，伍子胥认为应一举消灭越国。这是有道理的，如果不能消灭越国，吴国就无法争霸中原，因为"螳螂捕蝉黄雀在后"，这种战略观念是非常正确的。但夫差听信伯嚭（此人收受了越国大量的贿赂）的谗言，拒绝"联齐灭越"，反派伍子胥出使齐国。在齐国，伍子胥对他的儿子说："我多次规劝大王，大王不采纳我的意见，我现在已看到吴国的末日了。你与吴国一起灭亡，没有好处啊！"于是将自己的儿子托付给齐国的鲍牧，返回吴国向夫差汇报工作。伯嚭再进谗言，诬陷伍子胥有谋反之心。公元前484年，夫差赐属镂剑令其自尽。伍子胥仰天大笑道："我辅佐你的父亲称霸，又拥立你为王，你当初想与我平分吴国，我没接受，事隔不久，今天你反而因谗言杀害我。唉，你一个人绝对不能独自立国！"伍子胥在愤恨之余，留下遗言，要家人在他死后把他的眼睛挖出，挂在东城门上，他要亲眼看着越军如何攻进城门，灭掉吴国。果如伍子胥所言，10年之后，吴国灭亡。

伍子胥死后，孙武心灰意冷，意识到吴国已无可挽救，悄然归隐，息影深山，专心修订兵法13篇。公元前473年，吴国灭亡后，孙武故地重游，于公元前470年逝世，一代兵圣长眠于吴国的土地上。

这场吴越争霸的大戏，每一位都是名角，可以名垂青史，唯独夫差这个角色，演技有点一般。

"辞职信"

吴国灭亡之后，范蠡居功至伟，被封为上将军，相当于军队的最高领导，可范蠡希望隐姓更名退隐江湖。

公元前468年，范蠡主动辞职。

辞职容易吗？如果是普通公务员，无论退休还是辞职，都很容易，一封辞职信就解决问题，但范蠡很难。

范蠡有很高的才华，勾践很清楚这一点，如果范蠡反助别国，对于越国和勾践来说，意味着多了一个强大的对手；范蠡属于越国的高级官员，掌握着很多机密，泄露了怎么办？所以，范蠡想顺利辞职并不容易，甚至很有可能因为辞职不当而掉脑袋。

《国语·越语下》记载：越王返回五湖时，范蠡向越王告辞说："君王努力治国吧，我不回越国了。"越王吃惊地问："我不明白你说什么？"范蠡答道："我听说，做臣子的，君王忧虑，臣子就要为他操劳；君王受辱，臣子就要为他去死。过去君王困守会稽，受到兵败之辱，我之所以没有去死，为的是报仇。如今仇已报，请让我补受在会稽时就应该受到的惩罚。"越王说："如果有不原谅你的过失、不称赞你的美德的人，我将让他在越国不得善终。你听我的话，我要把国政分一部分给你主管。你若不听，将被处死，妻子也一起杀了。"范蠡回答说："我听到您的命令了，您可以执行您的法令，我按照我的意志行动。"回头就悄悄地乘着小船泛游于五湖之上，离开了越国。

勾践命令工匠用黄金制成范蠡的雕像，每天礼拜，命令大夫们每十天也要礼拜一次，同时把会稽山四周三百里土地划为范蠡的封土，说："后代子孙，有敢侵占范蠡这块封土的，让他在越国不得善终，天地神灵、四方的官长都可以为我的话作证。"

或许大家觉得三百里的土地面积并不大，但这已经是越国至高无上的封赏。上古时期的治水英雄大禹，一生行迹中有四件大事——封禅、娶亲、计功、归葬——都发生在会稽，会稽山也是越人兴起之地。秦始皇统一中国后不久就"上会稽，祭大禹"，对这座出一帝一霸从而兼有"天子之气"和"王霸之气"的会稽山表示敬意。会稽山是中国历代帝王加封祭祀的著名镇山之一（南镇），古代九大名山之首。勾践将范蠡的封地封在会稽山，是越人对待先祖和帝王的待遇，已经是至高无上的了。

范蠡的这封"辞职信"非常完美。整个过程的含义是：范蠡对越王说，我不是要去别处当官，更不是造反，而是因为曾经让君主受辱，请君主责罚，虽然君主不肯责罚，但我也无颜再当官。如果仅仅如此，勾践是不会相信的。"乘着小船泛游"中的"小船"是关键词，说明范蠡只带了很少的几个人。而范蠡作为越国的上将军，自然会拥有自己的宗族和奴仆，这些人基本都留了下来（相当于人质）。这是用行动向勾践表明自己的真实想法，而且勾践一定会相信。

确实是不想干了，没有任何对越国不利的想法，这一定是勾践的内心写照。

大家可能说，范蠡不地道，连自己的宗族和家人都不带。如果范蠡全带上，以勾践的性格，就会追杀，结局必然是性命不保。如果范蠡继续当官，最终也是文种的下场，一样威胁到全族的性命。

高，实在是高。

范蠡走了，留下大部分宗族和奴仆。勾践也是此中高手，明白其中所蕴含的含义。给范蠡树立一个光辉形象（黄金雕像，而且经常祭奠），同时赐会稽山四周三百里作为范蠡的封地。

勾践心中或许在想，范先生真是高人啊。他也以匪夷所思的形式批准了范蠡的"辞职信"，既然范蠡是出于"君主受辱"的原因不愿为官，也不会反助别国，勾践也就善待范蠡的宗族，宣扬其对越国的丰功伟绩，这是一份没有文字的合同。

你好，我好，大家好。

范蠡将"辞职信"上升到了艺术的高度，而且这封辞职信没有文字。

看到这里，我想大家会有一个共同的想法：立即给财神爷鞠一躬。

《吴越春秋》称："范蠡去越乘舟，出三江之口，入五湖之中者也。"说的是范蠡乘船离开了越国，从三江口进入五湖。三江口指的是今天江苏省吴江北，吴淞江、娄江、东江的交汇处。《水经·沔水注》曰："松江，自太湖东北流迳七十里，江水奇分，谓之三江口。"吴淞江的下游就是今天上海的苏州河，但古时候的吴淞江与今天相比天差地别，当时水面开阔，宽处大约有10公里，有诗为证："吴淞之水震泽来，波涛浩瀚走鸣雷。"五湖指的也不是今天的五湖，在古代专指太湖，古代太湖还有另外一个称呼，就是诗中的震泽。

西施去哪里了？很多人会关心（本人也是）。

西施是否和范蠡一起遨游江湖？按民间传说，范蠡是带着自己的恋人西施泛舟江湖，故事优美动人，感动得古代和现代的少男少女们泪流满面，充满向往。

《史记》中记载，范蠡离开越国后，带领家人来到齐国靠近海边的地方，"耕于海畔，苦身戮力，父子治产，居无几何，致产数十万"。说的是范蠡带领家人来到齐国靠海的地方，努力耕作，数年间即成为富翁，司马迁在此并没有提到西施。记载春秋战国时期比较严肃的史书还有《左传》《国语》等，也没提到西施。可我们知道，古代社会男尊女卑、等级思想严重（甚至包括司马迁），西施出身贫寒，既不是王侯将相也不是王后嫔妃，何况此时范蠡的年龄至少已经在50岁左右，即便西施跟随，也是妾的身份，这些书的作者不提西施倒也正常。

《吴越春秋·佚文》称："吴亡后，越浮西施于江，令随鸱夷以终。""鸱夷子皮"是范蠡给自己起的字号。《越绝书》称："西施亡吴国后，复归范蠡，同泛五湖而去。"这两段文字似乎都在说明西施确实跟随了范蠡。《东周列国志》称："勾践班师回越，携西施以归。越夫人潜使人引出，负以大石，沉于江中，曰：'此亡国之物，留之何为？'"说的是勾践将西施带回越国，但被王后沉入江中，但这是皇宫戏，可信度并不高。

西施的最终归宿已经是无头公案。但西施跟随范蠡一起离开的可能性还是不小，并和范蠡演绎了一段千古佳话，否则，历史上不知该有多少有情人的眼泪都白流了。

谁都没有权利剥夺别人的欢乐，就让范蠡和西施一起遨游江湖吧。

中国历史上，无论是伟人、皇帝还是王侯将相，鲜有十全十美之人。而范蠡虽然出身贫寒，却近乎完美，治国、持家、经商都取得了巨大的成功，所以，后世被民间称为财神。范蠡放弃高官厚禄，与西施演绎了有情人终成眷属的爱情故事，成为后世理想爱情的典范。

有的人活着，但已经死了；有的人死了，但永远活着。范蠡和西施会永远活在中国人的心中，成为历史的丰碑。

虽然范蠡已经乘舟而去，而且随身并未带有多少资财，但在越国积累了巨大的"财富"。偏据东南、居于末流的越国，已经一跃成为国力强盛的春秋霸主；而自身的封地被封在会稽山，享受世世代代越人的崇敬。

范蠡到齐国之后，在海边结庐而居。通过努力耕作，兼营商业，很快就积累了万贯家财。范蠡仗义疏财，乐善好施，他的贤能被齐国人赏识，传说齐王将他请到齐国的国都临淄，拜为主持政务的相国。他喟然感叹："居官致于卿相，治家能致千金；对于一个白手起家的布衣来讲，已经到了极点。久受尊名，恐怕不是吉祥的征兆。"仅三年后，就向齐王归还了相印，散尽家财，悄然隐退。

范蠡第三次迁徙至陶地（今山东肥城陶山或山东定陶）。春秋战国时期的陶地，是列国交汇之处，为最佳经商之地，范蠡遵计然老师的教诲，几年的时间，再次通过经商成为巨富，号陶朱公，被民众尊为财神。

司马迁称："范蠡三迁皆有荣名。"

商之道——治国

如果是有心人，到现在一定有一个巨大的疑问，越国不停地贿赂吴国的奸臣，向吴国进献大量的珠宝，要高价收购物资以掏空吴国的库存，又要重建军队，钱从哪来？越国是一个小国，哪来的这么多钱？

勾践和范蠡都没有开银行，但越国的钱库似乎无穷无尽，这戏法是怎么变的？

首先，越国必须节俭自身的支出，尤其是王族的开支。在农耕社会，社会的产出比较低，这一点就更为重要。所以，无论计然、范蠡还是文种，在与勾践的对话中都将爱民放在第一位，需要对民众取之有度，民富的基础上才有国家的强大，水涨船高。而勾践也深明此理，他晚上睡觉不用褥子，只铺些薪（柴草），又在屋里挂了一只苦胆，老人家时不时就去尝尝苦胆的味道，为的是不忘过去的耻辱，这就是"卧薪尝胆"的典故。勾践为鼓励民众努力从事生产，与王后一起参加劳动，用今天的话说，就是以身作则，激发人民的劳动热情，推动经济发展。

其次，《史记·货殖列传》记载，范蠡的老师计然认为：谷物的价格太低会损害农民的利益，虽然那时的农民不能进城去当农民工，但一样会导致农田荒废。谷物的价格太高则会损害工商业者的利益，用今天的话说，就是通货膨胀太严重的时候，工商业就会萎缩，城镇居民的生活受到伤害，使经济发生困难。谷价低至20（类似于物价指数）就会损害农民，谷价高至90就损害工商业，把谷价限制在不低于30、不高于80的幅度内，就会对农业和工商业都有利，工商业得到协调发展，国家就会走向富强。这也是范蠡"农末俱利"的思想，他主张用"平粜"的办法来调控市场的商品价格，国家在丰年把粮收购储藏起来，在歉年时再把粮食平价粜出，这样才能起到平衡粮食和其他物价的作用，这就叫"平粜齐物"。魏文侯时期李悝推行的"平粜法"和西汉宣帝时期大规模推广"常平仓"，都是范蠡思想的延续，结果也很清楚，越国成为春秋霸主之一，魏文侯是战国霸主，而汉宣帝时期出现昭宣中兴。

计然老师和范蠡先生虽然生活在2000多年前，但他们的经济理论即便在今天依旧属于"经典"的范畴，当物价保持在合理的范畴时，各行各业可以实现共赢，这是经济的高效率。美国、欧元区一般都将中期通胀的目标设定为2%，太高不行，太低也不行，估计他们曾经派间谍"偷听"了计然和范蠡两位老师的讲课。2015年，货币推动的通货膨胀之火将巴西、俄罗斯、委内瑞拉、阿根廷等新兴国家烧得焦头烂额，经济增长陷入衰退，应该立即请计然老师或范蠡先生给这些国家的领导人授课。

最后，《齐民要术》记载了范蠡的《养鱼经》（又称《陶朱公养鱼经》或《陶朱公养鱼法》），重点讲的是"池塘养鱼"。这显然是养殖技术的跨越性进步。范蠡非常重视养殖，在史书中的记载是非常明确的。据《齐民要术·序》记载，有一位鲁国穷人猗顿，向范蠡请教致富之术。范蠡说："欲速富，畜五牸。"又说："畜五牸，子息万计。"所谓"畜五牸"，就是饲养牛、马、猪、羊、驴，后来，猗顿据此富可敌国。吴越地区也有很多关于范蠡养鱼的故事在流传。用今天的语言来说，就是因地制宜、多种经营，这也是越国经济强盛的主要推动力。

今天我们知道，从另一个角度看，人类进步的历史就是一部动物驯化史。南越地区淡水资源丰富，可以普遍修筑池塘，具有大规模池塘养鱼的自然条件。从食物供应的角度来说，养殖业是农业的有效替代和补充，当发生食物替代之后，既可以增强人的身体素质，又可以节约出大量的粮食。这些粮食可以出售到中原换取钱币和其他物资，让越国的国力迅速上升。

越国作为一个小国，之所以凭借经济手段不断地削弱强大的吴国，必须在经济效率上占据很大的优势。而养殖业特别是养鱼的经济效率高于农业，意味着经济效率的提高，在那个年代，越国的养殖业应该具有很大的规模。

吴越争霸的过程中，越国有花不完的钱财，源于范蠡先生在开"银行"，他的银行就是让越王减少对人民的索取（低赋税），民富然后国强，通过推广多种经营的经济模式使经济实现更高的效率，越国的综合国力不断增强。

"三千越甲可吞吴"，意味着以少胜多，越军的个体素质必须有所保证，这也是食物结构改变之后的必然结局。

目前，美国掌握着世界霸权，在世界各地不断进行货币战争，20世纪80年代至90年代的拉美危机和苏联的解体都是货币战争的结局。决定货币战争胜负的终极因素是自身的综合国力和经济效率，这不过是范蠡先生在历史大课堂上所传授的内容。

全世界的人们都需自带小板凳，拜范蠡先生为师。

商之道——经商

范蠡先生的商业经营理论，在今天已经不是新鲜事，几乎所有的教科书都有涉及，但千百年来，范先生作为财神被后代无数人所敬仰，他还有三个方面的才能是常人难以企及的。

第一个方面是对目标管理和人的管理的认识，这种认识水平完全跨越了当时的时代。

《史记·越王勾践世家》记载了范蠡（当时称陶朱公）在陶地救子的故事。

范蠡居住在陶地，生了个小儿子，排第三，可称呼为老三。此时，范蠡大约有60岁，所以必定有年轻的妻子相伴，这个妻子是西施吗？普天下的有情人估计会异口同声地说：是！本人非常赞成。或许范蠡的第三个儿子就是西施所生。

说到山东菏泽，大家会首先想到牡丹。菏泽地处鲁、苏、豫、皖四省交界处，是全国著名的"戏曲之乡""书画之乡""武术之乡""民俗之乡""中国牡丹城"。范蠡居住的陶地就是今天的菏泽定陶县。定陶的哥们赶紧查查历史，看看您的住处和古代的范先生是不是邻居，可以沾点财气，还要记着这可是财神爷的财气，绝对不一般。春秋时期，陶地为曹国国都。曹国君主有荣耀的祖先，第一代君主是周文王姬昌之子、武王姬发之弟姬振铎。先祖的文治武功虽然可以帮姬振铎先生获得封国国君之位，却不能帮子孙保住这个位置，最终还需要自立自强才能长生不衰。很不幸，曹国的君主不具有这样的精神，在公元前

487年被宋国所灭。宋国的国君是殷商的后代，第一任国君是殷纣王的异母兄长微子启，但微子启的母亲是妾，属于庶出。宋国灭曹国也算是殷商的"反攻倒算"，此时，正是范蠡辅佐勾践卧薪尝胆时期。范蠡离开越国时，灭掉曹国的宋景公刚去世，继位的宋后昭公（公元前468年—公元前404年在位）在位65年，属于中国在位时间最长的君主之一。范蠡去世前后，楚惠王曾想攻打宋国，鲁班为其制造了攻城的云梯，但被墨子阻止，史称"墨子救宋"。因此，范蠡在陶时期，陶地属于宋国，宋后昭公当政。

范蠡家的老三长大之后，老二因杀人被囚禁于楚国，将被处斩。如果发生在今天，属于跨国的刑事案件。

范蠡说："杀人偿命，欠债还钱，那是本分。但如果多花点钱，或许可以免死或减刑。"当时的楚国与宋国之间估计也无法使用"外交豁免权"。所以，范蠡就只能派老三"出国"去探视、斡旋，说白了，就是利用私人关系，花钱走后门，希望保住儿子的性命。

既然要斡旋，就要"烧钱"。范蠡吩咐下人先将千溢黄金装入褐器（一种古代的褐色器具）中，伪装成盛放普通衣服的样子，搬上牛车，然后准备吩咐老三出发。溢是古代货币单位，一溢相当于20两（也有说24两）。按秦衡制计算，一两约合16克，千溢黄金约合今天的320（或384）公斤黄金，这可是一笔非常大的钱财，即便在今天，也非常可观。

可老大急了，要求自己去看望二弟，范蠡不准。

老大的心情可以理解，中国自古以来，就是长兄为大，家里出了这么大的事，既然父亲已老，就应该是长兄出面，现在长兄猫在家里，老三出面，这是什么事啊。就对父亲说："长子代父，天经地义。二弟犯了事，不派我而派三弟，说明我是个不肖子。"说完就要自杀。这更可以理解，春秋战国时期的古人是非常刚烈的，项燕、荆轲等都是刚烈的人士。

这时，母亲（或许就是西施）说话了："派老三去，也未必能救出老二，可老大先死了，这怎么行啊！"如果是西施，看来西施不仅美丽而且算盘打得很精，这种生意确实是会赔掉"本钱"的。

老大的意见可以不听，但老婆的意见却不能不考虑，范蠡无奈，只得改派老大去。范蠡给自己在楚国的故交庄生写了一封信，交给老大，对老大说："将千金放在庄生的住所，将信交给他，他说怎么办就怎么办。"然后，老大出发了，还私带了自己小金库的数百金。说明老大和老二之间感情很好，为了救出老二，大哥愿意拿出自己的私房钱。老大的私房钱都有数百金，也间接地说明，此时的范蠡先生确实几乎富可敌国。

庄生的家住在楚国国都的城边。去庄生家的路上，都是荒郊野岭，遍地野菜，庄生的家看似是一个穷人的住处。老大找到庄生的住所之后，将金子和信交给了他。庄生说："不要多讲，赶快走，不要留下来。如果你弟弟出了狱，也不要问为什么。"

这就是高人的交往方式，范蠡和庄生都是高人，他们之间的交往是不需要语言的，任何语言都是多余的。范蠡清楚庄生的才能，所以，告诉自己的大儿子"他说怎么办就怎么办"。而庄生也清楚该怎么做，让范蠡的大儿子赶紧走，什么也不要问。

今天我们说，有些人成事不足败事有余，在范蠡和庄生这两位高人之间，范蠡的大儿子就是此类，才能不够档次也不够。看到庄生居住的地方，老大犯了以貌取人的毛病，或许心中在想：住这么个破地方，一个既穷又糟的老头，能成什么事啊，看来二弟有点悬。所以，他就背着庄生悄悄留下来查看情况，并用自己的钱去贿赂楚国的贵人，希望救出弟弟。或许老大心想，两条腿走路更保险。

俗话说，人不可貌相，海水不可斗量，老大或许忘记了这一点。也或许一般人永远难以理解高人的行为方式和思维方法，人的境界差别也就充分显示出来了。

庄生虽然看起来穷困，却以廉洁正直闻名，楚庄王以下的高级领导都经常看望他，很受尊重。他的真正财富不是有形的高门大院或锦衣玉食，而是无形的声誉、声望、知识或信任等，俗人很难理解这一点。范蠡给的金子，他并不是真的要接受，而是想事情办成后再还给范蠡。范蠡送金子给庄生是一种尊重，也是给庄生面子，用金子告诉庄生，这事非常重要（性命攸关的事当然重要，何况还是自己的儿子）。事情办完后，庄生再把金子还给范蠡，对得起朋友，也可以提升自己的声望，庄生要的不是钱，是名声，是面子，这体现出双方之间的交往水平。

庄生告诉自己的妻子："这是朋友的钱，随时随地可能派上用场，还要还给他，不能动用。"这彻底暴露了庄生的内心，如果按下面的办法说不动楚庄王，就得用钱去打点，总要挽救范蠡二儿子一命。如果说动了楚庄王，就无需花钱，金子原封不动退给范蠡。

可老大不明白庄生的意思，人的境界差异立即就显示了出来。

庄生趁楚庄王闲暇时晋见，说："夜观天象，楚国有难。"在古代，天象所预示的事情就是最重大的事情，人们深信不疑，庄生猛然这么说，估计楚庄王会立即紧张起来，加上素来信任庄生，赶紧问："怎么办？"庄生说："多行善事可以消灾弭祸。"

楚庄王说："先生回去休息吧，我知道该怎么做了。"两人是老熟人，很多事情一点就透。对楚庄王来说，善事就意味着大赦，属于轻车熟路。

楚庄王先派人将保管钱财的钱库封好，因为不同的钱放在不同的库房，所以，三个钱库都封了起来。这样做的目的是防止有人在大赦之前提前犯罪，盗取财物。

楚庄王将钱库封好，周围的人立即猜出要大赦。这是没办法的事，因为一个人无论思维、做事都有规律，楚庄王也一样，周围的那些人精立即可以猜到楚庄王下一步要做的事情。

贵人赶紧跑来告诉老大："楚庄王要大赦。"

老大说："为什么这么说？"贵人说："过去，每当大赦的时候，都要先将钱库封起来，昨日傍晚，楚庄王又派人将钱库全封了，所以，一定会大赦。"

老大想，既然大赦，二弟本来就会放出来，跟庄生没什么关系，他没出什么力，这么多的金子，可不能打水漂。于是，又去见庄生。

庄生大惊："你不是已经走了吗？"

老大说："我还没来得及走，想把弟弟的事情办好，现在听说朝廷准备大赦，所以，来跟你道个别。"以庄生的老谋深算，自然知道老大此时的想法，知道他想取回自己的金子。就说："你自己去拿吧，就在里面。"老大拿到了金子，暗自欣喜，可是，很快他就该哭了。

庄生很恼怒。本来金子也要还给范蠡，为什么还要恼怒？庄生认为自己给了范蠡面子，救出你的儿子，钱也不想要，展现的是两个人之间的友谊，这是君子之间的交往模式。可你范蠡派来的却是这样一个猥琐之人，分明是羞辱于我！

庄生再次去见楚庄王，说到："臣前几天所说星象之事，我王要通过大赦来修德。今日臣外出，街头巷尾都在说，是因为陶地富人朱公（范蠡）之子杀人被囚禁在楚国，他的家人用金钱贿赂大王左右之人，故此，我王大赦不是为了体恤楚国黎民，乃是为了朱公之子。"

楚庄王大怒："我虽算不上有德之人，但也不会只因朱公之子一人而大赦。"立即下令，先杀掉范蠡之子，明日再下赦令。

最终，老大确实将老二带回了家，却是尸体。

老大到家后，母亲和众人都十分悲伤。只有范蠡一人在笑，说："我知道老大办不成这件事，他不是不爱自己的弟弟，而是自己身上固有的坎，他过不去。老大从小在我身边，吃过很多苦，知道谋生的艰难，所以，对钱财看得过重。而老三生下来就过富裕日子，骑骏马，乘豪车，不知道钱从何来，钱财对他来说无所谓，不会吝啬。当初想派老三去，就是因为他能舍弃钱财，而老大不能，这是这件事的原委所在，无需悲伤，万事都有定数。"其实范蠡也清楚，庄生也过不去这个坎,既然庄生认为自己与范蠡之间是君子之间的交往,又何必在意派来的是什么样的人?

这个故事包含了很丰富的内涵:第一,无论是生意场上还是其他场合,都需要清楚自己的目的,在当代经济学教程中叫作目标管理。如果是一般生意,账目要清楚,因为最终的所得是以盈利多少来衡量的。但有些场合的最终目的不是为了在金钱上盈利,比如刘邦为了争得天下,不断"烧钱";而范蠡儿子的性命是不能用金钱来衡量的。所以,本人文中也用"烧钱"来表示斡旋的过程,范蠡也很清楚这一点,出手就是千溢,这可是一笔巨款。如果吝惜钱财,最终很可能得到更糟糕的结局,比如无法得到权力、丧失性命,自己以前的所有努力也会打水漂。从本文来说,老大吝惜钱财,丢掉了二弟的性命,损害了范蠡与庄生长久以来建立的互相信任、互相尊重的关系,损失更大。当代社会的很多商业行为也是"烧钱",在互联网行业很突出,一些企业为了建立自身的商誉,也是如此。无论任何事情,首先都要做好目标管理。第二,老大和老三如同范蠡的两个员工,什么样的员工可以做什么样的事情是注定的,必须将每个人用在特长之处,否则就会造成灾难性的结果。而一个成功的商人,必须深知这一点,在不同的场合使用不同的思维,在逐利的场合用钱财的得失来衡量结果,在某些其他场合却完全相反,比如在营救自己儿子这件事上,就要视钱财如粪土,这种才能和思维的适时转换,不经过长期的磨练是很难形成的。范蠡在越国作为一个政治家,在很多场合是需要烧钱的,在经商的过程中又善于逐利,两种品质结合在一个人身上,是非常难得的。第三,要权衡与自己打交道的人,根据对方的性格和特点采取合适的行动。当然不是为了伤害、陷害对方,而是为了实现最好的结果。范蠡对老大说的话,"将千金放在庄生的住所,将信交给他,他说怎么办就怎么办",说明范蠡很清楚庄生这个人,具有知人之能。

然而,范蠡百密一疏,没料到老大会不听自己的话,更没料到老大不听话之后,庄生会做出激烈的举动。任何人都不希望自己的儿子死于非命，所谓"无需悲伤""万事都有定数"云云，都是安慰家人的话语，否则基于老大老二兄弟之间的感情，范蠡再说几句重话，老大真可能自杀，范蠡就更加追悔莫及了。

经营活动的核心是目标管理和对人的管理，包括对自己、自己的员工、生意伙伴，而目标管理更是当代经营学研究的主要课题之一，范蠡救子的故事就是最好的例子。

第二个方面是对高抛低吸的理解。

做生意就是高抛低吸，千古以来，任何人都知道这个道理，但有几个成功的？范蠡只有一个，子贡也只有一个。

范蠡年轻时就学富五车，上晓天文、下识地理，满腹经纶，文韬武略，无所不精。商品价格的高与低，在于对未来的判断，比如未来一两年的气候如何，一个地方的人口变化如何，战国时期各国之间的局势如何，会不会爆发战争，等等。范蠡曾经从北方贩马到南方，战马属于战略物资，这显然需要对政治、军事局势进行判断。

范蠡经营的最大宗商品是粮食，这与气候的周期性变化紧密相关，因为它直接决定了农业的收成和农产品的价格变化。春秋后期，出现的一种农业丰歉循环学说。《史记·货殖列传》中记载到："故岁在金，穰；水，毁；木，饥；火，旱……六岁穰，六岁旱，十二岁一大饥。"《越绝书·计倪内经》记载到："太阴三岁处金则穰，三岁处水则毁，三岁处木则康，三岁处火则旱……天下六岁一穰，六岁一康，凡十二岁一饥。"太阴即木星，每十二年绕天空运行一周，木星运行至酉称岁在金，为"穰"，即大丰年；又六年运行至卯是岁在木，为"康"，即小丰年；运行至子是岁在水，为"毁"，即大荒年；隔六年至午是岁在火，又为旱年。这就形成所谓六年一穰，六年一旱或十二年一大饥的循环。由此我们看到，这一中国古代关于气候变化的规律性总结与今天的月亮赤纬角周期性变化的理论极为近似，充分地反映了古代中国人的聪明才智。这些天文和气候学的知识，即便在今天，掌握起来也并不容易，何况古人。可只有掌握了这些天体、气候的运行规律，才能比较合理地进行农业的商业活动，才能做到高抛低吸。

范蠡之所以不断积累财富，最根本的原因还在于自己拥有过人的知识作为根基，这些知识涉及的范围非常广泛，足以对未来的商品价格趋势进行分析与判断。

需要说明的是，春秋后期实行的是实物货币，据当今的研究，当时的货币发行者还没有通过货币贬值抽取铸币税的行为，无需考虑因为货币贬值带来的物价波动，也使得古代的中国人更加诚实。

商品价格从表面看起来只是一个数字，背后蕴含了深刻的内容，如果要掌握价格，就必须具备非常丰富的知识。

第三个方面是对诚、信、仁、义的理解。

范蠡离开越国后，可能在今无锡附近居住了一段时间，因为现在的无锡留下了很多和范蠡有关的古迹，《养鱼经》或许就是此时所写，但今天已经没有清晰的史据。后来，他悄悄到了齐国，隐姓埋名，化名鸱夷子皮，在海边购买了一些土地，开荒种田，并从事商业。范蠡与妻儿一起下地耕作，一反商家精苛细算、盘剥敛财的做法，对待雇工十分慷慨、亲和。遇到灾年减产，就减免地租，同时，开粥场赈济灾民，生意不断兴盛。

一次，范蠡资金周转不灵，向一个富户借了10万钱。一年后，这个富户带着各家的借据出门讨债，不慎包裹掉到江中，几十万钱的借据和路费都没了。恰好走到范蠡家，于是投奔范蠡，在没有借据的情况下，范蠡不仅连本带息还了钱，还额外赠送一笔路费给这名富户。由此，范蠡的仁、信之名广播天下。之后，范蠡为了扩大生意，三次短缺资金，各富户均主动送钱上门，在这种情况下，想不发财都难啊。

短短几年间，范蠡就成为齐国巨富。据说在齐国闹灾时，灾民听说他乐善好施，千里之外都来投奔，领取施舍，被后人称颂为"富行其德者"。范蠡的行为，深合祖师老子（图2.3为描绘孔子问道老子的画作）所说"上善若水"所蕴含的精髓。

图 2.3　孔子问道老子

（图片来源：维基百科）

老子说："上善若水，水利万物而不争。"《国语·晋语六》中说："吾闻之，唯厚德者能受多福，无福而服者众，必自伤也。"只有厚德之人才能承载财富。

孔子问道于老子。老子与孔子行至黄河之滨，见河水滔滔，浊浪翻滚，其势如万马奔腾，其声如虎吼雷鸣。孔子伫立岸边，不觉感叹人生苦短，尚未建功立业。老子以道法自然来释答。最后，老子手指浩浩黄河，对孔子说："汝何不学水之大德欤？"孔子说："水有何德？"老子说："上善若水，水善利万物而不争，处众人之所恶，此乃谦下之德也；故江海所以能为百谷王者，以其善下之，则能为百谷王……"孔子闻言，恍然大悟道："先生此言，使我顿开茅塞也。众人处上，水独处下；众人处易，水独处险；众人处洁，水独处秽。所处尽人之所恶，夫谁与之争乎？此所以为上善也。"老子点头说："汝可教也！汝可切记，与世无争，则天下无人能与之争，此乃效法水德也。……汝此去后，应去骄气于言表，除志欲于容貌。否则，人未至而声已闻，体未至而风已动，张张扬扬，如虎行于大街，谁敢用你？"孔子道："先生之言，出自肺腑而入弟子之心脾，弟子受益匪浅，终生难忘。弟子将遵奉不怠，以谢先生之恩。"说完，告别老子，与南宫敬叔上车，依依不舍地向鲁国驶去。

"与世无争，则天下无人能与之争"，2000多年已经过去，老子和孔子已成圣贤，普天之下，谁与争锋？

商之道——角色转换

每个人都有几个角色，比如：一个人在单位是工程师，在家里是父母的儿子，到自己的小家里，就成为太太的先生，然后又是孩子的父亲。

美国是个移民国家，很多年轻人去美国读书然后在美国工作。和平时期他们是设计师、工程师，可是战争来临的时候，他们的工作过程就是支持美国经济的过程，甚至他们的工作直接支持了美国的军火制造，增强美国的经济实力和军工制造能力，这就让他们身上具备了军火的要素。当初这些年轻人从本国出国的时候，身份是学生，一路绿灯；可是，如果出国时申报的是支持美国的国防军工事业，想出国？门也没有。这是在人身上发生的角色转换。

商品也有角色。比如您出口一吨钢材，海关申报的时候填报的是民用，一路绿灯，国家还可能给您减免税收，支持您出口。可是，任何钢材都可以用于军火制造，那好，您在出口申报的时候写上军火，估计海关会如临大敌，安全部门、军事部门都会来审查，如果没有相应的手续，只能先到"局子"里面呆着。这就是商品的角色转换。

这种角色转换无处不在，存在于生活的各个角落，大量体现在商业经营过程中。

前文说到，范蠡先生曾经当过马贩子。南方缺马，而且古代的军队离不开战马，在北方草原地区收购马匹很容易，运到南方地区进行商业贸易就形成了暴利行业。这是俚语中所说的"横财"，"横财"摆在明面上，大家都想要，意味着有无数的明枪暗箭，很多人往往是"横财"没得到，就先被干掉了。所以，要得到"横财"也很难，必须是智慧、勇气、斗志集于一身之人才可以得到。今天，如果范蠡先生想从东北或内蒙贩马到江浙地区，很容易，联系车皮，三四天就到了，老老实实交运费就行。可是，在那个时代，范蠡居住的陶地属于宋国，北边还有鲁国、卫国、齐国、晋国、中山国、燕国等好多国家，这是典型的国际贸易。国际贸易就要通关，当时的马匹属于典型的"军火"，想过关很难，即便范蠡将每匹马的头顶都贴上"民用"的标签，估计也没用；在宋国的"派出所"开证明，证明这些马匹属于民用，到了北方国家估计也无效。回到家（宋国），剩几根马尾就不错了。春秋战国时期，邻国之间经常发生战争，贩卖"军火"的人很可能吃牢饭。要运到需要战马的吴越之地，简直比登天还难。

同时，路上还有强人，范蠡又没有私人武装进行押运，就更难了。

可是，在古代，马匹不仅仅是"军火"，还是脚力，这属于民用的范畴，这就需要进行角色转换。

贴标签不行，到宋国的"派出所"开证明别人不认，如果有今天联合国的证明就好了，可惜，那时没有联合国。还有什么办法证明自己的马匹是民用呢？

范蠡先生有办法，他通过市场了解到北方有一个很有势力、经常贩运麻布到吴越的巨商姜子盾。姜子盾因经常贩运麻布，早已用金银买通了沿途强人以及关卡。于是，范蠡把主意打在了姜子盾的身上。这天，范蠡写了一张榜文，张贴在城门口，其意是：范蠡新组建了一马队，开业酬宾，可免费帮人向吴越运送货物。不出所料，姜子盾主动找到范蠡，求运麻布，对他来说，无偿运输可是天上掉馅饼的好事，范蠡满口答应。就这样，范蠡与姜子盾一路同行，货物连同马匹都安全从北方抵达吴越。

姜子盾先生在吴越销售麻布的时候，可能会看见旁边有个卖马的，或许就是范蠡，姜先生会恍然大悟，但绝不会生气，谁给他免费运输啊，甚至下次贩运的时候，还会主动邀请范蠡先生同行。这个例子生动地体现了范蠡的道家思想，共生、共存、共同发展。在现代，有了一个新词汇——共赢。

同时，范蠡先生完美地实现了商品角色的转换，在每匹马的脑袋上贴"民用"标签是没用的，宋国"派出所"的证明也是无效的，但是，每匹马的身上驮着麻布是有用的，这就是民间作为脚力的马匹！

只能说，财神爷的身上时刻散发着智慧的光芒，到此，大家的想法一定是立即给财神爷再鞠一躬。

即便在今天，这种商品角色的转换也时刻存在。你去购买硝酸铵（一种化学品名，既是化肥也是用于制造炸药的原料），如果说是用于配制化肥，老板会高高兴兴卖给你；但如果说是为了制造炸药，老板要么立即报警，到局子里面喝喝茶的待遇是无法避免的，要么立马会把你赶出去，因为他担心会被戴上"资助恐怖分子"的帽子。即便卖给你，也会提高几倍的价钱，晚上睡觉还会做恶梦，担心你买了东西出事，最后牵连到他。

合理利用人的角色、商品角色的转换是商业经营过程中的一种绝妙的思维方式。

吕不韦的财富之道

九流商贾

传统的商人，主要经营的是私人财富，如果从经营私人财富过渡到经营公共财富，自然是商人境界的跃升，如果再上升到为国家创造和积累财富，就达到了商人的顶峰。

在封建社会时期，从最根本上的含义来说，全社会的所有财富都属于君权所有，私人财富属于皇权的施舍，有限的私人财富也无法得到有效的保护。

曾有一段时间，知识分子被称为"臭老九"，为什么是"九"，而不是"八"或"十"，这是因为"九"具有悠久的历史。

无论中外，在封建社会都严格地将人划分为不同的等级。中国古代有九流之说，由尊至卑的顺序依次是：帝王、文士、官吏、医卜、僧道、士兵、农民、工匠、商贾，老九，已经是最低的等级，这就是"臭老九"的由来，在古代，这一"荣誉"专属于商人。

帝王、官吏在前，源于帝王和官吏掌握着权力，也就掌握了全社会的财富。特别是帝王，"普天之下莫非王土，率土之滨莫非王臣"，帝王可以占有和支配全社会所有的财富，既包括可以用货币购买的，比如土地、森林、商品等，也包括货币购买不到的，比如帝王拥有的各种特权和对公共财富的支配权。官吏是由社会的税收供养的，也可以决定部分公共财富的支出，特别是税收的支出，同时，官吏的社会地位与普通百姓不同，他们也享有特权。所以，在九流之中，官吏占有比较高的地位，也顺理成章。而文士之所以占有很高的地位，源于中国的传统是"学而优则仕"，故此文人的理想是当官（士大夫），文士是进入仕途的通道。但仅凭此并不能让文士占有官吏之上的第二等级，或许是源于以下两点：第一，文士都是舞文弄墨之人，可以影响很多人的思想和行为，甚至动摇皇权的统治基础；第二，中国古代的文士都有比较崇高的理想，比如，宋朝的范仲淹曾说："不为良相，愿为良医。"意思是即使不能救国，至少也能救人。这句话表达了很多文士济世救人的志向。有这两点无可比拟的优势，皇帝老人家自然要将其拉到自己身边，离远了也不放心啊。

医卜负责治病和算命，无论您是皇帝还是平民，都离不开这两个职业，皇帝也吃五谷杂粮，也要看病；卜卦算命涉及每个人的前程，无论皇帝、官吏还是平民，对这事都不能不关心，所以，医卜的地位比较高；僧道就更不用说，从皇帝到臣民都有求于他们，同时，僧道又有自身的生活准则和行为规范，更有很多的信徒，因此，他们的地位自然受到关照。

士兵的地位自不必说，枪杆子里面出政权的道理，自古到今都是至理名言；古代是农耕社会，农业稳则社会稳，而且国家的财税收入主要是农业税，自然也很重要；工匠们都掌握着一门技艺，即便皇帝死后也离不开，否则阴间的住处都修不成，也必不可少。

商贾只能在最后当"小弟"了，如果在今天，意味着谁都可以从上往下看您，孩子上学、去医院看病都得到后面排队去。

这时，问题来了，古代社会的财富集中在权力手中，商贾的所有运营过程追求的唯一目的是财富，因此，官商勾结的温床也就诞生了。

吕不韦的算盘

秦始皇统一六国之后，其实还剩下一个"漏网之鱼"没有统一，那就是卫国。当然不是没能力统一，但具体原因已经难以考证。卫国第一代国君是周文王的嫡九子康叔封，强盛时期的卫国疆域大致包括今天黄河以北的濮阳，河北邯郸、邢台的一部分，山东聊城西部等地，先后建都于朝歌（今河南淇县）、楚丘（今河南滑县东）、帝丘（位于今河南睢县城东北，因是上古帝王喾的墓地而得名）、野王（今河南沁阳），卫国的臣民大部分是殷商的后裔。在春秋战国诸侯争霸的年代，卫国作为中小诸侯，论军事实力实在不起眼，属于"被打"的地位，但对于这一时期的影响，却不亚于战国七雄。这缘于卫国走出了很多风云人物，包括商鞅、吴起、张仪、荆轲、聂政、子路、李悝等人，可以看到，这些人极大地影响了秦国、魏国、楚国等。吕不韦也是他们之中的一个，出生于卫国的濮阳。

看看商鞅、张仪、吕不韦对秦国历史的影响，秦始皇没有灭掉卫国倒也可以理解，实在有点不忍心。

吕不韦经商的起点比较高，开头从事的就是国际贸易，在韩国的阳翟（今河南禹州）经商。战国七雄之一的韩国最初的都城在阳翟，公元前375年，韩哀侯灭郑国，迁都新郑（今河南新郑），所以吕不韦经商的时期阳翟是韩国的旧都。《史记》记载："吕不韦者，阳翟大贾人也。往来贩贱卖贵，家累千金。"

既然从事的是国际贸易，以吕不韦的才能，不断扩张是必然的，结果，扩张到了当时赵国的首都邯郸。

战国时期的赵国东北与东胡、燕国接界，东与齐国接界，南与卫、魏、韩三国交错接界，北与中山、楼烦、林胡接界，西与韩、魏两国交错接界。初期国都在晋阳（今山西太原），公元前425年迁至中牟（今河南汤阴县，也就是岳飞的家乡），公元前386年，赵敬侯将国都迁到邯郸（今河北省邯郸市邯山区）。此后一直定都于此，直到公元前222年，因为这一年赵国灭亡了，也就没法再迁都了。在秦国崛起之后，赵国经过赵武灵王赵雍（约公元前340年—公元前299年）进行胡服骑射的军事改革，成为关东各诸侯中的"老大"。赵国的强盛必定带来都城邯郸的繁荣，充满商机，用今天的话来说，属于商家必争之地，吕不韦自然不会放过这样的机会。

吕不韦既然到邯郸做生意，拉关系走后门估计是少不了的，自然也会探查市场行情，结果遇到了一个宝贝，那就是秦国的公子子楚（当时称呼为异人），吕不韦认为"奇货可居"，这也是"奇货可居"这个成语的由来。

秦国在商鞅变法之后开始崛起，此时，赵国是秦国东出争霸中原的最大对手，结果秦赵两国进行了很长时间的战争。

沙丘宫变（公元前299年）之后，赵武灵王去世，赵惠文王登基。在这个时代，赵国名将名相辈出，肥义、楼缓、蔺相如、虞卿、赵胜、赵奢、廉颇等都是赵武灵王和赵惠文王时期的风云人物，声震华夏，在秦赵争霸的过程中，多次大败秦军。最终两家讲和，在渑池（今河南三门峡市）会盟，按当时结盟的约定俗成，要互送人质以表诚意。

然而，结盟是暂时的，争霸是长期的。公元前269年，秦国派大将胡阳率精兵数万越过韩国国境进攻赵国，被赵奢所统领的精锐骑兵击败。此时，赵国的军事实力依旧处于优势地位，至少与秦国不分伯仲。但公元前262年—公元前260年的长平之战，赵王用赵奢的儿子赵括取代老将廉颇为主将，赵国惨败，发生了成语中"纸上谈兵"的故事。此后，赵国国力开始衰落，在邯郸之战（公元前259年—公元前257年）中，在8万魏军和10万楚军的救援下，才得以击败入侵的秦军，免于灭亡的命运。

邯郸之战后，赵国再次启用廉颇为主将，并涌现出庞煖、乐乘、李牧等年轻才俊，赵国呈现出短暂的中兴，秦国与赵国之间多次征战，互有胜负。

子楚即后来的秦庄襄王，生于公元前281年，死于公元前247年。子楚在赵国充当人质的年代，正是秦国、赵国争霸最激烈的年代，可见，吕不韦的"宝贝"在秦国无足轻重。事实上，子楚的父亲安国君（公元前302年—公元前250年）有二十多个儿子，而子楚的生母夏姬不受安国君宠爱，子楚才因此被挑出来，到赵国当人质。

《史记·吕不韦列传》记载：子楚是秦王庶出的孙子（当时的秦王是秦昭襄王），在赵国当人质，他乘的车马和日常的财用都不富足，生活困窘，很不得意。大致的意思是说，子楚在赵国很不得志，几乎穷困潦倒。

在秦国、赵国激烈争霸的年代，人质时刻有掉脑袋的风险，因此，子楚在秦国王室之中，属于被挑出来时刻准备背黑锅的。

在秦王室没前途，在赵国时刻准备掉脑袋，属于"残次品"，估计这是一般人的想法。但这个世界不都是一般人，恰恰吕不韦就不是一般人。就因为子楚属于背黑锅的角色，才会给吕不韦提供机会。子楚拥有秦王室的血统才是最重要的，有了这一基因就拥有在未来登上王位的合法性，而在秦王室中的地位是可以改变的，在赵国也是可以保住脑袋的，在改变子楚地位的同时，自己的地位也会一起改变。

吕不韦既然认为子楚"奇货可居"，回到家后自然需要先与父亲商量，谈话的内容记载于《战国策》中，这是一段流传千古的对话：

吕不韦：种田的利润是多少？

吕父：十倍。

吕不韦：经营珠宝的利润是多少？

吕父：百倍。

吕不韦：拥立一位国君的利润是多少？

吕父：无数倍（估计首先是张大了嘴巴，不知道怎么计算）。

吕不韦：在田间努力耕作，吃不饱穿不暖；而拥立一位国君，可以让后代拥有享不尽的荣华富贵，我愿意做这件事。

吕不韦想做一件前无古人后无来者的大生意。

恭喜吕不韦先生，在2000多年前就悟出了财富的奥妙，当时的封建社会，君王是金口玉言，普天下的财富都属于皇权。在田间努力耕作，吃不饱穿不暖是正常的，即便吕不韦先生做国际贸易，赚的钱也有限。君王拥有普天之下的财富，拥立一位新君，可以让后代拥有享不尽的荣华富贵，也可以改变自身属于"老九"的社会地位。

这才是真正的大生意。

风险投资

吕不韦和家庭统一了思想认识，奉行"知行合一"的原则，立即行动。

虽然吕不韦下了决心，但在这出戏中，他仅仅是配角，最终还需要主角子楚同意并配合才行，如果子楚不配合，这场大戏就无法开演，或者子楚过河拆桥，登上了王位之后不认账，这笔买卖也会血本无归，甚至有可能掉脑袋。所以，吕不韦的首要工作是和子楚谈判，虽然这次谈判不像和他父亲的对话那么有名，但一样充满智慧，谈判过程记载在《史记·吕不韦列传》中，谈话的双方是吕不韦和子楚：

吕不韦说："我能光大你的门庭。"

估计子楚笑了，暗想："我虽然是来赵国背黑锅的，但总是秦国王室的子孙，你个九流奸商，能光大我的门庭？不自量力！"就说道："你先光大你自己的门庭吧，然后再来光大我的门庭。"

隐含的意思是说，如果你都不能光大自己的门庭，还是哪里凉快去哪里吧。

这是正常人的思维，子楚看来是正常人。

吕不韦说："你不知道，你的门庭光大之后，我的门庭才能光大。"

子楚虽然是正常人，但也是聪明人，立即明白了吕不韦的意思，请吕不韦坐下深谈。

吕不韦接着说："秦王已老，安国君为太子。听闻安国君宠爱华阳夫人，而华阳夫人无子，选谁当安国君的太子主要取决于华阳夫人。你有兄弟二十多人，你又居中，不受宠幸，长期在诸侯国做人质。即便秦王归天，安国君即位，你也没办法与其他人争夺太子之位。"

子楚说："不错，但有办法改变吗？"或许子楚心中还会郁闷，这人废话这么多，这不是明摆着的事嘛。

吕不韦接着说:"你很穷,长期客居于赵国,也拿不出什么像样的东西孝敬亲戚长辈、结交宾朋。我吕不韦虽然不富有,但愿意拿出千金为你去秦国游说,侍奉安国君和华阳夫人,让他们立你为太子。"

吕不韦的意思很清楚:我出钱去活动,所有该做的事我都承包,你出人就等着当太子。但天下没有平白无故的爱,隐含的意思是,你子楚表个态,当上太子或国君之后怎么办。

子楚是聪明人,自然听出了这番话背后的含义。子楚心想,本来太子之位根本没指望,这可是天上掉馅饼的好事,简直和白捡差不多,立即叩头拜谢,说道:"如果成功,我愿意与你分享秦国。"

吕不韦得到了非常准确的答案,如果计策可以成功,自己可以与子楚共同拥有秦国,子楚的价码开得也很足,后来的事实证明,子楚基本践约了自己的诺言。

可能很多人会说,在这件事上吕不韦运气好,赌运不错,这是错误的。在那个时候,认识子楚的人很多,认为子楚"奇货可居"的人估计也不是没有,但吕不韦既认识了子楚属于"奇货"这一点,又知道怎么做才能改变子楚的处境,还舍得进行风险投资,而且整个运作的过程设计得非常精妙,将秦国的王室研究得非常透彻,这是可以取得成功的保证,也是真正的"知行合一"。正因为如此,普通商人吕不韦才最终成为历史上的吕不韦。

今天的风险投资,属于"烧钱"的行业,最典型的是互联网企业,风投基金不断地投,而互联网企业不断地"烧",形成一轮又一轮的融资,直到"烧"出结果。古时候也是一样,既然吕不韦决定做这笔大生意,第一件事就是"烧钱",但吕不韦更有自己的个性,互联网企业"烧"的是别人的钱,可以不眨眼,但吕不韦"烧"自己的钱一样不眨眼,这种气魄,非常人所能及。

既然要把子楚推上王位,首先需要改变子楚的气度,添置几件高档"时装"也是必不可少的;同时,在邯郸也要重树自身地位,再也不能是时刻准备掉脑袋、上刑场的样子,需要结交权势人物,不能整天和地痞无赖混在一起，只有这样才有个储君的样子。吕不韦甩手给了子楚500金，愿意怎么花就怎么花，总之，要把自己打扮成一个公子模样、拥有公子的气度，甚至还需要像舞台上的模特那样练习练习走路。同时，多结交权贵，多请客，改变自己的形象。再"烧"掉500金，搜罗天下的奇珍异宝，准备给华阳夫人送礼，但这还仅仅是"烧钱"的起始。

吕不韦"买保险"

今天，很多人都已经很熟悉保险行业。保险，本意是稳妥可靠的意思，后来延伸成一种保障机制，是市场经济条件下风险管理的基本手段。

从经济角度看，保险是分摊意外事故损失的一种财务安排；从法律角度看，保险是一方同意补偿另一方损失的一种合同安排；从社会角度看，保险是社会经济保障制度的重要组成部分，是社会生产和社会生活"精巧的稳定器"；从风险管理角度看，保险是风险管理的一种方法。

很好很好。

但是，这些对于吕不韦先生来说，完全没用。因为在当时的中国，他不知道到哪里去投保，也没有接受他投保的机构。话说回来，即便有投保机构，谁敢接受他的投保？以往没有先例，连保费都不知道如何计算。

可是，吕不韦先生的风险是实实在在的，虽然古人重信，子楚这小子似乎也是规矩人，但万一不规矩，到时不认账，不仅投资无法回收，脑袋还可能要搭上作贴息。

那时，登上储君之位的子楚已经是一人之下万人之上，派几个侍卫将自己黑了，简直轻而易举，都不用等到"月黑杀人夜，风高放火天"。

所以，吕不韦必须投保。

真是个难题呀，只能创新保险方式，吕不韦有他独到的办法。

世上有一些人，非常有女人缘。比如，性格豪爽而且潜力无限的男人，身上闪烁着无形的霸气，一旦被"识货"的女人看中，女人倒贴都干，而且死心塌地；还有一类左右逢源会说善意谎言的男人，对女人很有杀伤力，甚至比一些"高富帅"更有吸引力；再有就是爱好广泛、自嘲幽默、豁出自己会取悦对方的男人；等等。对于女人来说，这些都属于杀手的类型。

吕不韦就应该属于这样的人。希望吕不韦先生做老实孩子，"从一而终"，估计是不可能的。但是，吕先生的豪爽、会说话、有本事又有钱，属于女人的顶级杀手，对于这样的人，女人遇上了，那只有死心塌地的份，或许和金庸先生的小说《天龙八部》中的段正淳有一比。吕不韦的身后，应该有众多死心塌地的人，当然，是女人。

或许，烦恼之中的吕不韦找到了他独到的投保方式。从身后的队列中选出一个可靠、死心塌地的女人，送给子楚，当子楚登上储君或王位的时候，就成了太子妃或王后，可以享受荣华富贵并光宗耀祖，也没吃亏。同时，如果子楚反悔，至少应该可以保住自己的脑袋，当然，要回自己的本金就是小事，这点钱对于那时的子楚，几乎等于零花钱。

本人猜测这是吕不韦的动机，对于商人吕不韦来说，有这样的动机太正常了，没有这样思维的人就不是商人。结果，吕不韦从自己身后的队列中拉出来一个叫赵姬的女人。

赵姬聪明伶俐，妩媚异常。历史上，关于赵姬（公元前280年—公元前229年）的出身有争议，主要源自《史记·吕不韦列传》，先说赵姬是"邯郸诸姬绝好善舞者"，后又说是"子楚夫人，赵豪家女也"，很多人据此认为前面说赵姬是歌妓或妓女，后面又说是富家女，司马迁大人自相矛盾，糊涂了。本人却深表怀疑，在史书中前后只相隔100多个汉字，难道正当壮年的司马迁会突然之间脑袋"短路"？何况历史上的史官都是非常严谨之人，司马迁更是其中的佼佼者。

结论是：司马迁犯糊涂的可能性是没有的。

姬在汉语词典中有几个含义：古代对妇女的美称，中国汉代宫中的女官，旧时妾的称呼（比如姬人、姬妾、姬侍等），旧时以歌舞为业的女子（歌姬或妓女）。如果因为姬字就将赵姬认为是歌妓或妓女，显然是不恰当的。比如：刘邦有位"小老婆"叫薄姬，也就是汉文帝的母亲，原来是魏豹（秦末动乱时期的魏王，后被项羽改封为西魏王）的妾室，可见，薄姬的姬字和歌妓与妓女完全不沾边，代表的是妾或美丽的意思。所以，前后衔接，司马迁大人笔下"邯郸诸姬绝好善舞者"，代表的是邯郸城中既美丽又能歌善舞的人（不知道吕不韦是如何"俘虏"的）。而"赵豪家女也"中的"豪家"在《管子·轻重甲》里面解释得很清楚，代表的是地位高、权势大的人家。

所以，赵姬是大家之女，既美丽又能歌善舞，这才是真相。

估计这点疑难问题，历史上会有人看得出，古代的读书人认死理（和今天有点差别），每个字都要斟酌，可为什么在这个地方就选择性失盲了呢？一定要说赵姬是歌姬或妓女？估计这和赵姬的儿子秦始皇有关，您既焚书又坑儒（也有一种说法，坑的不是儒士，而是术士），把我们的书本烧了，饭碗砸了，甚至掉脑袋，我们就选择性失盲，几选一的时候，就选最差的，让赵姬背黑锅，当妓女。而古代的读书人比较少，靠一帮大字不识一箩筐的古代农民去分辨真相，终归是不靠谱的。

赵姬背了2000多年的黑锅，也算夫唱妇随。子楚到赵国当人质是替秦国背黑锅；而赵姬是替自己的儿子背黑锅。也怪二世皇帝不争气，如果秦始皇的后代是汉文帝、汉武帝、汉宣帝这样的主，估计谁也没这么大的胆子让赵姬背黑锅，要不，就试试自己有几颗脑袋。

列位可能说了，既然是大家之女，大家闺秀总是大门不出二门不入，吕不韦又怎么能结识？又怎么会知道人家既美丽又能歌善舞？这就是时代的差异，儒家奠定至尊地位之后，三从四德、大门不出二门不入才成为大家闺秀的行为规范。那时是战国时期，周礼已经崩坏，也是女人比较自由的时代。

《史记·货殖列传》记载："女子则鼓鸣瑟，跕屣，游媚贵富，入后宫，遍诸侯。"这里说的是战国时期的中山国（图2.4为中山国都城遗址），说中山国的女子吹拉弹唱，拖着鞋走路（意思应该是演戏、唱戏），向富贵之人献媚，这样的女子也充斥中山国的后宫。又记载到："今夫赵女郑姬，设形容，揳鸣琴，揄长袂，蹑利屣，目挑心招，出不远千里，不择老少者，奔富厚也。"说的是赵国和郑国的美女们（这里的姬显然是美丽的意思），用梳妆打扮展现自己的容貌身段，演奏乐器，拉起衣袖、脚踏轻便的舞鞋翩翩起舞，用眼神挑逗，用心招引（富家公子）。即便远行千里，年龄差异较大，也要嫁给富有之人。

图2.4　中山国都城遗址

（图片来源：河北经济日报）

司马迁在《史记·赵世家》中写道："中山，古鲜虞国。"虽然老先生这么说了，但中山和鲜虞是不是同一个国家，直到今天，史学家们还在拍桌子争论。

春秋时期居住在我国北方的非华夏民族都叫做狄，其中的一支，是白狄。而鲜虞则被认为是白狄部落中最大的一支，白狄人建立了鲜虞国。公元前774年，"鲜虞"第一次出现在汉人的史书里。有据可考的是，他们的第一个落脚点位于滹沱河上游的五台山西南一个叫做鲜虞水的地方，最后定居在新市（今河北正定新城铺）一带，并在公元前770年建立鲜虞国，国都新市。东邻肥国、鼓国，西挨晋国，南靠邢国、卫国，北依燕国。建国之后的鲜虞与当时的一等强国晋国进行了持续的征战。公元前507年，中原霸主——晋国再次挥兵直扑鲜虞，主帅为大将观虎。在这次战斗中，鲜虞取胜，观虎被俘。

可就在观虎被俘的第二年，"中山"出现了，鲜虞是不是中山？公元前489年，晋国倾全部兵力，由赵简子担任主帅攻打鲜虞，占领新市，鲜虞国灭亡，但中山国还在，直到公元前296年才被赵国所灭。鲜虞、中山虽处同一区域，但都城并不在一处，中山的国都在今河北平山县三汲一带，但也并不能就此确认这是两个国家。

秦朝有一个重要的小官——泗水亭长，但这个亭长的后来是清楚的，成为汉高祖。鲜虞人也有一个重要的亭子，重要到《二十五史·后汉书》都要记载下来，"新市有鲜虞亭"，可对于这个亭子为何重要却并不清楚。

所以，这时的女人非常自由，属于可以自由恋爱时期，越看越和今天没多少差别。以吕不韦先生"杀手"的本色，有富家女对他死心塌地，也是非常正常的事。

这就是赵姬，与吕不韦之间有"心有灵犀一点通"的关系，吕不韦告知她要如此这般就能当上王妃，赵姬虽然心中很有吕不韦，但王后这样高贵的地位，诱惑力也很大，更何况并不是与吕不韦分离，只不过是将两个人的关系转入"地下"，听了之后欣然应允。吕不韦将她献给子楚，后来，赵姬产下一男婴，取名为政，即嬴政。

到此，还有一个很大的难题，吕不韦这份保险的保单不知道怎么写。

吕不韦买的这份保险，前无古人后无来者。

狡兔还有三窟，何况吕不韦？吕不韦的风险投资，到现在已经成为他和赵姬两个人共同的"事业"。

吕不韦的互利共赢之术

到此为止，赵国这边的事情已经安排完毕，但咸阳那头才是最关键的。

为何吕不韦选中给华阳夫人送重礼？缘于他对秦国的宫廷有清醒的认识。

当时的秦国，秦昭襄王（公元前325年—公元前251年）已经年迈，安国君时刻可能即位。安国君有二十多个儿子都可能被立为储君，可唯独不会有华阳夫人的儿子，因为她没有儿子。而储君一旦即位，自己的生母就会成为太后，虽然华阳夫人一时得安国君的宠幸，但储君即位之后就很可能需要靠边站，荣华富贵成为过眼云烟。

吕不韦认清了秦国宫廷斗争的关键之处，采取的是互惠互利的措施，让华阳夫人认子楚为自己的儿子，在华阳夫人的努力之下，子楚有望成为储君，进而登上王位，自己就将成为太后，不会失去富贵，实现共赢。在共赢的策略之下，吕不韦的计策就成功了一大半。

可问题是华阳夫人也不是傻瓜，如果被子楚利用了怎么办？终归不是亲生儿子。所以，吕不韦西入咸阳之后，先通过华阳夫人的弟弟阳泉君芈宸及大姐联系上了华阳夫人，为了消除华阳夫人的疑虑，吕不韦展现了自己的口才。

吕不韦先在华阳夫人面前夸奖子楚非常贤明，有很强的能力。终归一国的储君必须贤明而且有能力带领秦国前进，否则，在诸侯争霸的时代，就很可能被别的诸侯灭掉，所以这一条是必不可少的，也只有如此，才能得到文臣武将和外戚的共同拥戴，成功登上储君的位置。同时，吕不韦夸奖子楚非常能容人，善于待人，在邯郸宾客满天下，用今天的术语来说就是人气很旺，这立即在华阳夫人面前树立起了子楚"光辉、高大"的形象。再者，吕不韦打出感情牌，申明子楚很孝顺、重感情，特别是对安国君和华阳夫人有深厚的感情，日夜泣思、以泪洗面。估计到此，没有儿子的华阳夫人会感动得泪流满面，打消了大部分疑虑，因为在安国君其余的儿子中，不会有人想念她，更多的人希望她早日到阴间去开饭，免得挡住自己登上储君的道路。但吕不韦的戏还没结束，接着说：子楚很贤明，他自知在安国君心目中的地位不高，同时又不是嫡子，其母又不受安国君的待见，没有成为储君的希望，而一旦在华阳夫人的帮助下成为储君，进而即位为秦王，必定感激华阳夫人，极力报答华阳夫人的恩情。这彻底解决了安国君一旦去世之后，华阳夫人的富贵可能付之东流的后顾之忧。

这就是演说的才能，明察秋毫又非常得体，吕不韦的这份"演讲"完美无缺，可以打 100 分。

真正的互惠互利呀，这样的好事打着灯笼都难找。一般人眼中，争立储君是一件天大的难事，可在吕不韦手中，犹如信手拈来。

此时，华阳夫人的姐姐进一步煽风点火（估计和吕不韦的"手段"有关），《史记·吕不韦列传》记载了这个女人的话语：我听说，以美色而受宠幸的人，年老色衰后便会失势。夫人现在侍奉太子，虽深受宠幸却没有儿子，不如早日和诸公子中有贤孝之名者结盟，再向太子举荐为嫡嗣，这样不仅太子在时会倍受尊宠，太子去世后也不会失势，这真是因一言而得万世之利啊。如果不在容貌正盛时树立根本，等到年老色衰的时候就晚了。如今子楚有贤名，却因为排列居中而不能立为嫡嗣，生母也不受宠幸，所以想依附夫人，如果夫人能举荐他为嗣，那将来也不愁失势了。

到此，结局已经注定了。在子楚尚未回国之前，华阳夫人就收子楚为子，剩下的唯一一件事就是天天在安国君身边吹枕头风。结果，安国君也很爽快，和华阳夫人刻下玉符作为立嗣的凭证，并请吕不韦当他的老师。

大功告成！

公元前 259 年—公元前 257 年，秦国与赵国之间爆发邯郸之战。赵国因为秦国屡次攻击，想杀掉子楚泄愤。如果子楚真成了背黑锅的，那吕不韦的风险投资就只剩下"风险"二字。为了避免竹篮打水的结局，吕不韦继续"烧钱"，用 600 金的成本收买赵国看守子楚府的赵国官吏，让他们帮助子楚逃出了赵国。赵国没有杀掉子楚，就想拿子楚的妻儿开刀，如果被赵国撕掉吕不韦先生的"保单"，吕先生的处境也很不妙，何况吕不韦和赵姬还有"更深"的关系，吕先生继续"烧钱"。在吕不韦的秘密帮助下，赵姬母子得以藏匿，逃过一劫。

逃出邯郸的子楚，通过出征的秦军返回秦国。因华阳夫人是楚国人，吕不韦继续使用攻心战，事先叫回国后的子楚身穿楚国的服装参见，华阳夫人大为感动，将原名异人改为子楚，所以，子楚中的"楚"字寓意的是楚国。

公元前251年，吕不韦的风险投资开始得到回报。当年，秦昭襄王去世；第二年，安国君即位，为秦孝文王，子楚为储君。但秦孝文王似乎觉得自己挡了吕不韦的"财路"，主动回避，即位三天就去阎王爷那里报到了，子楚即位，为秦庄襄王。赵国也主动派使者将赵姬母子送还，此时的赵国是秦王外家的身份，这层关系不用白不用。子楚即位之后，华阳夫人为皇太后，嬴政为太子，吕不韦为相国，封文信侯，食邑洛阳十万户。

今天我们说，电影电视最好设计一个完美的大结局，让人们留下美好的回忆，但和吕不韦设计的大结局比较起来或都逊色三分。子楚登基、赵姬成为王后、华阳夫人为太后、吕不韦成为重臣、嬴政成为太子，完美无缺。唯一很不快乐的是给大家让路的安国君，但这不能怪剧本的设计者，因为他本不是剧本的主要演员，配角的上场时间总是短暂的。

吕不韦的风险投资也到了"秋收"的时候，摆脱了九流商贾的地位。相国是一人之下万人之上，仅次于帝王，大权在握，文信侯具有显赫的荣耀，食邑十万户，物质、精神双丰收。

此时，吕不韦与自己当初在商品市场上的投机倒把活动彻底告别，开始享受权力带来的财富（权力、地位和食邑），孩子（不知有没有）读书再也不用在农民和工匠的后面排队了，看病抓药也无需再"谦让"，有太医院的医生上门诊治，从九等的社会地位彻底翻身做了"主人"。

权力的两面

吕不韦以商人的身份，登上了秦国的政治舞台。相国相当于丞相，统领百官、辅佐秦王治理国政，要风有风要雨有雨，如果吕不韦仅仅展现商人的本色，用权力为自身谋取利益，自然可以财源滚滚。

然而，吕不韦告别了奸商的角色，成功地经营起大"家"，这个大"家"就是秦国，成为秦国承前启后的人物。

秦国自从商鞅变法之后，经历了几代很有作为的君主，秦国的国势蒸蒸日上。秦孝公（公元前381年—公元前338年）发布了流传千古的《求贤令》，重用商鞅实行变法，奖励耕战，迁都咸阳，国力不断上升，秦国开始崛起。秦惠文王（公元前356年—公元前311年）19岁即位，以宗室多怨，诛杀了商鞅。但商鞅变法的内容完整地保持了下来。在当政期间，北扫义渠，南下巴蜀、商於，东出函谷，为秦国统一中国打下坚实基础。秦武王虽然在位时间较短（公元前310年—公元前307年在位），但也颇有建树。秦武王之后，秦昭襄王（公元前306—前251年在位）是中国历史上在位时间最长的国君之一，最著名的、决定秦赵两国国运的长平之战，就是在秦昭襄王在位晚期发生的。秦昭襄王在位期间，与关东六国不断争霸，击破楚国，不断打压赵国，是秦国统一天下的初始阶段。

此后，秦国的两代国君相对较弱，与他们的先祖相比，属于菜鸟的级别，秦国政局持续动荡。秦孝文王（即安国君）正式即位三天就去世了，在秦国国君的序列中仅仅算凑个数、摆个造型、露个脸而已。秦庄襄王在位也仅仅三年，属于来也匆匆去也匆匆。秦王嬴政（公元前259年—公元前210年）在公元前246年登基，当时年仅13岁，国家的大政方针，要靠吕不韦打理。在这样的时期，吕不韦作为相国，对秦国的稳定与扩张起到了承前启后的作用。

此时，吕不韦展现了政治家的本色。

秦国之所以逐渐走向强大，法律制度的建设是制度基础，而农业的不断发展则是物质基础。

战国时期的秦国，修建了两项伟大的水利工程，即便在今天，这两项工程依旧让中国人自豪：其一是秦昭襄王晚期修建的都江堰，如今已成为世界文化遗产；其二就是吕不韦主持修建的、位于关中平原的郑国渠。这两项工程均已成为古代中华民族智慧和创造力的象征，静静地躺在成都平原和关中平原，在2000多年的历史长河中哺育着中华民族。郑国渠从公元前246年开始兴建，约十年后完工，它西引泾水东注洛水，长达300余里。关中平原的地形特点是西北略高，东南略低，郑国渠充分利用这一有利地形，在礼泉县东北的谷口开始修干渠，使干渠沿北面山脚向东伸展，很自然地把干渠分布在灌溉区最高地带，不仅最大限度地控制了灌溉面积，而且形成了全部自流灌溉系统。郑国渠的修建大大改善了关中地区的灌溉条件，明显地提高了粮食产量。司马迁先生对此有极高的评价："关中为沃野，无凶年，秦以富强，卒并诸侯。"在老先生看来，是郑国渠使秦国富强起来，从而具有了兼并关东六国的能力，对于这一观点，本人举手同意。

今天，如果您居住在关中平原的西北地区或者到那里去旅游，向东南眺望，别忘记吕不韦先生的历史身影。

由于秦孝文王和秦庄襄王执政的时间都比较短，皇室动荡，内部矛盾增加，此时，让秦国尽快稳定下来是第一要务。吕不韦通过启用元勋宿将的办法迅速稳定了大局。老臣燕国人蔡泽，曾因受人攻击，早已被迫告老称病。秦王嬴政即位后，吕不韦又请他出山，参与朝政，后请他出使燕国，促成了秦国与燕国的连横。王龁、蒙骜二位老将在吕不韦执政10余年中，不居功，不傲上，继续带兵为秦国争城夺地，虽已年迈但威风不减当年。

商鞅变法之后，秦国国力强大，开始不断对外扩张。秦国在征讨过程中打了很多恶仗、硬仗，虽然威慑了敌人、鼓舞了自身的士气，但自身的损失也非常严重。长平之战后，白起统帅的秦军坑杀赵军40

万战俘，给关东人民留下残暴的形象，使得关东六国可以更紧密地团结起来，这直接决定了邯郸之战中秦军的败局，使得秦国统一天下的大业遭到严重的挫折。

恰恰此后，吕不韦登上了秦国的政治舞台。他反对在战争中进行大规模屠杀，提出了兴"义兵"的思想。《吕氏春秋》记载："故兵入于敌之境，则民知所庇矣，黔首知不死矣。至于国邑之郊，不虐五谷，不掘坟墓，不伐树木，不烧积聚，不焚室屋，不取六畜。"意思是说，秦军进入乱国的边境，乱国的士人就知道保护者到了，百姓就知道不会死了。正义之军到了国都及一般城邑的郊外，不祸害五谷，不刨坟掘墓，不砍伐林木，不烧毁财物粮草，不焚毁房屋，不掠夺六畜。"凡举事，必先审民心，然后可举。"这里的意思是说，如果进行对外征伐，必须先考虑对方的民心如何，然后再做决定。这种"义兵"思想，在当时是非常先进的，当秦兵深入敌境，可以庇护民众，保护百姓可以避免因战乱造成的死亡，秦军就成为了义兵，得到百姓的拥护。秦国东征的粮草补给线很长，保护百姓，也就保护了自己的补给线，甚至可以就地筹粮，这对秦国进行征讨战争的意义非常巨大。不损害庄稼，不烧杀掠抢，就成为仁义之师，这样的军队就会无往而不胜。在今天，这已是尽人皆知的道理。

事实上，吕不韦在秦国大政方针上的调整立即结出了丰硕的果实。秦惠文王、秦武王、秦昭襄王当政的时代，秦国的军事实力就已经非常强大，历史上的秦国名将更是层出不穷，对关东六国的战争也取得了很多胜利，但以统一六国的标准来说进展缓慢，邯郸之战更遭遇重大挫折。在进行政策调整之后，立即显示了效果。公元前249年，吕不韦率军灭东周国（诸侯国，和历史上的西周、东周不同），同年，蒙骜攻取了韩国的成皋（在今河南省荥阳市境内）和荥阳（今河南省荥阳市），在此设立三川郡。公元前248年，蒙骜攻打赵国，夺取了太原（今山西省太原市）、榆次（今山西省晋中市榆次区）、新城（今山西省朔州市朔城区西南）、狼孟（今山西省阳曲县东北）等37座城池，同年三月，蒙骜又攻取了魏国的高都（今山西省晋城市东北）和汲（今河南省卫辉市西南）。公元前247年，王龁攻打上党，设立太原郡。直到战国四大公子之一的信陵君魏无忌合纵燕、赵、韩、魏、楚五国联军在黄河以南击败秦军，蒙骜败退，才止住秦国迅速扩张的势头。到秦始皇亲政后，几乎以一年一国的速度摧毁了关东六国，建立了大一统的大业。秦国这一时期的扩张与快速消灭关东六国，与以前形成鲜明的对比，虽然这以前也打了很多胜仗，但国土扩张的速度并不快。而"义兵""义师"思想的建立，软化了六国的抵抗意志，得到更多民众的拥护，再加上秦国军队强大的战力，最终结出了统一天下的丰硕果实。

秦国的土地不断扩张，国家财富在不断膨胀；倡导"义兵"和"义师"，改变暴秦的形象，今天应该属于品牌塑造，这依旧是国家的财富。此时的吕不韦经营的是国家财富，所以，历史上很多场合将吕不韦称呼为政治家。

由此看来，政治家和商人本没有根本的差别。

但吕不韦并不会就此满足，他将要跨越第二个台阶。

《吕氏春秋》

任何一个国家，最宝贵的财富是思想和文化，这是支撑国家和民族不断走向繁荣的基础。

春秋战国时期是经济、科技、军事全面腾飞的时期，也是文明水平突飞猛进的时代，一样源于文化的突飞猛进。当时，有诸子百家（图2.5为墨子讲学图）之说，实际上远不止百家。据《汉书·艺文志》记载，数得上名字的一共有189家，4324篇著作。其后的《隋书·经籍志》《四库全书总目》等书则记载"诸子百家"实有上千家。流传较广、影响较大、较为著名的有几十家，有10家最终发展成学派。道家、儒家、墨家、法家、兵家、名家、阴阳家、纵横家、农家、小说家、方技家各竞风流，其中杂家占有了一席之地。

图 2.5 墨子讲学图

(图片来源:百度百科)

墨子(约公元前468年—公元前376年),姓墨,名翟,鲁国人,墨家学派创始人,出身于社会底层,是我国战国时期著名的哲学家,同时又是著名的思想家、教育家、社会活动家、自然科学家和军事家,是古代先贤中涉猎最广的人物。今存《墨子》一书是其弟子或再传弟子对他的思想言论的记录。

墨家宣扬仁政,反对侵略战争,主张"兼爱""非攻""尚贤""尚同""天志""非命""非乐""节葬""节用"等思想。墨家弟子称为墨者,以"兴天下之利,除天下之害"为目的,可以"赴汤蹈刃,死不旋踵",意思是说至死也不后转脚跟后退。墨者中从事谈辩者,称"墨辩";从事武侠者,称"墨侠"。

墨子的哲学建树,以认识论和逻辑学最为突出。

当今,有人认为墨家学说是培养坚忍不拔的行动方法和行动力的学说,可以切实地增强每个人的行动力,有志者需要精研墨学。

这个杂家的"杂"字,可不是杂乱无章、胡编乱凑的意思,更不是大杂烩。代表的是博采众家之长,以"兼儒墨,合名法"为特点,"于百家之道无不贯通"。杂家代表的是各种思想互相融合的结果,也标志着中国社会文明水平的进步,其代表作就是《吕氏春秋》。

《吕氏春秋》是中国历史上第一部有组织、按计划编写的书籍,完全是一部古代的百科全书。上应天时,下应地理,中察民情,以道家思想为基调，用儒家思想定位价值尺度，吸收了墨家公正无私的观念、名家的哲学逻辑、法家的治国理论，再加上兵家的机谋善变和农家的地利追求，形成完善的治国理论。全书分为十二纪、八览、六论，共二十六卷，一百六十篇，二十余万字。编纂伊始就有严密的计划、设计，按照天、地、人三个层次的互相呼应来确定主题并展开论述，体现道法自然的准则。

该书《用众》篇道出了编纂《吕氏春秋》的中心思想："天下无粹白之狐，而有粹白之裘，取之众白也。"由此可以看到，编著《吕氏春秋》的目的显然是为了集各家之精华，成一家之思想，以道家思想为主干，融合各家学说。据吕不韦自己所说，此书对各家思想的取舍完全从客观出发，对各家都抱公正的态度，一视同仁。原因在于"私视使目盲，私听使耳聋，私虑使心狂。三者皆私没精，则智无由公。智不公，则福日衰，灾日隆。"

今天的人们或许不把《吕氏春秋》当回事，但司马迁老先生在《史记》里将《吕氏春秋》与《周易》《春秋》《离骚》等并列，表示了他对《吕氏春秋》的敬重。东汉的高诱还为其做注释，认为此书"大出诸子之右"，即超过了诸子学说的成就。

《吕氏春秋》中有很多精辟的语句，即便在今天，也属于修身治世的经典，更是成功者的必备素质，比如：

（一）欲胜人者必先自胜；欲论人者必先自论；欲知人者必先自知。

（二）善学者，借人之长以补其短。

（三）事随心，心随欲。欲无度者，其心无度。心无度者，则其所为不可知矣。

（四）私视使目盲，私听使耳聋，私虑使心狂。

（五）察己可以知人，察古可以知今。

（六）凡事之本，必先治身。

等等。

由此可见《吕氏春秋》的水平和地位，也可见编纂《吕氏春秋》是多么浩大的工程。在信息不发达的古代，图书是极容易失传的，除了皇家之外，估计专门收集、保存图书的"图书馆"很有限。春秋战国以来，战乱频繁，古籍丧失很多，有些经史子集，可能像金庸先生的武侠小说中的武林秘籍一样，保存在深山老林之中。像鬼谷子先生这类人物，常年就居住在大山之中，他们的著作也只能到大山之中寻找，想和这些隐士握个手、说句话都得进山才行（还得运气好，赶上这些隐士没去云游）。所以，搜寻图书、汇集思想精华可不是一件容易的事情，需要集中庞大的人力、物力和财力，甚至还需要一点运气。同时，从编纂到抄写需要大量的人力，没有雄厚的财力作为后勤保证，修书是不可能的。所以，古代修书是一项浩大的工程，何况《吕氏春秋》是一部包罗万象的图书，难度可想而知。只有强大起来的秦国才能完成如此浩瀚的工程。

这部历史巨著对社会的推动作用也是显而易见的。中国有悠久的文化，有让世界羡慕的古代文明，由一部部历史巨著展现、传承，直接推动了中国社会的不断发展和文明水平的不断进步。《吕氏春秋》的完成标志着吕不韦先生达到了人生的顶峰。

任何一个人，最大的成就莫过于推动一个时代思想的进步，这是社会文明水平的进步，更是最重要的社会财富。

郑国渠的修建使秦国从此富足，不断地对外攻城略地；《吕氏春秋》的编著彰显了中华文明的水平。此时的吕不韦不再是奸商，而是来到了自己人生的顶峰。

对于吕不韦的评价有很多，例如政治家、军事家甚至思想家，但他就是一个商人，或许还是中国历史上为数不多的成功商人。

范蠡作为商圣，无论在官方的史籍还是在民间，都被中华民族所敬仰，为无数人所向往，缘于他在创造财富、推进中华民族的文明进程中所做的贡献。吴越争霸中的总体战思想，即便在今天的世界格局中，依旧具有指导意义；商业运营过程中的各种理念，即便到今天，很多内容依旧无法超越,自然受到中华民族世世代代的顶礼膜拜,他的思想已经成为中华民族智慧的精华。吕不韦在历史上或属于毁誉参半,他对中华民族的贡献可能被历史先生忽视了。从一个普通的商人起步,不断实现自身的跨越,从积累私人财富到经营国家财富,使秦国的财富水平不断增长,最终更以《吕氏春秋》的编纂为标志,为中华民族的文明进程添砖加瓦。

范蠡先生先治国,使越国在综合实力上压制吴国,成就春秋霸业,后治家,成为商圣。吕不韦是先经营私人财富,成为富商,然后经营秦国:商鞅变法之后,秦国的法律建设渐趋完善,国力上升,但秦国给世人的感觉是过于"粗暴",刚性有余弹性不足,《吕氏春秋》的编纂首先推动的是秦国,使得秦国增添了文化的底蕴,秦国的综合国力进一步得到提升;郑国渠的修建使秦国的物质基础更加雄厚,为征伐关东提供了强大的物质基础;以往秦军对关东的征伐,是摧毁者、施暴者的角色,而"义兵"的思想,使得秦军转变为民众的"解放者"和"保护者",彻底逆转了秦军的"使命",这样的秦军和秦国,才真正具有统一天下的人文基础,过往的历史都在忽视这一点。吕不韦的这些治国措施,使秦国国力更上一层楼。

然而,吕不韦终归不是范蠡。范蠡近乎完美,受到世世代代中国人的崇敬;而吕不韦以传统道德来衡量是有亏的,吕不韦与赵姬之间,在今天可以认为是私人感情,别人无权干涉,但嫪毐这件事却极为荒唐,影响了秦国的政治,也造成秦国的动荡,必定被后人所指摘,是永远抹不去的污点。

第三章

黄金的光芒

　　黄金是什么？有人说是商品，有人说是货币，但都有所偏颇。

　　黄金是"地上的太阳"。

　　黄金文化是一种全世界人民普遍接受的文化，深入了人们的心灵，拥有人们绝对的信任。

　　黄金法则演绎了人类的兴衰。

人与自然

在技能低下的远古时代,人类敬畏的对象就是大自然,包括天空、太阳、月亮和风、雨、雷、电、水、火等,可以说,大自然是人类的母亲。尤其是太阳,只有充足的阳光,才能让果树结出丰硕的果实,才有绿草茵茵的草原,供万物繁衍、生长,给人类提供充足的食物,使得人类可以生存下去。这种对自然的敬畏体现在各个文明古国的历史中。

美索不达米亚文明是世界上最早的文明。美索不达米亚在希腊语中的意思就是"(两条)河流之间的地方",这两条河流指的是现今位于伊拉克的幼发拉底河和底格里斯河。在这两条河之间的美索不达米亚平原上,产生和发展的古文明即是两河文明或美索不达米亚文明,起始于公元前4000年以前,由苏美尔人发起。

历史学家把从公元前4000年—公元前3000年之间的苏美尔文明称作"早期高度文明"。这是因为当代的考古发现表明,约公元前8000年—公元前6000年,在美索不达米亚平原出现了多处繁荣的文化,人类驯服了动物,懂得了种植植物,掌握了灌溉技术,开始告别颠沛流离的生活定居了下来。公元前4000年以前,由于农业的发展,有了多余的商品,开始产生商品交换行为和社会分工,产生了城市和社会等级。公元前4000年以后,苏美尔文明开始进入鼎盛时代。

苏美尔人拥有让现代人非常吃惊的文明水平。他们已经发明了楔形文字并发展出拼音规则,在泥石板上记录下很多史实和神话。后来,他们的文字和语言被很多民族所采用,深刻地影响了印欧、阿拉伯和古波斯等语系。现已发现的苏美尔法典有三部,分别是《乌鲁卡基那法典》(公元前2378年)、《乌尔那姆法典》(公元前2111年)和《李必特-伊什塔尔法典》(公元前1930年)。有当时全世界最大的城市乌鲁克,可能有50000~80000居民,城墙内的范围大约6平方公里。有了经济的各种分工:农夫、商人、渔民、养牛人、石匠、铁匠、木匠、陶工、宝石匠等。商品交换过程中使用称重的银块或银环作为货币。苏美尔人基本的农作物是大麦和小麦,养殖山羊和母牛获取奶制品,养殖绵羊获取羊毛。主要的水果包括甜瓜、椰枣、苹果等。主要的蔬菜是洋葱、蚕豆、大葱、韭菜、黄瓜等。最先养殖的家畜是鸭子和鹅。苏美尔人懂得酿造啤酒,根据他们的配方,现代科学家可以复制他们的酿酒方法。大约公元前3000年,苏美尔人建设了很多学校(图3.1为苏美尔文明时期的学校示意图),也有教学使用的教科书,在建设学校的同时建设了图书馆。苏美尔还有先进的文学、建筑、艺术、天文、立法、医学和自然科学等,他们的乘法表、除法表、倒数表、平方根表等不仅在当时非常先进,甚至足以让现代人吃惊,更有古代原始医药,比如内服酊剂、外敷膏剂等。苏美尔人的成就处于同时期世界各地的领先水平,非常接近于现代文明。

图3.1 苏美尔文明时期的学校
(图片来源:光明日报)

苏美尔文明时期的学校，可能是世界上最早的有记载的学校，这直接标志了苏美尔人的文明水平。

位于英国东南部的坎特伯雷、建立于公元597年的国王学校（The King's School），可能是现存最古老的学校之一。中国最早的学校，估计是在周朝，但也有人认为夏商时期就出现了学校，当时称为"庠""序"（与学校的职能相同）。春秋战国时期，齐国的稷下学宫是历史上非常著名的学校，展现了这一时期中国伟大的文明成就。汉朝之后，逐渐出现太学之类官方创办的学校。

苏美尔人的信仰是最早有记录的信仰，它是后来美索不达米亚神话、宗教和占星学的源泉。

苏美尔人在美索不达米亚平原建立了世界上最早的城市，在城市的中心建立神殿，祭祀以天神为代表的诸神。苏美尔诸神包括天神安，风神和空气神恩利尔，大神母宁胡尔萨格，智慧神和水神恩基，风雨之神马尔杜克，日轮战神阿淑尔，月亮老人南那，太阳神兼司法神沙马什，既是金星女神、性爱女神、繁殖女神同时又是女战神的伊南娜，等等。天神安是苏美尔地区乃至美索不达米亚崇拜中最高级别的神，统摄天地。在苏美尔语中，安即是天的意思，从公元前3000年左右就被看作众神之主。

古埃及也是崇拜多神，有些神拥有人的形象，有些拥有动物、植物和星辰的形象。鹰神荷鲁斯、太阳神拉、阿蒙、阿蒙拉在不同的时期都曾经成为主神。

印度文明中最早兴起的是哈拉巴文化，约起始于公元前2300年。公元前1500年左右，雅利安人大举进入印度次大陆。雅利安人的语系属于印欧语系，在进入印度之前，大概居住于中亚地区，过着游牧生活。后来，一部分进入阿富汗和印度，一部分进入伊朗。雅利安人和古伊朗人讲同一种语言（只是方言上有差别）[①]。

佛教距今三千多年前产生于迦毗罗卫国（今尼泊尔境内），创始人是乔达摩·悉达多（在佛教中被尊称为释迦牟尼佛），在印度孔雀王朝

---

① 易宁．探索古印度文明［M］．西安．太白文艺出版社，2012：16.

（约公元前 324 年—公元前 188 年）时期达到鼎盛。

在古印度，哈拉巴文化时期流行的是原始宗教，主要崇拜自然神。雅利安人进入印度次大陆之初，也崇拜自然神和祖先的神灵。雅利安人的原始宗教也逐渐演变为婆罗门教①。至中世纪，婆罗门教演化为印度教。现在，大约 80% 以上的印度人信仰印度教。

中国古代除了崇拜祖先之外，一样崇拜自然。比如属于天神的有玉皇大帝，青、黄、赤、白、黑五帝，日、月、星、斗、风、云、雨、雷、电诸神，属于地祇的有社稷、山川、五岳、四渎之神。

印加帝国（今属于阿根廷、玻利维亚、智利、哥伦比亚、厄瓜多尔、秘鲁等国）是 11 世纪至 16 世纪时位于南美洲的古老帝国，也是前哥伦布时期美洲最大的帝国。印加帝国主要信仰太阳神因蒂，并认为自己是太阳神的后裔。传说中，太阳神派了他的一对儿女曼科·卡帕克和马奥克约向印加人民教导历法、律制等。每年的 6 月 24 日是印加帝国最重要的节日——太阳祭，印加人民会在这个时候把自己的农作物和家畜献祭予太阳神，感谢太阳神每年赐阳光到大地，令动物可以成长、农作物可以茂盛。

在世界各地，人们均崇拜天空、星际和自然的事物。其中太阳处在核心的地位，没有太阳，就没有阳光，也就没有人类赖以生存和发展的食物以及其他条件，人类既是天际之子，也是自然之子，更是太阳之子，这些思想一直影响着人类的历史，并持续到今天。

地上的太阳

人类与天际、大自然本身就是一个整体，人类也渴望接触天际与自然，而黄金自古就被认为是"地上的太阳"，是可以触及的"天际"与"自然"的化身。

在苏美尔人的记载中，天神降临地球的目的就是为了寻找黄金，

---

① 易宁. 探索古印度文明［M］. 西安. 太白文艺出版社，2012：84.

黄金不仅是财富的象征，更代表着神权，所以，在世界黄金的开采史中，他们首先在黑海附近开采黄金就是顺理成章的事情。当代考古学的发掘，也证实了苏美尔人对黄金的崇拜。在苏美尔文明时期的古城中出土了金盔，乌尔第三王朝（约公元前2113年—约公元前2006年）的一位国王拥有黄金和青金石制造的王者短剑，在苏美尔女王舒伯·亚德的陪葬品中，发掘出了长约0.6米、只在幼发拉底河上航行的金质小船和银质小船模型各一艘，根据现代科学技术测定，这两艘小船的年代产生于公元前4000年前，这必然有特定的寓意（更有学者据此推断苏美尔人是从海上来到美索不达米亚平原的）。由此可见，金银在苏美尔人的心中具有非常崇高的地位。虽然苏美尔泥板书中的很多记载尚需要证实，但苏美尔文明时期即开始建造金字塔却无需证明。在乌尔古城遗址周围的平原上，发现有许许多多的阶梯型金字塔，根据泥版书中的记载，这些金字塔是用来祭祀的，因为苏美尔诸神总是居于高高的神山之巅，所以人们需要在金字塔顶祈祷，使人能够接近神，也使神便于接受人的礼拜。这种祭祀方式从苏美尔文明时期到巴比伦文明时期再到亚述王国时期，一直延续了数千年。

苏美尔人日常交易主要用白银作为交易货币，使用的计量单位是60进制的塔兰特、迈纳和谢克尔（1谢克尔约等于8.33克），黄金更主要代表的是财富和神权。伊拉克出土的铭文中，还记载着"一个奴隶的价值为14～20谢克尔白银"。古代的巴比伦帝国还确定了黄金与白银的比价为13∶1，这个比值就是地球环绕太阳一周（365.25天）与月亮环绕地球一周（27.32天）的比值，这个比值作为巴比伦帝国的金银比价，维持了1000多年[1]。

在古埃及，黄金象征着伟大的太阳神拉，法老是太阳神拉的后代，是太阳神的现世化身。为了证实他们的神权，法老不惜用黄金为自己加身。著名的图坦卡蒙黄金面罩装嵌青金石和其他宝石，珍藏于埃及

---

[1] 李鹏. 黄金的历史［M］. 哈尔滨. 哈尔滨出版社，2009：8.

国立考古博物馆。最初的埃及法老把两件大事作为他们的执政之本：一是修建金字塔，二是在古埃及寻找黄金产地。他们认为，若没有天神的帮助，是不可能找到金矿的。

尼罗河流域的沃土孕育了古埃及文明。努比亚是位于埃及尼罗河第一瀑布阿斯旺与苏丹第四瀑布库赖迈之间的古代国家，在古埃及时期，努比亚被称作古实。努比亚这个词汇来自于埃及语中的金（nub），代表盛产黄金的地方，今天已经分属于埃及和苏丹两个国家。公元前2000年—公元前1980年，埃及法老率领军队对努比亚进行征讨，目的就是为了黄金。公元前1887年—公元前1849年，古埃及对努比亚又进行了四次征讨，把掠来的努比亚人赶到各个金矿里，终生开采黄金，法老派大批军队去矿区看守。古埃及是当时世界上毫无疑问的黄金生产第一大国，在埃及神庙和法老的墓葬中均有大量的黄金。

古埃及通过对努比亚和叙利亚的战争掠夺了大量的黄金，财富的积累使得古埃及修建了很多发达的水利设施，促进了农业的进一步发展。同时修建了很多布满黄金的寺庙和墓葬，比如，图坦卡蒙的纯金棺材有110公斤重，他的木乃伊脸上覆盖着黄金的面罩，护胸也是金的，手指和脚趾上套着金护指。财富的不断累积也招致其他国家的窥视，公元前5世纪的波斯、公元前332年的马其顿、公元前47年的古罗马帝国对古埃及的入侵和占领，很大程度上都是出于掠夺财富的目的，可谓"国兴于斯亦亡于斯"。

印度对黄金的崇拜举世闻名，无论富人还是贫苦的农民都是如此，因此，这片土地被称为黄金雀。印度黄金庙位于印度边境城市阿姆利则，金庙坐落在一个叫做"神池"的水池中央，四周的墙壁上镶嵌着熠熠发光的大理石，整个建筑几乎通体镏金，极为壮观，被誉为"锡克教圣冠上的宝石"，是印度锡克教的神庙。

在美索不达米亚平原，继苏美尔文明之后，崛起的是璀璨的古巴比伦文明。古巴比伦最壮观的建筑物当属"空中花园"和"巴别塔"。"巴别塔"也意译为通天塔，巴别在希伯来语中有"变乱"之意。据

《圣经·创世记》第 11 章记载,当时人类联合起来兴建希望塔顶通天能传扬己名的高塔,以聚集全体人类并展示力量。上帝降临视察,认为人类过于自信和团结,一旦完成计划将能为所欲为,便决定变乱人们的口音和语言,并使他们分散各地。高塔于是停工,而该塔则被称为巴别。据历史学家推测,巴别塔就是传说中古巴比伦城中心的马尔都克神庙,是古巴比伦人敬献给国王马尔都克的礼物,分上庙和下庙,上庙金碧辉煌,由深蓝色的琉璃砖制成并饰以黄金,下庙供有 22 吨重的马尔都克黄金神像。

《圣经》上有 400 多处提到黄金,上帝亲自指示尘世的代理人摩西要用黄金来装饰布置膜拜他的圣所、圣幕。在《圣经》提到的诸多圣器中,约柜的地位最高。传说中的"黄金约柜"做工十分精美,由皂角木精制而成,从内到外被一层精金包裹着,并且安有四个纯金的金环。不仅如此,连抬它的皂角木杠子也都用黄金包裹起来。

中国民间主要信奉佛教,在佛教中,黄金的颜色一直被视为神圣的颜色。佛教圣物都经常以黄颜色装饰表面,佛身也常用"妙色身、金色身"来形容。黄金在古中国具有崇高的地位,一直为帝王和贵族所拥有,连黄金的颜色——黄色,都成为古代皇宫的主色调之一。到唐高祖武德年间,皇帝开始垄断黄色,诸如龙床用黄色装饰、皇帝出行要打杏黄旗等,所有臣民都不准使用黄色。黄色作为黄金的颜色,既是财富的象征,更代表着至高无上的地位。

在印加帝国的神话中,曼科·卡帕克带着一根叫"tapac-yauri"的金杖与他的兄弟姐妹一齐被太阳神送到大地,出现在美洲的山洞中,为感谢他们的父亲——太阳神因蒂让金杖插入大地,他们奉命在现场修建了一座太阳神殿,黄金完全代表着神权。

在人类各民族的心目中,黄金作为财富和神权的象征,一直延续了下来。《马可·波罗游记》把东方各国描绘成黄金遍地、珠宝成山的人间乐园,因此,欧洲人以黄金为驱动力来到亚洲。同时,这也是哥伦布四次横跨大西洋到达美洲的驱动力。有人说:"黄金一词是驱使西班牙人横渡大西洋到美洲去的咒语；黄金是白人刚踏上一个新发现的海岸时所要的第一件东西。"

西班牙人到达美洲之后，有一个故事一直在流传：1532年年底，西班牙殖民者皮萨罗率队占领了印加北部重镇卡萨马尔卡，派使节要求与印加最后一位皇帝阿达瓦尔帕会晤。当时年仅二十多岁、高傲的"太阳神之子"阿达瓦尔帕坐着金轿子，带着随从来到卡萨马尔卡，在拒绝了皈依基督教的要求后，遭到西班牙伏兵的突然袭击，阿达瓦尔帕不幸被捕，被迫交纳巨额赎金。需要用金子填满长7米、宽5米、高3米的房间，还要用银子填满囚室旁的两个小屋。为了营救自己的国王，印加人夜以继日地从四面八方将黄金送往卡萨马尔卡。然而，在得到了他们想要的东西之后，西班牙人却绞死了阿达瓦尔帕。

从人类社会诞生之日起，太阳就伴随着人类的生存与发展，黄金作为太阳的化身，征服了人类的灵魂，黄金本身就是一种宗教和文化，这是世界上任何其他物质所无法替代的。

今天，我们知道一个原则，就是确立货币信用的群体普遍接受性原则。世界上什么东西才能让不同民族、不同肤色的人们发自内心地接受呢？无疑就是黄金，因为黄金内在的寓意是代表着太阳，代表着大自然，已经成为全世界人民普遍接受的文化，更是一种独特的宗教信仰。而当今以主权形式确立货币，随着主权的不断变更和货币内在价值的不断变化，只能阶段性地执行货币的职能，所以，主权货币几乎都是有寿命的。每当主权货币（包括铸币和纸币）出现危机时，人们自然而然地涌向黄金，因为黄金才是真正的货币，真正代表了财富，是人们心灵的依托。

黄金法则

天然的货币

黄金是权力的象征，也是财富的象征。黄金的化学符号Au，来自罗马神话中的"黎明女神"欧若拉（Aurora），这是个赞美意味浓厚的名称，无法用现代的价值体系来衡量，在人类历史上是华贵的象征，代表着财富和地位。

黄金是纯洁的象征。在人类的意念中，没有任何东西能够比黄金更能体现纯洁与神圣。现代人的结婚典礼上，新郎都要给新娘戴上结婚戒指，这些戒指绝大多数都是用黄金打造，象征着爱情的忠贞不渝，更象征着婚姻的神圣。这种纯洁与神圣，跨越了种族、文化，成为统治人们思想和行为的另外一种形式。

我们知道，货币是一般等价物，代表的是一份契约。它必须公正地对待每一个人，被所有民族的人们共同接受，黄金具有这样的特性；同时，货币所代表的契约内容需要经受战争、瘟疫、自然灾害、人类的贪婪之心和时间长河的检验，保持恒久不变，黄金具有这样的特征。所以，黄金是天然的货币。世界上没有任何物质可以代替黄金，因为它是一种宗教和文化，深深地侵入了每一个人的心灵，这是一种发自内心的信任，这恰恰是货币必须具备的核心内涵！人类社会每一个人都有追求自己幸福生活的权利，正是这种对幸福生活的追求，推动了人类文明水平的不断发展，而黄金是所有人发自内心愿意接受的信用载体，展现全社会追求进步和幸福生活的力量，就会最大限度地推动人类文明水平和生产力的发展。

这就是金本位，用黄金作为货币或使用任何价值恒定的货币，均具有一样的意义，都代表这种货币的内在信用恒久不变，保护所有人的权益和追求幸福生活的权利，永远遵守货币所蕴含的契约内容。但这种金本位是狭义的范畴。

公平与社会活力

1717年之后，英国建立了事实上的金本位制度，随之而来的是爆发第一次工业革命，英国国力飞速发展，走上了"日不落帝国"的道路。

1717年，是清朝康熙末年。清朝使用白银作为本位货币，从信用的内在含义来说，金银具有一样的内涵。但清朝逐渐走向没落，鸦片战争、甲午海战、八国联军攻入北京，清朝持续被动挨打，最终沦为半殖民地。

所以，狭义的金本位并不能保证可以独自支撑国家的强大、人民的富强和社会的发展。

今天，我们知道，当一个社会的每个人都有机会努力追求自己的幸福生活，可以实现财富不断积累的时候，全社会的文明水平和物质生活水平就可以得到不断提升，进而带来国家的富强。

最大的差别在于，在英国社会中，大家处于公平竞争的状态，货币主要以资本的面目出现。每个人为了追求自己的幸福生活，就需要持续将自己的货币投入到再生产，争取获得更大的收益，更有些人将自己的聪明才智致力于创新，建立更高的竞争平台，这些过程就使得全社会的生产效率不断提升，社会财富不断积累，在国民富裕的基础上实现国家富强。而在清朝社会中，社会是不公平的，既然只有少数人可以或者有机会追求自己的幸福生活，就没有公平竞争，少数人可以使用特定的手段，比如赋税、垄断、特权等实现低（或无）风险收益。当您将货币投入到再生产时，有些人就通过抬高生产要素价格的手段（或其他方式）实现了自己的利益，损害的自然是您应得的权益。这一部分人是以权力为手段（增加赋税、贪腐、垄断、垄断特权等都需要以权力为背书）从事的一种盗取的行为，进而就损害了您投入货币从事扩大再生产或者进行发明创造的动力。社会财富无法持续增长，生产力水平无法稳步提升。部分人通过财富转移的手段实现自己的幸福生活，而另外一部分人不断受到剥削，社会基本矛盾不断累积，最终导致社会动荡。当一个社会动荡不断加剧、财富无法持续增长、生产力无法提高的时候，最终就会走向国困民穷。

很多国家在历史上都曾经出现圈地运动。土地是基本的生产、生活资料，也是财富的主要表现形态。普通民众通过数十年甚至几代人的辛勤劳动，购买了土地，建立了自己幸福生活的基础，这期间自然伴随着货币的流转，只有积累一定量的金银（货币），才有能力购买土地，但特权阶层瞬间就可以将其占为己有，实现财富的转移。此时，货币代表的信用是无意义的，努力劳动、发挥自己的创造力积累财富也变成毫无意义的活动，只有权力才是有意义的，才是最根本的"致富要素"，才是实现财富积累的最终手段。

还比如，当一个阶层需要的时候，就可以通过增加赋税的手段实现自己的财富增长。本来，在固定的赋税体系之下，一个人将自己的货币资本投入土地，可以实现一定的收益，在此过程中，这个人需要精心耕作，努力提升耕种水平，以实现收益的最大化。但是，赋税提升之后，他的劳动果实被其他人无偿占有，甚至会出现亏损。此时，这个人的劳作和资本投入就成为无意义的活动，最终他也会撤出财富创造的过程，反而也去追逐权力。这个过程就是社会的文明水平和物质生活水平不断倒退的过程。

再比如，一个社会大多数人通过辛勤劳动和创新积累财富，可是少数人垄断特定的行业，通过垄断价格就可以将其他人的劳动果实占为己有，实现财富的转移。这就压制了人们的劳动热情和创新动力，最终使得社会财富的积累出现停滞，社会不断倒退。

所以，如果要使金本位为代表的信用恒定的货币展现自身对社会生产力水平的推动作用，必须要有公平、公正的竞争环境相匹配，这个环境就是法治社会。在法治社会里，法律具有至高无上的地位，可以从根本上限制权力通过各种方式肆意进行财富转移的活动。

英国在光荣革命之后，开启了君主立宪制，《权力法案》的通过意味着社会公平竞争机制的形成，加上金本位货币制度的建立，使之从此走上"日不落帝国"的道路。而清朝依旧热衷于跑马占地，热衷于随意征税（吏治腐败也是赋税增长的一种形式，属于隐形赋税增长），最终只能沦为半殖民地。

法制建设的不断推进（核心是赋税法律和吏治的建设），使法律占据全社会至高无上的地位，是广义金本位制度的第一要素；信用恒定的货币制度（最具代表性的就是金本位货币制度，意味着部分人无法通过货币贬值实现财富的转移），是广义金本位制度的第二要素。这两者共同构成黄金法则。

黄金法则一直在照耀着人类的历史。

第四章

黄金法则下的东方神话

春秋战国是中国历史上最具活力的时代，也是剧烈变革的时代。无论政治家、思想家、军事家、教育家、纵横家还是侠士、剑客，都充满了奋发向上的进取精神，展现出不可遏制的、非凡的创造力。汉朝、唐朝、宋朝都是中国文化、科技、经济的盛世时代，展现的是大汉民族海纳百川的博大胸怀、锐意进取的民族精神，向世界展示了东方古老民族的雍容与华贵。

是古老的中国，首先建立了黄金法则，奠定了繁荣与富强的土壤。

游戏黄金法则的结果无一不带来暴力、贫穷与落后。

春秋战国的财富神话

英国光荣革命之后,通过了《权利法案》,又进一步建立了金本位货币制度,被誉为资本主义划时代的事件,全面地推动了资本主义的繁荣与发展。通过上一章,我们知道英国就是建立了黄金法则。黄金法则是属于英国人的发明吗?不是!它的发明权属于古老的中华民族,是中国古人智慧的结晶,而英国不过是将人类的智慧系统化而已。

管仲的富国之路

齐桓公(公元前685年—公元前643年在位),姜姓,名小白,是春秋时期第一位霸主。

齐襄公(公元前698年—公元前686年在位)时期,齐国国政混乱,公子纠的师傅管仲(公元前723或716年—公元前645)和公子小白的师傅鲍叔牙(?—公元前644年)都预感到国家将发生大乱,就各自保护两位公子到鲁国与莒国避难。

齐襄公肆意杀戮,同时又十分荒淫。这位邪门的齐襄公还有一个非常邪门的爱好,与自己的妹妹鲁国鲁桓公的夫人文姜通奸。但还有更邪门的,他为了自己的淫欲,令彭生杀死了鲁桓公,然后又杀死彭生以平复鲁国的愤怒。这都是无限的权力所造成的后果,无限的权力就可以实现肆意妄为。公元前686年,齐襄公到郊外打猎,发现一头野猪,随从说这只野猪就是彭生,襄公怒而射箭,野猪像人一样站起来嚎叫,齐襄公惊恐中遗失一只鞋子。当晚大将连称发动兵变,襄公躲起来,却因暴露一只脚而被逮(似乎是天意),被连称、管至父等人所杀。连称等人立齐襄公的堂弟公孙无知即位。公元前685年，齐国大臣雍廪杀死国君公孙无知与连称，准备迎接公子小白即位。

今天我们知道，如果有好的职位，就会有很多人竞争，国君的"职位"自然不能用"好"字来形容，那是一人之下万人之上，就更不会缺乏竞争者。无论怎么乱，齐国终归是东方的大国，具有很强的实力，鲁国和莒国当然都希望在自己国家避难的齐国公子可以登上齐国国君之位，如果达到目的，就傍上了一棵"大树"，对自己的国家当然有利。鲁国听说公孙无知被杀，就派兵护送公子纠回国争夺王位，同时，公子纠的师傅管仲带兵堵住莒国到齐国的路，准备截击小白。传说管仲一箭射中小白的束腰带，小白咬舌吐血假装倒地而死，管仲高兴地派人回鲁国报捷。鲁国于是就慢悠悠地送公子纠回国，六日方抵达齐国。这时，小白已日夜兼程赶回齐国，被立为国君，即为齐桓公。

一身都是智慧的管仲，也曾经走麦城、摆乌龙。

今天的齐鲁大地，属于礼仪之邦，令人尊敬，这是历史不断进步的结果。在春秋时期，齐国可能还难以当得上这样的称号。齐襄公荒淫无度自不必说，从私德来说，齐桓公（公子小白）也算不上什么"好人"。当今，对齐桓公的普遍评价是"能力一般、长相一般而且贪财好色"，对这个普遍的评价本人却不太认同。先说"能力一般"，这是一个不确定的词语，因为每个人的专长是不一样的，有些人在正常工作与生活中可能能力一般，但某些方面却很擅长。比如宋徽宗，在琴棋书画方面的能力很不一般，但对于治国来说，连"一般"都算不上，简直是一塌糊涂，属于"菜鸟"。齐国比较幸运的是，齐桓公的能力在很多方面都很一般，甚至很差劲，可对于国君这个职业来说，他的能力却显得"不一般"，因为不同的职业对人的才能要求是完全不一样的。对于国君来说，能识人、用人是最重要的，齐桓公恰恰有这方面的擅长，至于其他方面的长处，差点甚至没有都没关系。再说长相，就更是仁者见仁智者见智的事情，"情人眼里出西施"说的就是这个道理，2000多年前传到今天的画像也难做凭证。但是，有一个污点齐桓公永远没法洗刷，那就是贪财好色。

而且齐桓公也很坦白地承认这一点，他自己说："寡人有污行，不幸而好色，姑姊有不嫁者。"(《管子·小匡》)《新语·无为篇》也说到："齐桓公好妇人之色，妻姑姊妹，而国中多淫于骨肉。"这完全继承了襄公的"爱好"，更别提还有吃人肉的恶行。这个污点，齐桓公永远也抖搂不掉了，好在自己愿意坦白承认，还算是条汉子。

齐桓公这一家在这方面都很有"名气"。齐僖公（公元前730年—公元前698年在位）生了两个"闻名于世"的儿子，还有两个红颜祸水的女儿。两个儿子：一个就是与妹妹通奸并杀死妹夫鲁桓公的齐襄公，另一个自然是齐桓公。两个女儿：一个是与哥哥相好的文姜，另一个是让卫国乱了辈分的宣姜。要说名气，自然是齐桓公最大，要说能折腾，还要数宣姜。

卫国的卫宣公也是一个好色的主，还是公子的时候就与父亲卫庄公的小老婆夷姜私通，而且还生下一个儿子，名字叫伋，俗称急子。先是寄养在民间，卫宣公即位后，被立为太子。所以，急子有两个身份，既是卫宣公的弟弟也是儿子。急子被立为太子后，卫宣公为他聘娶齐僖公之女为妻。可此时，卫宣公的老毛病又犯了，听使者说儿媳妇有"沉鱼落雁之容，闭月羞花之貌"，开始动了歪心眼。他命令大臣在迎亲必经之路上构筑新台，极其华丽，迎亲之时，卫宣公故意下令太子出使宋国，自己居然跑到新台迎娶了姜氏，就是宣姜。

此时的宣姜，在卫国连"身份证"都没有，不知道属于卫宣公还是属于太子，名义上属于后者，事实上属于前者。但这个问题不大，不论属于前者还是后者，都有卫国"身份证"的审批权。

蒙着盖头的宣姜糊里糊涂地进入洞房，才发现当初去齐国相亲的小伙变成了老头。但胳膊扭不过大腿，宣姜莫奈他何，只得任凭癞蛤蟆吃她的天鹅肉了。齐僖公闻知后大怒，差点出兵教训卫宣公这个混账女婿。但后来一想，女儿当上了王后，原本可以和自己平起平坐的卫宣公就低了一辈，今后自然需要孝敬自己，何乐而不为？如果宣姜嫁给急子，将来还未必能当上王后，齐僖公也就笑纳了这个几乎和自己同龄的女婿。事实证明，齐僖公的心算学得非常棒。宣姜与卫宣公生育了两个儿子，姬寿和姬朔。宣姜欲立姬朔为太子，便密谋杀害太子，当然也是曾经与自己定亲的候补夫君。可姬寿重兄弟情义，为了挽救哥哥的性命挺身而出，结果与太子双双惨遭杀害。卫宣公驾崩之后，姬朔即位，是为卫惠公。不久，国人痛恨宣姜和姬朔残杀太子的恶行，起兵反叛，把卫惠公赶出国门。卫惠公只能逃奔齐国，央求舅舅齐襄公出兵干预，齐襄公率领鲁、宋、陈、蔡等国军队帮卫惠公复国。卫惠公逃奔齐国的时候，宣姜也只能一起逃回，除了与卫惠公一起央求齐襄公帮助复国之外，她还有自己的私下目的。卫宣公死的早，让宣姜独守空房是比较困难的。她看中任何人都可以，作为王太后，都可以"手到擒来"，麻烦的是她看中了丈夫的另外一个儿子公子顽（急子的弟弟），自己就搞不定了。于是，宣姜向哥哥齐襄公诉说自己的心事。已经嫁过卫宣公然后再嫁给宣公的儿子，这事怎么说都不好办，而且也太不光彩。起初，齐襄公不予理会，但宣姜自然有办法，以宣扬齐襄公与文姜私通的丑事相要挟，逼哥哥就范，齐襄公只好答应。他找到公子顽，公子顽开始死活不愿意，但在齐襄公的威逼利诱之下，还是屈从了。虽然公子顽是被动的，但与宣姜在一起的"工作效率"非同一般，共生育了五个子女，分别是齐子、卫戴公、卫文公、宋桓夫人、许穆夫人。宣姜让卫国彻底乱了辈分，按说应该声名狼藉，但似乎也不是，缘于她的孩子不一般。一个前后七个孩子的家庭，只能算开一个小型幼儿园，但宣姜独出心裁，开起了君王（或王后）培训班。七个儿女中竟有三个君王、两个王后，均属于龙种，成材率居然高于70%，有这样的辉煌"战绩"，大家也不好意思（或不敢）让宣姜声名狼藉。

瞧这一家子。

作为一般人，齐桓公干了很多丑事，肯定算不上什么"好人"，如果一般人向齐桓公（属于先贤）学习，没办法，只能遗臭万年。但齐桓公不是一般人，是君王，他的名声不能按"一般人"的标准来衡量。历史上，齐桓公的名声非常不差，甚至可以说很好，远好过他的兄弟姐妹，缘于他在治国上是称职的。

齐桓公作为君主，只要有会带兵、会用人的优点就足够了。齐桓公最重用的人非管仲莫属，齐国在管仲的治理下不断强盛，成为春秋五霸之首。奇怪的是，齐桓公第一个不去奖赏管仲，而是奖赏管仲的启蒙老师，理由是他为齐国培养了一个人才；第二个奖赏的依旧不是管仲，而是发现并把管仲推荐给国君的人，理由是他发现了人才；第三个被奖赏的才是管仲。用今天的话说，千里马常有而伯乐不常有。齐桓公的治国思维在于：当园丁、伯乐得到足够的重视，千里马自然就蜂拥而至。于是，齐国上下尊师成风，敬才成风，人们像挖宝一样积极寻找人才，甚至但凡有点才华的人走在大街上，人们都要向他鞠躬致意，今天的齐鲁大地似乎继承的就是这股遗风。

齐桓公即位之后，鲍叔牙力荐管仲（图4.1为清代孔昭明所绘的《管鲍分金图》）。齐桓公不计当初的一箭之仇，任命管仲为大夫，治理齐国，这是齐桓公一生中干得最正确的、最重要的事情。

图4.1　清代孔昭明所绘的《管鲍分金图》

（图片来源：维基百科）

管仲，姬姓，管氏，西周周穆王的后代。鲍叔牙，姒姓，鲍氏，治水英雄大禹的后代。二人均为今安徽省阜阳市颍上县人。管仲是春秋时期法家的代表人物，中国古代著名的哲学家、政治家、军事家，被誉为"法家先驱""圣人之师""华夏文明的保护者""华夏第一相"等。

有如此多的"荣誉称号",管仲自然可归入圣贤的行列。鲍叔牙与管仲最初在南阳相识,此时的管仲家境贫寒,为人显得志大才疏。两人合伙做生意,管仲总会多要一些利润。后来管仲又多次当兵,但也多次当了逃兵。如果按一般人的标准来衡量,管仲实在不算是什么贤才。到此,您对管仲的圣贤意识或许会动摇。确实,如果将管仲一直混在一般人当中,一生都可能默默无闻,贪便宜的商人和逃兵确实不光彩。

但鲍叔牙慧眼识才,知道管仲如果治国,就会成为贤才。齐桓公打败公子纠之后,想任用一直追随自己的师傅鲍叔牙为齐相。对此,鲍叔牙做了两件事:一是将管仲从鲁国手里救出来;二是婉拒齐相之位,反而推荐当年差点要了齐桓公性命的管仲为相。

从此,齐国走上称霸之路,管仲开始闪耀历史。

此时,您可能再次认为管仲是一个完美的圣贤,但管仲还是中国官方娼妓行业的开山祖师,或许您的圣贤信念又开始动摇了。

管仲是圣贤,是思想和治国方面的圣贤,仅此而已,这世界上本来就没有完美无缺之人。

管仲对齐国的政治、军事、经济进行了彻底的改革。建立宫廷官制,在相之下,设立大司行、大司田、大司马、大司理、大谏之官等五官,分别掌管外交、经济、军事、刑法、监察等,各负其责,形成了完整的中央政权机构。采取国(国都)、野(国都之外)分治的办法构建地方行政机构。实行军政合一、兵民合一的制度,这就是中国历史上的府兵制,后世的很多时代都曾经使用这种制度。管仲作为圣贤,确实不是一般地"牛"。

管仲构建起齐国完整的治国构架,但这还远远不够,治国需要有准绳、有标准。此时,齐国完全抛弃了西周开始的人治传统,建立了比较完善的法制体系。他主张以法治国,"不别亲疏,不殊贵贱,一断于法",管仲、子产成为法家的先驱,管仲也成为第一个依法治国之人,无论君臣还是草民都必须遵从法度。到战国时期,齐国成为中国历史上第一次思想解放和百家争鸣的策源地。

所谓依法治国，就是一切事情按法度行事。赋税不能随意征收，而是依法征收。而且齐国大幅降低赋税标准，商业的税率2%，今天我们知道，这是一个非常低的水平，这给从业者扩大了盈利的空间，可以实现资本积累。依法治国，就不能随意侵占私人的土地和财产。这就是春秋战国时期的"权利法案"。最迟在春秋中期（齐桓公的时代属于春秋中后期），齐国已大量铸行刀币。一般认为，齐国最早的刀币是"齐之法化"，铸行于春秋早期，"节墨之法化"与"安阳之法化"晚于"齐之法化"，为春秋晚期齐国灭古莱国、莒国后所铸，"齐法化"铸造年代为战国早中期。无论"齐之法化"还是其他铸币，今天的考古研究均未发现有减重的迹象，是一种价值恒定的货币。法律制度的建设，轻徭薄赋和赋税稳定，再加上价值恒定的货币制度，就在齐国形成了黄金法则。

执行黄金法则，就意味着富民，富民之后就是强国，强国之后就是强兵，这就是齐国的称霸之路。

依法治国也代表了以才选人。管仲推荐了五个人，他是如何向齐桓公举荐的呢？

行为合乎规范，进退合乎礼节，言辞刚柔相济，我不如隰朋，请任命他为外交部长；奖励农耕，清明行政，建造城池，增加人口，我不如宁戚，请任命他为农业部长；训练军队，严明军纪，让将士视死如归，我不如王子城父，请任命他为国防部长；断案公平，不放过一个坏人，不冤枉一个好人，我不如宾胥无，请任命他为司法部长；敢于犯颜直谏，不避死亡，不图富贵，我不如东郭牙（有人认为东郭牙就是鲍叔牙），请任命他为大谏臣（类似于今天的监察部长或纪委书记）。

列位可能说了，管仲让齐桓公把重要的官职都封好了，这下管仲没什么事了，请管仲先生回家老老实实喝酒吧。恰恰相反，无为最终就会无所不为，他用了五个"吾不如"，意味着自身就是宰相之才，可以让贤能之人各尽其才。管仲最后的结尾是，如果要管理好齐国，想富国强兵，用这五个人够了，但如果要成就霸王之业，非我管仲不可。

换句话说，这五个人是贤才，可以治理好国家，但管仲是带路人，可以将齐国带上霸业之路。

关于对人的看法，齐桓公和管仲也有一场别开生面的对话。

齐桓公拜管仲为相以后，自然经常一起探讨治国之道。有一次，齐桓公说：管仲你有没有发现，我身上有很多毛病，首先，我这人好打猎。

管仲说：这没大碍。

齐桓公又说：我这个人好喝酒。

管仲说：这对齐国的霸业没妨碍。

齐桓公又说：寡人好色。

管仲说：这不妨害国家。

管仲的回答让齐桓公深感意外，也可能暗暗窃喜，原来这些毛病在管仲那里都不算什么事，这下自由了，可以该玩就玩，该喝酒就喝酒。齐桓公称呼管仲为仲父，管仲的这番回答，对齐桓公来说简直是大赦。

但管仲接着说：上述事情都无大碍，但有三件事你不能做：一，得贤而不能任；二，用而不能终；三，让贤人干事，而和小人一起议论贤者。

今天，我们习惯用同一套标准去评价每个人，实际上 100 个人有 100 个评价标准，因为他们所从事的职业所要求的特长是不一样的。贤人就是某一方面有专长的人，贤人不是完人，更不是圣人。而齐桓公会用人，这可不是什么一般的才能，而是非常特殊的才能。

齐桓公和管仲可以带领齐国走上霸业，绝不是因为本身完美无缺，而是在于自知而且知人。

今天我们说，世界各国都在进行经济战和货币战，这都是鹦鹉学舌，属于管仲的老套路。

齐桓公即位伊始，齐国和鲁国积怨就很深，摩擦不断，如果一味用兵，就成了穷兵黩武，这当然不是什么好办法，齐桓公就和管仲商量收拾鲁国的办法。

管仲想出了一个主意。鲁国百姓很多是以织绨（一种厚而滑的绸子）为业的。管仲就让齐桓公带头穿绨做的衣服，齐国百姓纷纷效仿，一时间绨服遍及齐国。管仲同时下令，齐国百姓自己不准织绨。并向鲁国宣布一个很好的价格优惠政策：鲁国商人给齐国贩来一千匹绨，可得三百金。于是绨的价格走出"牛市"，而且还可能是"疯牛"。此时的鲁国国君可能会想，鲁国这个便宜占得很大。鲁国百姓觉得有利可图，就纷纷丢掉锄头，走上织绨的发家致富路。

鲁国百姓都去织绨，农活没人干了。结果，人误地一天，地误人一年，到了年终，鲁国闹起了粮荒。此时的鲁国只能四处购买粮食，可齐国封锁了鲁国的购粮通道。缺粮就让鲁国的社会很不稳定，这也难怪，一天不吃饭，还可将就，几天不吃饭，是要饿死人的，肚子的事情就是天下最大的事情。鲁国国君焦头烂额，最终只能老老实实向齐国求救，听从齐国的摆布，给齐桓公当孙子。

这是经典的经济战，用经济风暴击垮鲁国，不战而屈人之兵。

管仲曾说："仓廪实而知礼节，衣食足而知荣辱，上服度则六亲固。四维不张，国乃灭亡。下令如流水之原，令顺民心。"本人的理解是：粮仓充实就知道礼节，衣食饱暖就懂得荣辱，君王的享用有一定制度，六亲就紧紧依附。礼、义、廉、耻的伦理不大加宣扬，国家就会灭亡。颁布政令就好像流水的源头，要能顺乎民心。这是一段非常经典的语言，明朝张居正用几乎一样的内容给万历皇帝上书，希望万历皇帝以人民的生活为执政之本，奠定了万历中兴的时代。其最为核心内容是，对于国家的治理，宜"疏"而不宜"堵"，建立公平的社会环境，努力使人民丰衣足食，就是最有效的"疏"的办法，社会自然稳定。管仲"华夏第一宰相"的名头，确实不是浪得虚名。

管仲和后来的商鞅一样，对于"信"字非常看重，因为"法"就是"信"，没有"信"就没有"法"。一次，齐桓公主持诸侯会盟，居然被鲁国一个叫做曹沫（也有说是曹刿）的勇士控制了，曹沫威胁说，你要归还齐国霸占的鲁国土地，否则别想生还。面对这样的勇士，如果不答应，立即就得挂掉，估计齐桓公在当时脸都吓白了，只能答应。事后，齐桓公越想越憋气，就想反悔，可管仲不答应，说：你必须信守诺言，把土地还给鲁国，否则没有别的国家会承认你的霸主地位。或许管仲还有没说尽的话：一个不守信用的国君，大臣和百姓也不会把你当回事，齐国就会生乱，你这个君主是不是当腻了？

齐桓公窝囊归窝囊，但还得按照管仲说的办。只能在事后讲了一句自嘲的话，发发牢骚："仲父命寡人东，寡人东；仲父命寡人西，寡人西。"对于齐桓公来说，管仲说东就向东，说西就向西。"仲父"既有尊重的意思，更有畏惧的含义；齐桓公既畏惧管仲，也畏惧"诚信"二字。

"不别亲疏，不殊贵贱，一断于法"加上信用恒定的货币制度，构建了社会的信用体系（这就是黄金法则），推动齐国不断强大并最终登上了春秋霸主的宝座。

如此看来，管仲的后人应该向大英帝国收取黄金法则的知识产权使用费，但这个价码应该如何计算呢？

魏文侯的富国之路

《史记·魏世家》记载，秦尝欲伐魏，或曰：魏君贤人是礼，国人称仁，上下和合，未可图也。意思是说，秦国想兴兵攻打魏国，臣下向秦国国君进谏说："魏文侯礼贤下士，国人称赞，君民同心，这样的国家恐怕不是军队所能征服的吧？"秦国国君觉得有理，打消了兴兵的念头。历史上，不战而屈人之兵的实例并不稀奇，兵法中的空城计、反间计、攻心计都属此类，但因君主贤良而令敌国不敢入侵的例子却十分罕见，魏文侯（公元前445年—公元前396年在位）就是这样的牛人。

魏文侯在公元前445年继承魏恒子之位，公元前403年与韩、赵两家一起被周威烈王册封为诸侯，与晋侯并列，由这一年开始，中国进入战国时代。为何将这个时间点作为春秋与战国的界限？第一个原因自然是魏、韩、赵三国的君主既不是西周和殷商皇室，也不属于西周、东周朝廷的功臣，而是出自诸侯国，三家晋升到诸侯的地位，打破了传统的封侯方式；第二个原因下文接着说。

魏文侯之所以可以吓退外敌，在于深知贤人对于治国的重要性。他对于贤才的渴望几乎到了痴迷的地步。他听说子夏贤明于世，就亲自前去拜师。他仰慕田子方的贤名，就亲自把他请到魏国来。段干木（约公元前475年—公元前396年）品德高尚，学识渊博，文侯想请他做官。一般人会觉得祖坟冒青烟了，必须得喝点小酒大肆庆祝一番，可段干木不是一般人，并不应诏。如果在其他封建时代，这属于抗旨不尊，很可能被杀头，由此可见，战国时期并不完全属于封建社会，也是比较开明的，和君主专制制度有很大的差别。虽然段干木不奉诏，但魏文侯依旧念念不忘，亲自登门拜访，这次段先生总该给点面子吧，至少需要以礼相迎。但那是一般人的想法，段先生既然不是一般人，就有不一般人的做法，直接翻墙而走。如果是别的君主，无论如何，段先生的小命该差不多了，这样"调戏"君王的后果很严重。在别的时代，段先生会被人认为是疯子，在今天，可能会被人认为脑袋进水了。段先生虽然不是一般人，但魏文侯更不是一般的君主，他是历史上最贤明的君王之一，采取的是更加不一般的做法，对段先生更加敬重，每次经过段先生居住的草房时，总要起身扶着车前的横木目视，以示敬意，在今天，应属于行注目礼。文侯再三求见，段先生才与他见面，文侯听他谈论治国的道理，站得很累却不敢坐下休息。从此，四方贤才纷纷前来魏国。

齐桓公用奖励"园丁""伯乐"的手段聚拢"千里马"，魏文侯用敬重、重用的手段聚拢"千里马"，殊途同归。

魏国人听说魏文侯的这些事迹后，竞相歌颂说："我们的国君爱好正直的人，对贤者很尊敬；我们的国君爱好忠信的人，对贤者的礼节很隆重。"

魏国人嘴中的忠信，在魏文侯身上体现得更加鲜明。一次，魏文侯与管理山林的人约定，次日午时到狩猎场去打猎。当天早朝后，魏文侯得知国力逐渐强盛，心情十分舒畅，下令摆上酒宴款待群臣。酒过三巡，大家喝得兴高采烈，酣畅淋漓。突然，魏文侯带着几分醉意问道："午时快到了吧？"左右回答："是。"魏文侯急忙命令左右撤下酒席，叫人备车赶往郊外的狩猎场。大臣们一听，齐声劝道："今天喝酒这么畅快，天又降大雨，不能打猎，大王何必冒雨白跑去一趟呢？"

魏文侯说："我已经跟人约好了，现在他们一定在郊外等我。虽然在此饮酒很快乐，但怎么可以不坚守约定（打猎）的时间呢？"于是前往猎场，亲自告诉对方停止狩猎。

这是一则记载于《资治通鉴·魏文侯书》的故事，大家或许以为，和魏文侯相约的一定是权贵人物，否则怎么值得魏文侯如此重视呢？恰恰相反，他只是一个虞人，是掌管山泽的小吏，在今天，也就算个林场厂长，在君王的角度看是芝麻粒大小的官员。对于这样的"小人物"，魏文侯让"秘书"打个"电话"或骑马告知一声也就够了，但他却选择亲自前往。

打猎属于生活中的小事，三晋之间的关系可就是国家之间的大事了，魏文侯用诚信征服了赵国与韩国，登上了三晋首领的地位。韩国邀请魏国出兵攻打赵国，魏文侯说："我与赵国是兄弟之邦，不敢从命。"赵国也来向魏国借兵讨伐韩国，魏文侯仍用同样的理由拒绝了。可想而知，两国使者都会怒气冲冲地离去。可后来，两国得知魏文侯对他们视同兄弟的态度，都前来朝拜魏国，从内心认同魏国"大哥"的地位，魏国开始成为魏、赵、韩三国之首，走上争霸天下的道路。

魏文侯的用人更具特色，可以合理使用那些并非十全十美的人。今天我们经常说，每个人的身边都希望有很多能人、贤人，甚至自己在能人、贤人的身边经常转悠转悠都是一种福分。比如：如果您经常给莫言老师抄写草稿，时间长了就可能成为半个作家，如果公开招聘这个职位，文学爱好者估计会打破脑袋并自愿放弃薪水。可大家想过没有，世上有完美的人吗？如果有，也绝对稀有。数千年来，能称为圣贤的屈指可数，和这样的人见个面、握个手都是可遇不可求的事情。魏文侯如果一定要寻找、使用这样的圣贤，那可麻烦了，或许一生也难以实现心愿，可国家却不能不治理，此时，就只能退而求其次，使用那些能人、贤人或某一方面有特殊才能之人。

现在，问题开始出现了，特长突出的人往往缺点也一样突出，合理包容、使用这样的人就成为艺术。最典型的是吴起（公元前440年—公元前381年），吴起是卫国人，在鲁国为官，齐国攻打鲁国，鲁国想任用吴起为大将，但吴起的妻子是齐国人，鲁国猜疑吴起。于是，吴起杀死了自己的妻子，当上大将，大破齐国军队。有人在鲁国国君面前攻击他说："吴起当初曾师事曾参，母亲死了也不回去治丧，曾参与他断绝了关系。现在他又杀死妻子来求得您的大将职位。吴起真是一个残忍缺德的人！况且，以我们小小的鲁国能有战胜齐国的名气，各个国家都要来算计鲁国了。"吴起恐怕鲁国治他的罪，又听说魏文侯贤明，于是就前去投奔。魏文侯并不了解吴起，就去征求李悝（即李克）的意见，李悝说："吴起为人贪婪而好色，然而他的用兵之道，连齐国名将司马穰苴也超不过他。"如果按一般的道德标准来衡量吴起，被师傅抛弃又杀掉自己妻子的人，几乎是十恶不赦，当然更不是什么"好人"。但魏文侯可以使用他的军事专长，任命吴起为大将，攻击秦国，攻占五座城池。吴起担任西河（现渭河平原部分区域）郡守期间，战无不胜，成为秦国的噩梦。

吴起做大将，与最下等的士兵同甘苦共患难，睡觉不铺席子，行军也不骑马，亲自挑上士兵的粮食，与士兵们分担疾苦。有个士兵患了毒疮，吴起为他吸吮毒汁。士兵的母亲听说此事后却泣不成声，有人奇怪地问："你的儿子是个士兵，而吴起将军亲自为他吸吮毒疮，你为什么哭？"士兵母亲答道："不是这样啊！当年吴将军为孩子的父亲吸过毒疮，他父亲作战从不后退，最后战死疆场。吴将军现在又为我儿子吸毒疮，我不知道他该死在哪里了，所以哭他。"

这就是吴起成为战神的原因之一。

吴起之外，尚有乐羊。魏文侯要消灭中山国，中山国与魏国并不相邻，中间还相隔一个赵国，相当于被选派的将军是无后方支援作战，这自然是非常凶险的事情，只有才能卓越的将领才能担当这样的任务。翟璜（魏文侯非常重用的大臣）的门客中有一位名叫乐羊，主动请缨攻打中山国。翟璜了解他，知道他是将才。可翟璜自己的儿子就死于乐羊在中山国为将的儿子乐舒的手中，但权衡再三，还是向魏文侯举荐，他说："大王想谋取中山国的话，臣推荐乐羊。"魏国文武群臣强烈反对，因为乐羊的儿子是中山国的将军，无后方作战的乐羊带兵，若战事稍有不利，很容易投降。翟璜以自己的身家性命担保乐羊不会背叛，于是魏文侯拜乐羊为主将，进攻中山国。

有翟璜这样的贤臣，一心以国家的大局为重，也展现了魏文侯的用人之道。

乐羊攻打中山国，包围中山国都有三年之久。中山武公也是狠角色，把乐羊的儿子乐舒砍了，煲了一碗人肉汤，派人送给乐羊。乐羊得知自己的儿子化成了手中这碗浓汤，跪着含泪喝干。中山武公一看这劲头，乖乖，比我还狠，吓得赶紧开城投降。魏文侯对睹师赞说："乐羊因为我的缘故，吃了他儿子的肉。"睹师赞说："连自己儿子的肉都能吃了，还有谁的肉不吃呢？"公元前406年，魏国灭亡了中山国。

乐羊得胜后，免不了有些骄横的情绪，大臣们很不满。文侯知道了，就把乐羊叫到宫中，把那些毁谤他的信件交给他看，乐羊打开后，仅看了几眼就汗如雨下，知道自己可以建立功勋靠的是魏文侯的包容，赶紧跪拜磕头说："这并不是臣的功劳，而是君主的功劳啊！"文侯奖赏他的功劳，把灵寿作为他的封邑，可却不再重用他了。

乐羊是春秋战国时期的一代名将，也是燕国名将乐毅的先祖。虽然吃自己儿子的肉表明攻取中山的决心，但这样的人也是魏国很大的隐患，特别是魏文侯将基业传给后代之后，就更难管理，终归像魏文侯这样雄才大略之人是少有的。魏文侯可以洞察秋毫地认识到这一点，剪除后世所面临的风险。

求贤、识人、用人、诚信是魏文侯使魏国成为战国时期第一位霸主的基础之一，第二个基础就是变法。

战国时期的魏国，并不占地利。魏国的疆域处于中国的腹地，大致包括现在山西南部、河南北部和陕西、河北的部分地区。它西邻秦国，东与齐国和宋国相邻，西南与韩国、楚国接壤，北面则有赵国。虽然在战国的不同阶段，魏国的疆域有很大的变化，但四周的赵国、楚国、韩国、秦国都是强大的国家，可以说是四面受敌。

要实现国富民强，仅仅依靠魏文侯自己是远远不够的。此时，由管仲开启的依法治国，魏文侯会接着做下去。

黄金法则再次演绎了它的神话。

公元前406年前后，魏文侯任用李悝进行改革。司马迁在《史记·平准书》中写道："魏用李克（即李悝），尽地力，为强君。自是之后，天下争于战国。"这句话的意思是，李悝变法拉开了战国时代群雄逐鹿的序幕。换句话说，不是进入战国以后李悝才开始变法，而是魏国的变法将中国从春秋时代推入战国时代，可见这次变法的意义重大。司马迁老先生为何要以李悝变法这件事作为春秋与战国的分界线呢？

春秋时期，依旧沿袭西周的传统，"世卿世禄"制度成为社会不可逾越的准则。卿是古代对高级官吏的称呼，世卿就是天子或诸侯国君之下的贵族地位，世世代代、父死子继，永远连任卿这样的高官。禄是按卿的职位所规定的报酬，世禄就是这些不同职位的报酬由卿的后代们世世代代、父死子继，享有所分封的土地及其赋税收入，卿位和禄田世代传承。在这种制度下，一个人生下来的瞬间，前程就决定了。可老子英雄未必儿好汉，老子可以当宰相等高官治理国家，如果生出的是庸才，自然也会将国家治理得一塌糊涂。更严重的是，一些世袭子弟占据了大量的俸禄和田地，阻碍了有才之士的晋升，整个社会就像一潭死水，被固化了。李悝的改革，打破了"世卿世禄"制度和井田制，也就打破了等级制度，这成为划分春秋与战国的重要标志。

司马迁老先生之所以将李悝变法作为春秋与战国的分界线，是因为当时的社会体制发生了根本性的改变。

李悝说："食有劳而禄有功。"即奖励有功之人、惩罚无功而受禄者。同时，李悝送给那些无功而食禄者（也就是特权阶层）一个响亮的称谓——淫民，"夺淫民之禄以来四方之士"，意思是将那些无功而享受特权之人的俸禄夺过来，吸引、给予四方有识之士。

从此，魏国原来的贵族阶层不断被削弱，有才能、建立功勋之人得到奖励，各国有志之士不断来到魏国建功立业，打通了社会各阶层之间人员流动的阶梯，魏国开始展现勃勃生机。

古代中国讲究礼仪，关于李悝的出身有一些争议，有说出身贵族也有说出身贫民，但毫无疑问他是知识渊博之人，可以用学富五车来形容。可这样一个有学问之人，为什么给特权阶层起了一个非常不雅的名字——淫人？相当于一个贤人却说出非常粗陋的言语，这是非常奇怪的。而且也不符合魏文侯尊重人（特别是贤人）的一贯风格。可这样的称谓魏文侯并不反对，不知道大家想过没有，这是为什么？

本人仔细思考这个含义，并不是李悝故意要说粗陋的言语，也不是魏文侯赞赏这样的言语，而是要通过这样的手段改变社会的风气。

西周到春秋时期，一直实行等级制度，培育了贵族阶层，时间越久，这个阶层就越庞大，人数不断膨胀。这些人不从事劳动，无论有没有才能，也不论是否对国家有贡献，都过着锦衣玉食的生活，享受等级制度带来的福利。在社会上也会形成固有的观念，只要进入贵族阶层，就可以世世代代衣食无忧。

不干活的人锦衣玉食，而辛苦劳作之人却可能饥寒交迫，贫富差距越来越大,这是一个社会动乱之源。

"淫人"这样的名字一出现,大家走在马路上就会对号入座,指着说:某某人属于淫人。而那些"淫人"甚至连自家大门都不敢出,即便必须出门估计都要戴一项巨大的草帽,生怕别人认出来,这就形成了强大的社会压力!魏文侯剥夺这些人的俸禄也就顺理成章。全社会逐渐回归淳朴,劳动力数量增长,提高了全社会的生产能力,这是一个国家走向繁荣的根本道路。

淫人,淫人,或许就是对当时的社会最具有推动力的词汇,虽然它是粗俗的。

废除世卿世禄制度,赏罚分明,重要的官职选拔有才能的人担任,门第的高低和血统是否高贵不再成为进入仕途的唯一敲门砖,这成为变法的最重要内容。

李悝制定了《法经》,通过魏文侯予以公布,使之成为法律。《法经》是一部产权保护法,认为各种盗贼是法律打击的第一对象,排在最前面的是《盗法》和《贼法》,实际上就是打击侵犯行为。对于盗取他人财产的行为,法律规定了严厉的惩罚办法,甚至连路上拾遗的行为都要遭到断足的惩处。《法经》不仅仅是产权保护法,还是中国最早的价格保护法、反贪污法、户籍法和婚姻法。它的价格保护法就是"平籴法",这是稳定市场的措施。对于贪污受贿者,将军以下级别的处死,宰相则处死他的左右手,对于贪污腐败行为的惩治力度非常大。同时也建立起户籍登记制度,等等。

《法经》是中国最早的成文法典,奠定了中华法律的基础,后来,商鞅怀揣着《法经》到了秦国,以此为基础制定了《秦律》,并由此开启了商鞅变法。

然而,基于当时的社会氛围,魏国的法律依旧是以法治国,属于为君主服务的法律社会,比如禁止百姓聚众、结党,如果违犯,要遭受严厉的惩罚。

法律的建设保护了私人的劳动成果。《法经》规定了赋税标准,不能随意征税，这是保护私人劳动的必备措施，魏国规定的赋税标准是十税一（"什一之税"）。战国初期的魏国主要流通平首布（春秋战国时期的一种货币），是由空首布演变而来，其中"安邑＋折"桥型布有三等，分别为安邑二折、安邑一折、安邑半折，其中"二""一""半"是币值，表示重量。从现在的研究来看，并未发现有意降低钱币重量或增大面值以刻意实现盈利的记载，货币的价值是稳定的。这是一套完整的黄金法则。从此，魏国从一个小国逐渐走上国富民强的道路，成为战国初期最强大的国家，称霸100多年。

齐威王的富国强兵之路

西周时期的齐国起始于姜子牙。周武王为了酬谢西周建国的功臣，将身为师傅（也是老丈人）的姜子牙老先生分封在营丘（后改称临淄），国名为齐，因国君为姜姓，所以称为姜姓齐国。姜子牙老先生属姜姓吕氏（又名吕尚），周天子在分封吕氏为侯的同时，似乎有点不放心，又给齐国任命了两位执政大臣，也就是姜姓的国氏和高氏，国氏与高氏是周天子直接任命的，近似于今天的垂直管理、任命的含义。齐国的政务，皆由国氏、高氏与吕氏共同裁决，有点互相制衡的意思。齐国在诸侯国中地位崇高，一直是个大国。到齐桓公时期开始称霸，成为春秋五霸之首。到齐桓公晚年，随着管仲、鲍叔牙的逝世，齐国走向下坡路。到春秋后期，晋国卿大夫的实力不断壮大，最终形成三家分晋。齐国也不例外，国氏、高氏的后代以及其他卿大夫的实力不断壮大，互相攻伐，最终形成田氏专权的局面。

田氏本不是齐国人，属于外来移民，为陈国公子陈完（图4.2）的后代。因陈国内乱，改名田完流亡到齐国，被齐桓公任命为工正。齐国的工正掌管百工，田完应该属于当时齐国最大的包工头。田氏几代不断施惠于民，民心逐渐归附，势力不断壮大，最终掌握了齐国的执政权。

图 4.2 陈完

（取自 1924 年修《江苏锡山陈氏宗谱》，资料来源：百度百科）

周武王灭商之后，找到了舜帝姚重华的嫡系后裔妫满，把长女大姬嫁给他，封于陈，辖地大致为河南东部。陈国是一个侯国，也是一个大国，面积和公国一样大。国人以国名为氏，所以称为陈氏。妫满即为陈侯，谥号胡公，所以胡、陈之祖宗姓氏都是妫姓，属于舜帝的后代。

陈完（即妫完、田敬仲）是陈厉公妫跃的儿子。陈宣公是陈厉公的胞弟，公元前 672 年，宣公宠姬生下妫款，宣公想立他为太子，就杀掉了原来的太子御寇。御寇和陈完要好，陈完担心株连自己，就逃到了齐国，此后，称田完，九代之后，建立了田姓齐国。

田完的后代有很多著名人物，齐威王等君主自不必说，兵圣孙武即是田完的后代，春秋末期的著名军事家田穰苴（又称司马穰苴）也是田完的后代，但属于庶出。唐朝曾将吴起等历史上十位武功卓著的名将供奉于武成王庙内，被称为武庙十哲，田穰苴便是其中之一。田穰苴因功被齐国封为大司马，子孙后代称司马氏。

田完老先生开设的家庭培训班可能是历史上最牛的培训班，专门培养著名的军事家和政治家。如果在今天开个补习班之类的，只要将过往的"战绩"摆出来，想不火都难。

公元前 391 年，是战国前期，齐康公（姜姓齐王）被田和流放到临海的海岛上，"食一城，以奉其先祀"，田和自立为国君，这就是田姓齐国的起始。田和为齐太公，延续使用齐国的国名。

姜姓齐国的后期，内部混乱，衰弱不堪，到田姓齐国初期仍无明显起色，未能扭转长期积弱的局面。

公元前 356 年，齐威王即位。齐威王依旧自我感觉良好，认为齐国是个大国，可以高枕无忧，所以，老人家在后宫持续"高枕"，当然，属于帝王的娱乐活动也必不可少。《史记·滑稽列传》记载："好为淫乐长夜之饮，沉湎不治，委政于卿大夫。百官荒乱，诸侯并侵，国且危亡，在于旦暮。"意思是说，齐威王继承了姜姓齐桓公等几代齐王的"光荣传统"，喜好淫乐，酒宴昼夜不停，将国政完全委托给卿大夫，诸侯不断入侵，国家危在旦夕。

这也难怪，齐国本来就是东方大国，沃野千里，既然齐威王不思治理，认为这些土地可有可无，那些刨地的主就会自动找上门来。

战国初期，三晋的扩张欲望非常强烈，看到齐威王不怎么在乎自己的千里沃野，首先打上门来，到齐国来刨地。齐威王元年（公元前 356 年），韩、赵、魏三国趁齐国国丧之机，出兵攻占了齐国的灵丘。

齐威王六年（公元前 351 年），一直是齐国手下败将的鲁国也壮胆来攻打齐国，进入阳关。同年，韩、赵、魏三国再次攻打齐国，直到博陵。

齐威王七年（公元前 350 年），在战国时期几乎挂不上号的卫国也斗胆攻打齐国，而且还占领了齐国的薛陵。卫国在战国时代一般是被打，但在齐国身上也享受了一把打人的快感。

连卫国都敢独自到齐国来刨地，让那些大国更感到"惭愧"。赵国自然也不搞什么三晋联合了，开始单独行动。齐威王九年（公元前 348 年），赵国独自攻打齐国，占领齐国的甄城。

如果齐威王继续"高枕"下去，估计临淄都城和王宫很快就会被列强刨走，齐威王连睡觉的地方都没有了，此时的齐威王需要考虑睡觉的问题。同时也在想，我虽然睡觉，你们就敢把我当病猫？这时，齐威王开启了"一鸣惊人"的典故，展现虎威。

面对列强刨地的"声音"，虽然齐威王很长时间该"高枕"就"高枕"，该娱乐就娱乐，但有些大臣的内心却十分焦急，但并不敢表露，因为齐威王是一个脾气比较暴躁的人，如果一句话让他老人家不中意，官做不成最多回家种地，但丢了脑袋可再也找不回来了。

可这样等着也不是办法，刨地的声音越来越大。正在大家手足无措的时候，一位智者却明知山有"虎"偏向"虎"山行，那就是淳于髡，既不怕丢官，也不怕丧命，用他的智慧向齐威王劝谏。

淳于髡知道齐威王喜欢听一些拐弯抹角、近似谜语之类的故事，就编了一个事情，又装作一本正经的样子，去找齐威王。

淳于髡说："大王，您是一个非常聪明而且有见识的人，我有一件事情不明白，想请教您。"

齐威王一下子来了兴趣，连忙问道："到底是什么事啊？"

淳于髡说："我国有一只大鸟，栖息在大王的宫廷里，已经有好几年了，但是它不飞也不叫，不知道是为什么？"

齐威王本就是聪明人，明白淳于髡所说的大鸟指的是他，埋怨他整天呆在皇宫里，不理国事。

齐威王笑着说："这个我知道。那大鸟不是不飞，而是不高兴飞。如果它展翅飞翔，一下子就可以冲破青天，直上云霄。那大鸟也不是不鸣，如果要鸣，一定一鸣惊人。"

淳于髡本身就是一位智者，自然也明白齐威王的意思。

淳于髡笑着说："大王的指教十分英明，如今很多朝臣都在等待着大鸟飞翔和鸣叫啊！"

淳于髡的劝谏水平实在是高，不愧是稷下学宫的博士。

从此，齐威王开始振作，他的振作方式也非常独特，比"一鸣惊人"更惊人。

他召来即墨（今山东平度）大夫，说："自从你做即墨大夫以来，每天都有人说你的坏话。但我派人去巡查即墨，田地都已开垦，百姓衣食丰足，官府中没有堆积滞留的公务，东方因而得以安定。这是因为你不会讨好我身边的人以博取名誉的缘故啊。"封给他一万户的食邑。

态度很鲜明，有功即赏。

然后，齐威王又召来阿城大夫，说："自从治理阿城以来，赞誉你的话很多，可是，派人到阿城巡查，田野没有开垦，百姓生活贫苦。赵国进攻甄城的时候，你不去救援。卫国攻取薛城，你装聋作哑。这是因为你已经用钱贿赂了我身边人的缘故啊。"当天，齐威王烹杀了阿城大夫，那些曾经给阿城大夫说过好话的人也一起"同甘苦，共患难"，受到一样的"待遇"。

态度也很鲜明，有过重罚，而且连坐。

齐威王不动则已，一动就直奔主题，吏治！

对齐国变法起到巨大作用的另外一个人是邹忌（约公元前385年—公元前319年），他劝说齐威王奖励臣民进谏，主张革新政治，修订法律，选拔人才，推进改革，这意味着齐国进入变法的过程。

邹忌身高八尺多，在今天大约是一点八五米的身高，容貌俊美，而城北的徐公则是齐国公认的美男子。如果在今天，二人的粉丝估计数不胜数。一天，邹忌穿戴好衣帽，照了照镜子，自我感觉不错，对自己的妻子说："我与城北的徐公相比，谁更美？"妻子说："当然是您更美，徐公哪里比得上啊。"虽然自我感觉良好，但邹忌还是有点不相信，因为徐公的美可是大家公认的。他决定再问自己的小妾同样的问题，小妾说："徐公哪里比得上您啊！"估计，此时的邹忌依旧将信将疑。第二天，有客人来访，邹忌又向客人探寻同样的问题，客人说："徐公比不上您。"

可邹忌还是怀疑，就再次拿起了镜子，无论左看右看，总觉得还是有那么一点差距。

为什么别人说的和自己看到的有这么大的差别？邹忌左想右想，睡觉做梦的时候估计还在想，终于想明白了，说："妻子说我美，是因为偏爱我;妾说我美,是因为怕我;客人说我美,是因为有求于我。"

于是,邹忌求见齐威王,说:"我确实知道自己不如徐公美。可是我的妻子偏爱我,我的妾怕我,我的客人有求于我,都说我比徐公美。现在齐国的土地方圆千里,有一百二十座城池,宫里的王后嫔妃和亲信侍从没有谁不偏爱大王,满朝的大臣没有谁不害怕大王,全国范围内的人没有谁不有求于大王。由此看来,大王所受的蒙蔽太严重了。"

一言惊醒梦中人,齐威王说:"好!"于是发布命令:"所有的大臣、官吏和百姓,能够当面指责寡人过错的,得上等奖赏;上书劝诫寡人的,得中等奖励;能够在公共场所议论指责寡人让我听到的,得下等奖励。"命令刚刚下达时,臣民都来进谏,宫廷里像菜市场一样人来人往,为了让齐威王听到(否则没有奖励呀),估计还得自带"喇叭"。大家争相指出齐威王的过错,这也难怪,能挑出齐威王过错的都有奖励,那是真金白银啊。开头的时候非常热闹,钱也好挣;可几个月以后,偶尔有人进言,挣钱变得困难了;一年以后,即使有人想进言,也没什么可说的了,挣钱的机会溜走了。

为何挣钱的机会骤减?因为齐威王可不是傻瓜,如果不抓紧时间改正错误,自己兜里的银子哗啦啦持续往外流,自己很快就会成为贫雇农。所以,他飞快地改正错误,挣钱的机会也就骤减。

挣钱的机会骤减,意味着齐国政治迅速变得清明,法制迅速得到贯彻,国家迅速走向强大。

齐威王用猛药治国,齐国崛起得也就非常迅速。

公元前333年,齐威王与魏惠王在郊外一同打猎。魏惠王问道:"大王有宝物吗?"齐威王说:"没有。"魏惠王说:"像魏国这样小的国家,尚有直径达到一寸的宝珠十颗,可以照耀前后十二辆车子的距离,怎么一万乘战车的大国会没有宝物呢?"齐威王说:"我的宝物与您不同。我的臣子中有个叫檀子的,派他去守卫南城,楚国就不敢向东进取，泗水一代十二个诸侯都要来朝拜称臣；我的臣子中有一个叫盼子的，派他守卫高唐，则赵国人不敢往东到黄河中捕鱼；我的臣子中有一个叫黔夫的，派他治理徐州（即平舒，今河北大城县东），燕国人需要避开南门到北门祭祀，赵国人需要避开东门到西门祭祀，恳请神明保佑不受攻击，时时跟随他搬迁的有七千多户人家；我的臣子中有一个叫种首的，派他去防备盗贼，可以做到路不拾遗。这些贤臣光耀千里，岂止十二辆车子的距离呀。"魏惠王听后异常惭愧。

齐国经过一系列的改革，法制地位得到提高，国力空前壮大，开始称霸列强。魏文侯曾因敬重贤人使秦国不敢入侵，到此时，齐国又上演几乎相同的一幕，那些曾经在齐国身上不断刨地的列强——燕国、赵国、韩国、魏国、鲁国等——纷纷到齐国晋见，将曾经刨去的土地又归还给了齐国。

先是不停地刨地，后又不断地归还，只能说大家都很忙。

邹忌是战国时期著名的法家人物，邹忌和齐威王推进的这场变法侧重在两个方面：第一是严肃吏治，招揽人才，孙膑也在此时来到齐国；第二是修订法律，用法律约束社会和官吏的一系列行为。当一个国家政治清明，官府对社会的索求可以依法行事，社会财富就会不断积累，再加上信用稳定的货币，就形成了黄金法则，实现民富带动的国强，齐国走上蒸蒸日上的道路。《史记·田敬仲完世家》记载："齐最强于诸侯，自称为王，以令天下……诸侯闻之，莫敢致兵于齐二十余年。"面对变法之后的强大齐国，各路诸侯 20 年内都不敢对齐国动刀兵。

从齐威王的父亲齐桓公（田姓齐桓公）开始，齐国在国都临淄西边稷门外的稷下这个地方，就设立了学宫，招揽各派学者前来著书立说，这些人被称为"稷下先生"，也称为博士。古临淄稷下学宫（图 4.3 为古临淄城复原图）也成为中国古代最著名的学校。战国时期著名的政治家和思想家，在齐威王时期建立很高功勋的淳于髡就是一位稷下先生,也可以称呼为淳于博士。淳于博士曾两次当面指责儒家孟轲,认为鲁缪公重用儒家而弄得国家削弱,说明儒家"无益于国"。或许并没有任何一家的思想是完善的,但各种思想、流派互相诘问,形成了百花齐放、百家争鸣的良好氛围,这是推动社会进步的强大动力,也是春秋战国时期经济、军事、文化、科学技术大发展的源头所在。

图4.3 古临淄城复原图

(知识产权归属于Rolfmueller,图片来源:维基百科)

临淄,古称营丘。公元前约1046年周朝建立后,营丘成为齐国的都城。约公元前7世纪,因其地临淄水,改名为临淄。当时,齐国冶炼、渔业、盐业非常发达,古临淄在历史上也非常繁荣。古临淄分民众生活的大城和国君居住的小城,两城相连,周长21公里,面积15平方公里,共有十三座城门。城内干道纵横交错,排成"井"字形,并有完善的供水、排水系统。

田齐桓公田午(公元前400年—公元前357年)开始在古临淄稷门附近开设稷下学宫,齐威王之子齐宣王(公元前320年—公元前301年在位)继续扩建,使稷下学宫成为中国古代史上最著名的学府。道家、儒家、法家、名家、兵家、农家、阴阳家等百家汇集于此,自由讲学,著书立说并互相诘问。战国中后期各学派的重要人物,如孟子、荀子、申子(申不害)、慎子(慎到)、宋钘、伊文、鲁仲连、田巴、貌说、邹奭、商鞅等人,都来到过稷下学宫,为齐威王称霸建立功业的邹衍、淳于髡也来自稷下学宫。各个学派、各种流派互相诘问,取长补短共同发展,最大的赢家是谁？是中华民族！也因此，春秋战国已经成为波澜壮阔的历史史诗，造就了光辉灿烂的古代文化。

黄金台

《上谷图经》说："黄金台，在易水东南十八里。"古人曾为此作诗："燕昭北筑黄金台，四方豪杰乘风来。"黄金台是战国时期燕昭王（也称燕昭襄王）所建，燕昭王为什么要建黄金台呢？

西周武王或成王时期，召公被分封在燕地，但召公并未前去，由长子克前往就任。疆域包括今北京、天津及河北中北部，因封地在燕山，故国名为燕。燕国的都城在"蓟"（位于今北京房山区琉璃河）、临易（今河北省雄县西北地区）等地。战国初年，各国纷纷进行变法图强，争雄天下，唯独燕国在变法方面悄无声息，处于缓慢发展的状态。疲弱的燕国既遭受齐国的侵掠，又受到东胡和中山国的威胁。到公元前318年，燕王哙做出了一件惊世骇俗的新鲜事，估计是对君王这个职业干腻了，将燕王的君位"禅让"给相国子之，并把三百石以上高官的印信全部收回，交由子之从新任命，表示自己坚决退休的决心。对于子之这个人，一般人不熟悉，但他有两位著名的亲家，其一是鬼谷子的高足，战国时期著名的纵横家、外交家和谋略大师苏秦，曾身挂六国相印，使秦国十五年不敢出函谷关；另一位也不是外人，是苏秦的弟弟苏代。但燕王哙此举引起了太子平等旧贵族的不服，公元前314年，他们起兵攻击子之，失败，太子死于乱军之中，遭此打击之后，燕国人心涣散。齐国趁机来刨燕国的一亩三分地，将军匡章率军在50天内攻破燕国，燕王哙和子之被杀，中山国也趁机出兵刨走了燕国的部分土地。后来，在赵、韩、秦、楚等国的压力下，齐国不得不退兵，燕国才侥幸没有亡国。赵国拥立在韩国为人质的公子职为燕王，并派兵护送至燕国，公子职就是燕昭王。

燕昭王（公元前335年—公元前279年）本名姬职，是燕国第39

任君主。公元前313年即位时，燕国十分衰弱，相邻的齐、赵都是强国，时时窥视，都想从燕国身上刨几块地或占几座城池，连中山国和东胡也时刻在打燕国的主意。燕昭王虽然得到王位有点侥幸，但却是个有想法的君主，不想窝窝囊囊地过日子，希望挺直腰板做人，振兴燕国。燕国之所以后来被列入战国七雄，主要也因为燕昭王的励精图治。昭王振兴燕国所做的第一件事情就是搜罗人才，为此，他亲自去请教著名的学者郭隗，希望郭隗给支招。郭隗说："贤明的君主，把他的臣下当作自己的老师、朋友。暴君和亡国之君，把自己的臣下当作奴仆。好的国君能迎来天下贤士的赞助。对臣下骄横专断，随便指使，任意斥责，只能得到拍马奉承的无用之辈。"一语惊醒梦中人，燕昭王听了，决心礼贤下士、招揽人才。他又问郭隗："我应该先去拜访谁呢？"郭隗却告诉他一个意味深长的故事："听说古代有位国君，想用一千两黄金买一匹千里马，买了三年都没买到。有一天，有个人去见国王说'我能买到'，国王就让他去买。那个人用了三个月时间、花了五百两黄金，买回来的却是一个死千里马的头。国君非常生气，说'我要你买活的，死的有什么用？浪费我五百两黄金'。那人说'买死千里马的头，都肯花五百两黄金，天下人一定会认为您是真心想买千里马，那千里马一定会买到的'。果然不出三年，这位国君买到了三匹千里马。"

这个故事让燕昭王恍然大悟，于是，燕昭王开始"烧钱"，建起黄金台，上面放了一千两黄金，筑巢引凤，招揽贤士。

燕昭王求贤若渴，有识之士就不断"移民"来到燕国。著名思想家、哲学家邹衍（战国时期阴阳学派与五行学说代表人物）从齐国"移民"来到燕国，燕昭王拜他为师，经常登门求教。魏文侯时期名将乐羊的后人——著名军事家乐毅，本是魏国派到燕国的使者，属于短期出差，办理的是临时居住证，在燕昭王的诚意感召之下，此君将"临时"改成了"长期"，住下不走了，成为燕昭王的亚卿。名将剧辛也从赵国"移民"燕国，剧辛是法家的代表，著有著名的《处子》九篇，剧辛在燕国实行变法，使燕国的国力快速上升，国力不断强盛。乐毅对燕军进行严格的训练，燕国的军力不断壮大。

燕昭王在邹衍、剧辛、乐毅等人的辅助下，兢兢业业地埋头苦干了28年，不仅国家日益强大，而且培养了奋发图强的民风，燕国展现了蒸蒸日上的局面。公元前284年，燕昭王任命乐毅为上将军，统兵收拾燕国的老冤家齐国。乐毅率领燕、楚、秦、赵、韩、魏六国的军队对齐国发动了疾风暴雨式的进攻，齐军一触即溃，连连败北，已经长眠地下的齐威王若能见到这样的情形，一定是泪水长流，子孙不争气呀。齐军主力被歼后，齐湣王率残部狼狈逃回临淄。燕昭王闻讯十分高兴，亲至济西战场劳军，犒赏将士，封乐毅为昌国君。

乐毅厚赏秦、韩两国军队后遣其归国，然后率领燕军、赵军、魏军、楚军继续进攻齐国。乐毅亲自率领燕军主力直捣齐国国都临淄并一口气攻占了临淄，齐湣王在王宫里是混不下去了，只能继续出逃，在莒（今山东莒县）地固守，后被楚将淖齿所杀。

乐毅占领临淄后采取了一系列安民措施。在报请燕昭王同意后，着力整饬军纪，严禁燕军掳掠百姓。针对齐湣王的暴戾，宣布减轻齐国的赋税，废除苛法，恢复齐威王时期的一些合理法令。在临淄郊外隆重祭祀齐国的先贤齐桓公和管仲，齐国民众见到乐毅如此对待自己的先贤，自然也就服了，这使燕国新占领的地区迅速安定了下来，齐国上下都愿归顺燕国。在军事上，乐毅分兵五路继续攻占齐国各地，燕军仅用了半年时间，就接连攻取齐国七十余城，仅剩下莒和即墨两城未被攻下。

乐毅征讨、镇抚齐国领土五年，如果假以时日，燕国在齐国的统治稳固下来，齐国也就不会再有后来的历史。但很不幸，此时燕昭王去世，燕惠王即位。燕惠王做太子时就与乐毅发生过不快，即位后，齐国田单行使反间计，燕惠王猜忌乐毅，乐毅担忧杀身之祸，出奔赵国，燕国所得齐国土地与城池也很快丧失。

赵国封乐毅为望诸君，专门威慑燕国、齐国，让这两个国家时刻胆战心惊。

燕昭王在大举征讨齐国的同时，还派名将秦开突袭东胡，使东胡从燕国东北部边境后退千余里，大大开拓了燕国的疆域，此时，燕国开始修筑北长城，西端是造阳（今河北张家口宣化县东北），东端是襄平城（今辽宁省辽阳市北），燕国成为一个幅员辽阔的大国。

翻身了，彻底翻身了，燕昭王打造黄金台，变法图强，使当时处于边远之地、贫弱不堪的燕国一跃而成为强国，跻身于战国七雄之列。

东方史诗

管仲将依法治国引入中国社会的国家治理和经济生活之中。魏文侯时期开始形成成文法典——《法经》，这是一套保护产权、打破等级制度、发展经济的法律。因为时代的局限性，此时不可能彻底限制王权，只能使王权尽量在法制的框架内运行，但这依旧是那个时代最伟大的成就。通过法律保护所有人的财产权并结合价值恒定的货币，构建了黄金法则，激发全社会的进取精神。

春秋战国时期的变法改革中，最著名的是秦国的商鞅变法，大家也很熟悉，但这绝不是一家一户的变法，而是普天之下竞相变法的滚滚洪流，每个诸侯国、每一个人都投入到变法的滚滚大潮之中。楚国的吴起变法发生在公元前386年—公元前381年，楚悼王任命吴起为令尹，对楚国政治、法律、军事等进行全方位改革，改变了"贫国弱兵"的局面，在对外战争中连连获胜。《史记·孙子吴起列传》记载："于是南平百越，北并陈、蔡，却三晋，西伐秦，诸侯患楚之强。"楚国在南部平定百越，北部平定陈、蔡两国，逼退三晋，西伐秦国，导致各路诸侯都很忧虑楚国的强大。公元前355年，韩昭侯起用申不害为相，在韩国实行变法，等等。这是一个激情澎湃的时代，也创造了让后世中国人充满无限想象的春秋战国。

春秋战国时期，是中国文化突飞猛进的时期。中国文化之所以集大成，主要源自这一时期的积累与发展，道家、儒家、墨家、兵家、阴阳家等思想在后来两千多年的历史中一直闪耀着绚丽的光芒，老子、孔子、鬼谷子、孙子等人都步入了圣贤的殿堂。诗歌、辞赋、小说、散文皆为后世所神往：有《楚辞》的铺陈抒情、浪漫想象；有《论语》的雍容和顺、灵活善譬；有《庄子》的想象丰富、奇气袭人；有《韩非子》的辩理透彻。青铜器绚烂多彩，金玉精琢叹为观止，铭文风韵为篆刻艺术之典范；宋音楚舞，边磬编钟，宫殿廓城，髹漆彩绘，无一不在世界艺术史上熠熠生辉，光彩夺目。它们共同编织了中华民族的华彩乐章，这是后世难以企及的高度。

春秋战国是科学技术突飞猛进的时代。鲁国的天文学家留下了世界上关于哈雷彗星的最早记录。战国时期，出现了世界上最早的天文学著作《甘石星经》。《墨经》中有大量的物理学知识，其中包括杠杆原理和浮力理论的叙述，还有声学和光学的记载，其中关于光影关系、小孔成像等，被现代科学家称为"《墨经》光学八条"。著名的医生扁鹊（约公元前401年—公元前310年）发明望、闻、问、切四诊法，是我国中医的传统诊断法，两千多年来一直被沿用，奠定了中国传统医学诊断法的基础。司马迁说："扁鹊言医，为方者宗。守数精明，后世修（循）序，弗能易也……至今天下言脉者，由扁鹊也。"扁鹊被后世誉为神医，也是中医诊断的始祖。鲁班（公元前507年—公元前444年）是我国古代出色的发明家、土木工匠们的祖师。《左传·昭公二十九年》记载："冬，晋赵鞅、荀寅帅师城汝滨，遂赋晋国一鼓铁，以铸刑鼎，著范宣子所为《刑书》焉。"这里讲的是公元前513年，赵鞅、荀寅在今河南省中南部的古汝水之滨筑城，铸造了一个铁质刑鼎，以颁布晋国法典，这是世界上铸铁的最早记载之一。铸刑鼎的铁是作为军赋从民间征收的，1鼓约合现在的110公斤，说明当时的民间已经开始铁的冶炼，铁器在生产场合对青铜器的取代意味着科学技术跨时代的进步。《吕氏春秋》中详细描述的重农政策和深耕细作的农业技术，反映了春秋战国时期的农业技术水平。春秋战国时期的科技成就简直数不胜数，很多方面遥遥领先于世界，这意味着科技文明的大踏步跃进。

虽然那时没有GDP统计数据，但经济的繁荣必定诞生大商家。中国历史上最著名的商家几乎都出自这一时期，商界的圣、祖也无一不出自这一时期，他们的商业智慧和商业思想一直影响着中华民族。

范蠡被后世尊为财神、商圣，深受中华民众所敬仰，范蠡的治国之道即便在今天也具有示范意义，而范蠡与西施的爱情故事，更被认为是中国人理想生活的化身。

白圭（公元前370年—公元前300年）出生在战国时期东周的都城洛阳。魏惠王（公元前369年—公元前319年在位）时期的魏国，修建了一条打通黄河与淮河两大水系的运河工程，因为工程宏大，这条运河被称为"鸿沟"（"鸿"是宏大的意思，此"鸿沟"即是楚汉战争中的"鸿沟"）。鸿沟从大梁南下，一路上沟通了丹水、睢水、浍水等多条河流，使原本"少舟楫之利"的魏国摇身一变，成为天下内河航运最发达的地区。同时，水利的发达还使这一地区一跃成为天下最主要的粮仓。运河航道的开辟，使得商家的商道可以直达周边齐、鲁、韩、秦、赵、燕等国，魏国就成为天下的经济中心。同时，密布的航道网可以极大地提升魏国军队的机动能力，也提高了部队粮草的转运能力，提升了魏国的守卫能力和进攻能力。主持修建"鸿沟"这一伟大史诗般工程的就是时任魏相的白圭。后因魏国政治腐败，白圭在游历了中山国和齐国后，弃政从商。白圭的师傅是鬼谷子，相传鬼谷子得一"金书"，将里面的致富之计（"将欲取之必先与之""世无可抵则深隐以待时"等策略）传于白圭。白圭是一位著名的经济谋略家和理财家。司马迁在《史记·货殖列传》中说："盖天下言治生祖白圭。"意思是说，谈到天下做生意之事，白圭堪称众人的祖师。宋朝真宗曾封他为"商圣"，民间把白圭称作"治生祖"

"商祖""财神"。

孔圣人有位得意弟子,叫子贡。子贡名端木赐(公元前520年—公元前446年),春秋末年的卫国人(卫国真是个出人才的地方啊),孔门十哲之一。后世题辞挽商界有成就之人去世,常以"端木遗风"等给予赞誉。"端木遗风"指子贡遗留下来的诚信经商的风气,为后世商界所推崇。司马迁在《史记·货殖列传》中将子贡列为儒商初祖。子贡经商成为巨富,这在历史上并不稀奇,子贡之所以地位崇高,是因为他将经商所得的绝大部分收益投入到了儒学的建设,推动了儒学的发扬光大。孔子晚年回到故乡,其妻已逝,其子已亡,孤单的孔子发出这样的感叹:"赐,汝来何其晚也。"古代为父母守孝只有三年,子贡对老师却守孝了六年,更体现了信和义。

当今几乎所有的商界先贤和圣祖都产生于春秋战国时代,这生动地说明了那是一个充满生机的时代。

春秋战国上下五百余载,是中国历史上最具活力的时代,是"礼崩乐坏,瓦釜雷鸣,高岸为谷,深谷为陵"的剧烈变更时代,各路诸侯无一不是奋发向上、变法图强。无论政治家、思想家、军事家、教育家、纵横家还是侠士、剑客,都展现出了非凡的创造力,他们各显神通,各竞风流。

春秋战国是一个除旧迎新的时代,面对滚滚向前的历史洪流,进取才是生存的唯一道路,法律的地位空前提高,人和知识得到最大限度的尊重。这是一个实力竞争的时代,任何文过饰非都无立足之地,富国强兵成为立国之本。这是深刻探索、创造思想、成就伟业、塑造精神的时代。从此,中华民族崛起于世界之林。

汉唐文明中的黄金光芒

春秋战国的特定历史条件下,各诸侯国都受到强大的外部压力,这是生死和存亡之间的选择,唯有变法图强才是唯一的道路,即便变法触及到王权,也可以得到实施,加上价值恒定的货币,完美地演绎了黄金法则,带来的是中华文明水平的跨越式进步。

秦朝之后,中国的历史主要以大一统的面目出现,外部的压力下降,皇帝开始"金口玉言",法律的地位下降,无论是否使用价值恒定的货币,都难以实现春秋战国时期的鼎盛辉煌。

即便在这样的时期,黄金法则依旧出现闪光时刻,最典型的就是汉初时光和唐宋文明。

大汉的荣耀

公元前202年2月28日,刘邦走完了从亭长到汉王再到皇帝的台阶,在定陶泗水之阳登上天下盟主的宝座,定都长安,史称西汉。

西汉基本上继承了秦朝的法律制度,在此基础上制定了《九章律》《谤章律》《朝律》等法律,形成了颇具特色的汉朝法律体系。

到汉文帝时期,结束了汉初货币混乱的状态,实行四铢钱,货币的内在价值稳定了下来。而汉文帝更是遵法守法、轻徭薄赋的典范,汉朝开始出现文景之治的繁荣,黄金法则开始闪耀光芒。

今天,我们经常在港台和欧美电影中看到某些大法官断案时的义正言辞和公正无私,那可不是一般的威风,因为他们身上彰显的是法律,具有至高无上的地位。其实,汉文帝时期也有一位这样的大法官,叫张释之。他执法严明,不阿从上意,敢于对皇帝说"不",维护法律权威,赢得了史家的高度赞誉。司马迁说他"守法不阿意",司马光赞他"张释之为廷尉,天下无冤民"。张释之可以得到这样的赞誉,壮哉。

一次,有个大胆毛贼偷了刘邦陵庙里的一只玉环。这毛贼也真是不长眼,刘邦是谁呀,是汉文帝的老爹,真可谓在老虎嘴上拔毛,"拔毛"的时候被警卫战士抓住了。被盗的是刘邦在阴间的住宅,刘邦自然怎么不了这家伙,可他的儿子还在阳间当皇帝呢,自然不能轻饶。汉文帝把案子交给了张释之,心想,看我不诛你九族。张释之照旧依法断案，判处斩首。汉文帝说："这怎么行啊，偷东西偷到我们家祖坟里去了，斩首怎么足以震慑不法之徒？诛他九族！"

这种情况下，皇帝脸色自然难看。这可是封建社会，皇帝一言九鼎，不听话就可能脑袋搬家，估计一般人腿肚子都会转筋，说话都得结巴。可张释之绝不是一般人，对此不予理会，对汉文帝说："依据法律规定，对这种犯罪行为的最高刑罚就是斩首。如果盗窃宗庙里的东西就诛九族，那么要是有人挖了长陵（刘邦的陵墓）的一抔土，您说该怎么办？"张释之说得比较委婉，也很客气。实际意思是，以后如果真有人挖你家祖坟了，又该怎么处罚呢？汉文帝没了主意，最后还是按照张释之的依法断案来执行。

这生动地说明，在文景之治的时代，法律的地位高于一切，皇权也不能肆意妄为。也只有在这样的时代，才有可能出现张释之这样刚正不阿的大法官。

而汉文帝对于赋税的征收更是不断地减免，最终确立的三十税一成为汉代定制。对于徭役也能省就省，"丁男三年而一事"，即成年男子的徭役减为每三年服役一次，这样的减免，在中国封建社会史上是独一无二的。

法律严明、轻徭薄赋、价值恒定的货币，演绎出黄金法则，成就了文景之治的繁荣。

文景之治的一幕在昭宣时期继续上演。汉宣帝刘询来自民间，知道百姓对官员贪腐的切齿痛恨，所以他一当政，就主张要严明执法，惩治不法官吏和豪强。一些地位很高的、贪污腐朽的官员相继被诛杀，树立法律的尊严，形成依法守法的社会氛围。由于他自己有过牢狱之灾的经历，所以，对冤狱深恶痛绝，提出要坚决废除苛法，平理冤狱。他亲政不久，就亲自参加了一些案件的审理。为从制度上保证执法的严肃性和公正性，公元前67年，还在朝廷增加了四名廷尉平，专掌刑狱的评审和复核，以保证不出现冤案，并设置了治御史以审核廷尉量刑轻重。种种措施之下，法律的地位空前提高。

在封建社会，朝廷征收的赋税只是百姓承担的实际赋税的一部分，官吏的压榨甚至超过朝廷的赋税，这些隐性赋税往往形成社会动荡的根源。历史上的"火耗"就最为典型，火耗多少，完全取决于官吏的那张嘴，火耗的比例自然越高越好，只有这样自己的腰包才充实，所以，有些时候火耗的数量甚至超过应收正税。昭宣中兴时期，不仅仅朝廷不断减轻百姓的徭役，更通过吏治治理的手段，减轻百姓的隐性赋税。这一时期，曾7次颁布了减免田租、口赋及其他杂税的诏令，6次颁布赈贷种、食和"勿收责"的诏令。凡遇郡国遭受水旱、地震灾害，当年租赋徭役皆免。昭帝时颁布"令民得以律占租"的法令，废除了律外苛税。宣帝还下令"勿行苛令"，减盐价，禁止官吏"擅兴徭役"（这是隐性赋税的一部分），注意减轻农民负担。汉宣帝对吏治的治理是史上的佳话，地方官吏的选举，递补刺史、守、相等官员，必由大臣推举，他亲自召见，询问治安之术，对清政者给予褒奖，公卿大臣也多从有政绩的地方官中选拔。汉宣帝还建立了一套对官吏的考核与奖惩制度，下诏对二千石（郡守级官吏），实行五日一听事制度；并不定期派使者巡行郡国，对二千石官员的工作进行考察。根据考核结果，信赏必罚。他颁布诏令说："有功不赏，有罪不课，虽唐虞犹不能化天下。"在他当政时，一大批政绩突出的官员受到了奖励，或以玺书勉励，增秩赐金，或赐爵关内侯，升任九卿或三公，等等，对那些不称职或有罪的官吏，则严惩不贷。

宣帝时期，涌现了一大批能力超群的官吏，尤其两千石的官吏中，强干精明的官吏尤其众多。这一批官吏深受汉宣帝重视，他们中间不少人甚至跻身公卿行列。班固曾经对这批官吏进行了总结："孝宣承统，纂修洪业……将相则张安世、赵充国、魏相、丙吉、于定国、杜延年，治民则黄霸、王成、龚遂、郑弘、召信臣、韩延寿、尹翁归、赵广汉、严延年、张敞之属，皆有功迹见述于世。参其名臣，亦其次也。"

昭宣时期发行的五铢钱在历史上占有重要的地位，以敦厚工整著称，是足值钱币。强化法律建设、吏治清明、轻徭薄税加上足值货币的流通，就形成了黄金法则。对外解决了匈奴（图4.4为西汉时期西域诸国地理位置图）长久以来的威胁，内部繁荣昌盛，边防稳固，西汉来到了自己的顶峰时期——昭宣中兴的时代。

图4.4　西汉时期西域诸国地理位置示意图

（图片来源：维基百科）

西北方游牧民族一直以来都是中原王朝的威胁。汉朝建立之后，公元前200年—公元前134年，主要采取和亲策略，汉廷前后共送出了10位宗室之女。从汉武帝时期的公元前133年马邑之战开始，双方通过战争决胜负，在卫青、霍去病等名将的率领下，汉军在前期取得胜利，曾一直攻击到今俄罗斯的贝加尔湖，但后期李广利率领的汉军战败。公元前89年，汉武帝下轮台罪己诏，公元前88年，匈奴单于遣使要汉朝每年缴10000石米酒、5000斛粮食（唐朝之前，斛为民间对石的俗称，1斛＝1石＝10斗＝60公斤）、10000匹丝绸的岁币。公元前87年，汉武帝去世，又有"匈奴入朔方，杀略吏民"的事件。汉武帝一生与匈奴持续征战，耗费巨资，并未彻底解决汉朝北方的边境隐患，但取得了匈奴的部分领地，切断了匈奴与羌族的联系。

公元前71年，汉宣帝派遣5位将军率16万骑兵，并联合乌孙的5万骑兵，共同进击匈奴，这是两汉历史上最大规模的骑兵大战，西汉取得对匈奴战争的大胜。此后，匈奴发生分裂，萧何六世孙萧望之向汉宣帝进言：对于匈奴应该采取恩威并施的策略，军事出击建立和平的基础，但更需要以德服人。而且匈奴不患苦，如果趁匈奴内乱而出兵打击，匈奴反而会逃走并团结起来，形成长久的边患。汉宣帝听从了他的建议，后来派兵辅佐呼韩邪单于安定了匈奴，双方关系彻底改善。此后，一直到西汉灭亡，匈奴都不再是西汉的威胁，西汉边防实现了安定。

世界历史上最成功的钱币

618年，李渊在长安（今西安）称帝。建国伊始，战争仍然频繁，唐朝沿用隋五铢钱。李家既然登上了盟主之位，意味着开门做生意，就得拉开架势，自然需要成立自己的"中央银行"，负责"钞票"发行事宜。621年，唐朝的"中央银行"开铸开元通宝，取缔社会上其他所有的钱币。开元通宝规定每十文重一两，每一文的重量称为一钱（3.73克），而一千文重六斤四两，开元通宝是唐朝统治286年中主要的流通货币。

当时谁也想不到，唐朝发行的开元通宝即便在唐朝灭亡之后依旧流通了上千年，一直闪耀在历史的长河中，开元通宝完美地执行了信用的职责，这就是信用的威力。

唐朝的"中央银行"运作得很好，不断打击私铸行为，天宝年间（742年—756年）更颁布了严厉的法律规定："敢有盗铸者死罪，家口配没。"同时，唐朝的"中央银行"不断明确自身铸造、发行的开元通宝的标准。同样在天宝年间，规定铸钱必须含铜83.46%、白镴（铅锡合金）14.57%、黑锡（铅）1.97%，这是我国第一次比较详细地规定钱币的成分，相当于货币标准化。

这里的含义是，唐朝"中央银行"不造假，民间更不准造假，大家都要维护货币的信用。

唐朝各个时期铸币数量变化很大。据当代学者研究，开元二十六年（738年）铸币29.4万贯，天宝（742年—756年）中期年铸币

32.7万贯，到代宗（762年—779年在位）时代年铸币9.4万贯，之后的德宗（779年—805年在位）、宪宗（805年—820年在位）、穆宗（820年—824年在位）时期，年铸币量有所增加，但到文宗（826年—840年在位）时期，年铸币量再次跌到10万贯以下。

我们知道，美元是目前世界上最主要的储备货币，流通在世界各地。由于美元是国际上的硬通货，有些国家硬通货短缺的时候，会伪造美元，媒体上也不时出现这样的报道。1000多年的开元通宝也享受一样的"待遇"，是当时的世界货币，不仅仅流通在中华的大地上，而且流通到中亚、西亚、东亚、东南亚、北非等很多国家和地区，成为地道的国际货币。有些国家或地区也自行铸造开元通宝。七至八世纪，粟特地区在唐朝政治、经济和文化的巨大影响下，大量铸造与流通仿唐制青铜方孔圆钱，正面与开元通宝一样，为"开元通宝"字样，背面才铸有族徽以及粟特文的王名称号，铸造地在撒马尔汗（现为乌兹别克斯坦第二大城市，是中亚最古老的城市之一，也是丝绸之路上重要的枢纽城市，撒马尔罕在当时连接着波斯帝国、印度和中国这三大帝国）与布哈拉（现为乌兹别克斯坦第三大城市，有2500多年历史，是中亚最古老城市之一）等地。朝鲜与安南（今越南）也铸造过"开元通宝"。至于这些铸造行为是否经过了唐朝的同意，是否属于"造假币"，现在已不得而知。

开元通宝不仅仅在唐朝铸造，五代十国和宋初时期一样大量地铸造、流通，也就是说开元通宝的"寿命"比唐朝长得多，这就是信用的威力。其实没有哪个朝代的皇帝登基之后，愿意别的朝代的钱币继续大肆流通，更别提铸造别的朝代的钱币，他们之所以铸造、流通开元通宝，完全是因为开元通宝在人们心中的喜爱和信任并不会随着朝代的不断更迭而消退，逼得皇帝没办法而已。这种情形一直持续到清朝初期。

唐朝以后的历朝历代，都铸造开元大钱，这些钱属于开炉钱或戏铸钱，类似当代纪念币，可见，无论任何一代的帝王，都给予唐朝和开元通宝以崇高的礼遇。而民间，开元通宝的铸造延续的时间更久，一直持续到清末，民间仍有私铸，主要是厌胜钱（厌胜钱也叫做压胜钱，民间用作吉利品或避邪物的古钱币，是小孩子佩带的饰物。它最初的本义主要是压邪禳灾和喜庆祈福）。

开元通宝已经融入中国人的血脉，成为中国文化的一部分。

有时，希望百姓不"点灯"是可以的，但总有个把州官希望"放火"，唐朝也不能杜绝。唐高宗乾封元年（666年），因对高丽作战，财政紧张，铸造了一种"乾封泉宝"大钱，重量约4克，但以一当十，与开元通宝同等流通。这立即发生了劣币驱逐良币的现象，开元通宝被收藏，更有不法分子将开元通宝融化铸成"乾封泉宝"，利润达到八九倍。这自然导致物价上涨，商业停滞。到了第二年，唐朝只能将大钱废止，专行开元通宝。"安史之乱"后，唐朝政府的财政再次拮据，唐肃宗根据御史中丞第五琦（复姓第五）的建议，在758年铸造"乾元重宝"，依旧是以一当十，但财政状况未见缓解。第二年，又铸造乾元重宝重轮钱，以一当开元通宝五十文，两种钱均与开元通宝同时流通，这带来通货膨胀、民不聊生。760年，唐朝政府只能宣布"其重轮五十钱，宜减作三十文行用；其开元旧时钱，宜以一当十行用；当十钱宜依前行用"。这里的意思是说，乾元重宝重轮钱改为每枚顶三十文来使用，而开元通宝和乾元重宝每枚顶十文来使用。762年，代宗即位，又宣布两种大钱与开元通宝等价，但两种大钱的重量更重，大钱被收藏或销毁，市场再次恢复专行开元通宝的局面。所以，虽然唐朝的"中央银行"也曾发行虚钱"创收"，但时间比较短，影响也不大。

唐朝私铸钱币的情形也有发生，"鹅眼""线环""熟铜"等劣钱在唐肃宗时期充斥市场。伟大的诗人杜甫老人家就深受其害，他有诗抱怨说："昔日用钱捉私铸，今许铅铁合青铜，刻泥为之最易得，好恶不合长相蒙。"但唐朝政府对私铸钱币的打击很严厉，使其无法长期流通。

唐朝与其他朝代相比，货币管理规范得多，虽然州官偶尔"放火"，但持续的时间很短。在唐朝286年的历史中，开元通宝一直占据了绝对的统治地位，这就在人们的心中树立了货币的信用，这种信用一直存在于人们的心中，会不断延续，远超出唐朝这个朝代的历史。

当开元通宝在人们的心中奠定了信用之后，市场就具有了完善的价值标准，加上唐朝也是法律博兴的时代，盛唐就出现在了中华民族的历史中。

873年，唐朝迎来了一位多才多艺的皇帝，11周岁的李儇登上皇位，是为唐僖宗。此人骑射、剑槊、算法、音律、赌博、围棋、马球无所不精，是"全方位复合型人才"，与宋徽宗很有一比。既然爱好广泛，对皇帝的本职工作就没有多少兴趣，也可能实在顾不上。原本他就是被宦官拥上皇位的，业务也就完全委托给宦官，大宦官田令孜完全代行职责，自己成为假皇帝。李儇还美滋滋地说："朕若参加击球进士科考试，应该中个状元。"虽然唐朝没有击球进士的选拔科目，但在他任期之内的科举考试却出现了大问题，也惹出了惊天动地的大麻烦。

黄巢是今天山东曹县人，出自盐商家庭，以贩售私盐为业。古时候，食盐属于国家专卖产品，贩卖私盐的人一般不是穷人，黄巢的家庭也很殷富。但不管怎么殷富，都是私盐贩子，社会地位不高，商人才是九流，私盐贩子九流都算不上。黄巢很有志向，想改变这一切，在那样的时代，改变身份的最佳途径当然是读书，期望进士及第光宗耀祖。今天看来，黄巢的书也算没白读，有留下的诗句为证："飒飒西风满院栽，蕊寒香冷蝶难来。他年我若为青帝，报与桃花一处开。"虽然言辞之间透露出不安分的迹象，也隐含杀气，但文采不差，有相当的功底。可黄巢运气不大好，进士考试的时候被刷了下来。如果是因为书没读好、水平不够，估计也可以服气，最多咱回家继续"头悬梁锥刺股"，来年再来较量就是了。可黄巢被淘汰的理由有点好笑，原因既不是"击球"技术不过关，也不是文笔不够，而是因为长相不好，不知道是太丑还是太凶恶，已经难以考究。这让人很不服气，一个人的长相是从娘胎里带来的，当时也没有什么整容整形之类的技术，自己再怎么努力也是白搭，这算彻底没指望了。何况，科举考试也不是北影招演员，考的是知识和治国的才能，和长相有什么关系？据《残唐五代史演义传》描述："僖宗以貌取人，失之巢贼，致令杀人八百万，血流三千里。"看来黄巢落榜的原因还是比较确切的——僖宗皇帝看不上。

这让黄巢彻底没了进士及第的指望，此路不通。如果是安分守己的人也就算了，咱回家该干啥还干啥。但黄巢本来就不算什么安分之人，否则就不会当私盐贩子，对于这类人就有另外一条道路可以抵达"理想的目标"。虽然这条路比较"崎岖"，风险也很大，成功率也很低，但终归是条路，那就是进入刘邦老先生的"培训班"，向老先生学习，自力更生来实现改变自己身份和地位的目的，结果爆发了黄巢起义。

黄巢起义虽然最终失败，但唐僖宗为了躲避战争，被迫到四川成都"游食"了四年。不过，僖宗皇帝的"游食"和朱元璋先生的"游食"是有差别的，确实不是去讨饭，近似于旅游，小朝廷还带着，大小老婆、佣人和侍卫们都在身边，四年之后回到了长安。僖宗中不中击球进士也没多少关系，但黄巢因为面貌不达标没中进士却对唐朝很有关系，给唐朝带来了严重的打击。

黄巢起义波及全国十多个省，各地节度使奉朝廷的号令镇压，趁此机会，大肆招兵买马，地方势力飞速壮大，唐朝中央朝廷难以节制。最终，唐朝在地方军阀混战之中灭亡，唐朝任命的汴州（今河南开封）刺史、宣武军节度使朱温（黄巢降将）废掉末代皇帝唐哀帝李柷，自己登上了盟主之位，建立了后梁。

唐朝灭亡了，开元通宝按说应该像历史上大多数朝代所发行的货币一样，随着"中央银行"的倒闭而逐渐衰落，最终被人们逐渐淡忘。由于古代发行的金属货币不会彻底消亡（实物的价值永远存在），还会在社会上流通，少量的货币也可能继续流通很长时间。前文说过，汉初时期发行的半两钱，到了明朝初期还有流通。但这些以往时期发行的钱币会逐渐下降到次要地位，让位给新朝代发行的货币，这也难怪，新朝代的产生意味着新的"食堂"开业，主要收的是自己"中央银行"的钱币，以往朝代发行的钱币的影响力就会逐渐下降甚至需要打折，最终可有可无。当然也会有大部分被重铸成新币。

唐朝灭亡之后是五代十国时期，时间跨度为907年—979年。五代包括后梁、后唐、后晋、后汉、后周，十国包括吴国、南唐、吴越、闽、北汉、前蜀、后蜀、荆南、楚、南汉。这些朝廷既然建立了自家的"食堂"，自然需要发行自己的钱币，除了吴越、荆南、北汉之外，其他朝廷都曾经自己另行铸钱。可是，等到他们自己发行钱币之后，却开始郁闷了，为什么呢？因为开元通宝长期执行信用的职责，已经深入每个人的内心，这种信任是无法替代的。结果这些新发行的钱币只能居于辅助的地位，社会还是公认并使用开元通宝作为价值标准并继续流通，相当于自家的食堂虽然开业了，可依旧得被迫使用前朝的"饭票"，简直郁闷到家了。但他们最终还是想清楚了，也想到了解决办法，后梁、后晋、闽、南汉、南唐、吴越等政权铸造"开元通宝"，直接将开元通宝作为自家食堂的饭票，完美地解决了这个问题。这一时期的"开元通宝"甚至在形制方面有所发展，如：闽国王审知所铸"开元通宝"，比唐代所铸开元通宝的"开元"二字更为雄劲豪迈；南唐还铸出"开元通宝"对钱（两枚钱币除书体不同外，在材质、大小、穿孔等方面完全一致，成双配对），是中国对钱鼻祖；而吴越则铸出馏金的"开元通宝"。这些铸造"开元通宝"的朝代相当于公开承认开元通宝依旧是本朝代的本位货币。宋初时期的清源节度使陈红进（914年—985年，疆域主要是闽南一带）并不铸造宋朝钱币，而是铸造开元通宝。

有句名言说："有的人死了，但依旧活着；有的人活着，但已经死了。"五代十国的各个朝廷对这一点深有体会，虽然唐朝灭亡了，但他的货币依然活着，而且你无法代替，他们依旧无法摆脱唐朝巨大的"身影"。

唐朝的"中央银行"虽然倒闭了，但开元通宝依旧大量流通并被后来的朝代不停地铸造，说明开元通宝已经深入人心。实际上，开元通宝享受的荣誉远不止如此。清朝雍正年间，两广偏远地区的市面上还有大量开元通宝流通，当时清廷特准以雍正通宝兑换，这在历朝历代的钱币中也属少见，相当于700多年后的清朝承认唐朝的开元通宝与自身的本位货币具有相同的地位。开元通宝一直流通到清朝末年和民国初期，袁世凯称帝的时候依旧在铸造新币。

这就是开元通宝所具有的信用的力量，无论唐朝的"中央银行"是否存在，但开元通宝在人们心目中建立的信用都会持续存在。唐朝的开元通宝也成为世界史上最成功的货币，并且不是之一。

唐宋文明的闪光

不仅唐朝的开元通宝取得了巨大的成功，宋朝的铜钱也一样是非常成功的钱币。虽然宋朝的钱币很多，铁钱、铅钱、纸币都有流通，但均处于辅币的地位，市场中的价值尺度是铜钱和金银。宋代的铜钱，按照宋人的说法，是"一朝所铸、四朝共用"，它同时还是西夏、辽国和金国的货币。宋代铜钱还流向了海外，日本曾派商船到宋朝从事贸易，货物全部售完后，却不再进货，只收铜钱，一次就运走了铜钱10万贯。根据小叶田淳《日本货币流通史》统计，在日本28个地方出土的中国铜钱多达55万多枚，其中80%以上是宋代铜钱。1266年，镰仓幕府更公开承认宋朝铜钱为日本的法定货币，想不服都不行，这是大宋无上的荣耀。此外，宋代铜币也是高丽、交趾等国的主要货币，并流向南亚和西亚，成为印度南部地区乃至阿拉伯地区的辅币，宋朝的铜钱成为真正的国际货币。

今天，我们会说铜钱外流造成了铜材短缺，形成有形的损失，但从另外一个角度看，宋朝所铸造的货币具有超凡的信用水平，被很多国家所公认，这是一种信用的延伸。如果今天某一国家的货币被国际上的其他国家所公认，毫无疑问意味着这个国家的巨大成功。宋朝取得了国家的成功，宋朝的文明水平、科技水平和信用水平被世界所公认、所向往。来自大宋的钱币，如同金本位时期的美元，令海外各国趋之若鹜，实际购买力远远超过国内。《禁铜钱申省状》记载了宋代铜钱的海外增值现象："每是一贯之数，可以易番货百贯之物，百贯之数，可以易番货千贯之物，以是为常也。"

宋朝的铜钱在海外的升值幅度，足以让美金惭愧！

为何一个国家的货币价值是否坚挺对于一个国家的繁荣是如此重要？

今天我们知道，通货膨胀将带来国家经济的倒退，世界历史上，这样的示例数不胜数。我们最熟悉的南京国民政府时期，从1936年至1949年，重工业产量下降了70%，这就是超级通货膨胀带来的后果，这已经没有疑问。那么，通货膨胀到底是什么？本人估计很多人都可以回答出来，供需关系造成通货膨胀，货币过量发行造成通货膨胀，等等，这些都是传统教科书教给我们的内容。这些说法也对也不对，从更本质的因素来说，如果不考虑气候因素，形成通货膨胀的原因只有一个——不合理的赋税水平。

如果一个社会，社会管理的费用很低、行政管理很高效的时候，整个社会就是轻徭薄赋，中国历史上有一些这样的时期，文景之治就是如此。以农民为例，生产者除了投入生产的资本和劳动之外，赋税成本低，他的综合成本就低，有充分的利润空间，此时，他愿意扩大再生产，从而使商品供给增加，就难以产生通货膨胀。此时，全社会物质丰富，经济繁荣。可是，当社会管理费用很高的时候，赋税水平就会提高，生产者就要承担很高的赋税成本，他的利润空间受到挤压，为了维持再生产，他就需要提高农产品的售价，通货膨胀产生了。可是，经济学中有一条基本的定律，社会的消费能力与价格成反比，所以，生产者提价的能力受到消费能力的制约，在成本上升和销售价格与销售量的双重挤压之下，生产者的利益就会受损，严重的情况下就会破产，商品的供给下降，经济就会走向萧条。

任何社会的赋税都是非常复杂的，既包含表观赋税也包含隐性赋税。比如：增值税、营业税、所得税等所有交给税务局的，都是表观赋税，这不复杂，很容易计算。但隐性赋税包含的范围更广，计算起来也更加复杂。比如：一个贪污腐败的社会，普通百姓就承担很高的贪腐成本，这以封建社会的火耗银最为典型，很多时候会超过正税；再有就是封建社会的役更是五花八门，除了朝廷规定的劳役之外，地方官员也会私自征收力役，等等。所以，需要依法治国、告别人治，这是控制甚至清除隐性赋税、压制通货膨胀的制度保证。

而一种涉及范围更广、影响更严重的隐性赋税就是铸币税。当一个社会的管理成本很高的时候，正常的赋税和隐性赋税就难以维持自身的运转，到一定时候就会加大铸币税的征收力度，大钱和虚钱就产生了（相当于货币贬值），就形成了严重的通货膨胀，最终带来百业萧条，国困民穷。

所以，任何通货膨胀都是赋税水平高、社会管理低效带来的结果，是社会法治水平和货币管理水平低的体现。

相反，一个社会管理水平高，货币价值就稳定。一个货币价值稳定的社会，就拥有完善的价值标尺，推动生产力发展；一个货币价值稳定的社会，就拥有理想的剩余劳动储藏手段，形成资本积累，这些资本继续投入到生产领域之后，就继续推动经济发展；一个货币价值稳定的社会，可以遏制社会财富的掠夺，压制贫富差距的扩大，维护社会稳定和经济繁荣。所以，一个社会是否可以走向繁荣富强，货币价值是否稳定就成为最重要的标志之一。

唐朝和宋朝，均建立了信用完备的货币体系，说明具有很高的社会管理水平。

唐朝和宋朝均有比较完善的封建社会法律制度。从隋唐时期开始，中国的法律制度进入了空前的成熟完备阶段。唐朝以隋朝《开皇律》为蓝本，相继制定颁布了以《贞观律》为代表的唐律，完成了以《永徽律疏》为核心的注释疏议。作为目前我国现存最早、最系统完整的古代成文法典，唐律不仅直接决定着后世宋、明等王朝法律制度的发展方向，而且也对周边的日本、朝鲜、越南等亚洲其他国家的封建立法产生了重要影响。唐律以其成熟完备、独树一帜的法律特色而著称，不愧为世界五大法系之一的中华法系的代表作。以唐朝的法律建设为基础，宋朝更被认为是中国封建社会法制成就最高的朝代，宋朝人认为"法制立，然后万事有经，而治道可必"，"法存则国安，法亡则国危"，首次将法律的存亡上升到国家危亡的程度，意味着皇权也需要依法行事，这是宋朝文明水平领先于世界的根本保障。

普通人对于这一时期的法律地位并不会有很深的概念，但对于这一时期出现的很多守法执法的名臣和典故，却一直津津乐道。狄仁杰、包拯等人几乎家喻户晓，世代传颂，已成为中国文化璀璨的一页。

唐太宗（图4.5）时期，兵部郎中戴胄忠诚廉洁，办事公道，为人正直。有人伪造资历，唐太宗想把他杀掉。戴胄说："按照法律规定，伪造资历应处流刑。"唐太宗生气地说："你这不是想通过坚守法律而使我失信于百姓吗？"戴胄说："皇帝的命令有时出于一时的喜怒，而法律则是国家用以取信天下的东西。陛下由于痛恨那些伪造资历的人，而想把他们杀掉，现在既然知道这样做不妥而再依法处理，这正是抛弃小忿、保存大信的做法。"唐太宗说："你能严格依法办事，我就没有什么值得忧虑的了。"戴胄为了执法多次冒犯皇帝的尊严。他说话口若悬河，滔滔不绝，他的建议大都被唐太宗采纳。

图 4.5　唐太宗像

（图片来源：维基百科）

唐太宗有两个"职位"，其一是 626 年—649 年为大唐皇帝，其二是 630 年—649 年为天可汗，也可译为登里可汗、登利可汗或腾里可汗。在游牧民族中，天可汗的地位要高于隋文帝的圣人可汗。

630 年，名将李靖率军出击，颉利可汗被俘，东突厥灭亡。西域、北方部族的君主或首长，到长安尊唐太宗为"天可汗"，意为"天下总皇帝"，以维持当时各同盟国的集体安全。在天可汗制度内，各成员国均有独立主权，不得互相攻击，而作为盟主的唐帝国，则有一定的权利和义务：通过由天可汗下诏册立、宣示各国的继承人为合法；各成员国之间的争执，由天可汗派员仲裁；若成员国受到攻击，天可汗要给予援助；天可汗可以调动各国军队组成联军，攻击违反同盟利益的国家。天可汗大概相当于武林小说中天下总盟主。

天可汗制度始于唐太宗，唐高宗、武后、唐中宗、唐睿宗、唐玄宗、唐肃宗、唐代宗都曾接受天可汗的尊号，唐朝皇帝对西域诸国的诏书均署"皇帝天可汗"。

既然存在这一军事联盟，各国遭到攻击或内乱的时候，就可以组织联军出面平定。所以，安史之乱和黄巢起义的时候，唐朝邀请了西域军队参与平乱战争。唐朝衰落之后,也有其他国家窥视这一军事首脑的地位。比如:安史之乱爆发,唐朝皇帝威严受损,而回纥由于助唐朝平乱有功,也开始以天可汗汗号自居;窥视这一盟主之位的还包括药罗葛氏牟羽可汗(759年—780年在位)、阿跌氏怀信可汗(795年—805年在位)等。

676年,左威卫大将军权善才、右监门中郎将范怀义误砍昭陵柏树。昭陵是唐太宗李世民与文德皇后长孙氏的合葬陵墓,这可是在太岁头上动土,唐高宗要处死他们,狄仁杰却认为他们不应判死罪。唐高宗怒道:"他们让我作不孝之子,必须杀掉他们。"狄仁杰道:"汉朝时有人盗取高庙玉环,汉文帝想要灭其族,张释之直谏道:'假如盗取了长陵一把土,将如何按律加其罪?'于是罪只杀一人。陛下的法律悬挂在宫外阙门上,法律规定本来就有差别等次的,罪不至死而让他们去死,这是什么缘故呢?现在误砍一株柏树,就杀掉二位大臣,后世之人将说陛下是什么样的君主呢?"高宗于是免去了二人的死罪。狄仁杰是唐朝尊法执法的名臣,以刚直不阿、足智多谋著称于世。唐朝有很多名将名相,唐太宗的贞观时期和唐高宗的永徽时期都是群星灿烂,但说到对唐朝的影响,或许应该以狄仁杰为首。狄仁杰不但自己辅佐唐高宗和武则天,而且举荐了张柬之、桓彦范、敬晖、窦怀贞、姚崇等数十位干练的官员,他们在武周后期至唐玄宗开元盛世期间均建立了卓越的功勋。特别是姚崇,文武双全,历仕武周、中宗、睿宗、玄宗四朝,为唐朝四大贤相之一,而姚崇举荐的宋璟亦位列唐朝四大贤相之内,狄仁杰的胸襟和识人之能确非常人可及。武则天对狄仁杰非常敬重,常尊称他为国老,从不直呼其名,对他的退休请求也不予批准,还不让他行跪拜之礼,道:"每当看到您跪拜的时候,朕的身体都会感到痛楚。"武则天还免除狄仁杰晚上在宫中值班的义务,并告诫官员道:"如果没有十分重要的军国大事,就不要去打扰狄公了。"700年9月,狄仁杰病逝,终年七十一岁。武则天闻听后,哭道:"朝堂空了。"追赠文昌右相,谥号文惠,并废朝三日,历史上得此尊崇的大臣屈指可数。此后,每当有朝廷大事不能决断时,武则天都叹道:"老天为什么这么早夺走我的国老。"

而宋朝的包拯更是中国民间尽人皆知的刚正之士，执法公正而严明。庐州是包拯的家乡，他任庐州知州时，亲朋故旧多以为可得其庇护，干了不少仗势欺人甚至扰乱官府的不法之事。包拯决心大义灭亲，以示警戒。当时，恰恰有一从舅（母亲的堂兄弟）犯法，相当于撞到了枪口上，包拯不以近亲为忌，在公堂上将其依法责挞一顿。自此以后，亲旧皆屏息收敛，再不敢胡作非为。包拯任开封知府时，东京多皇亲国戚、达官显贵，以难以治理著称，而包拯"立朝刚毅"，凡以私人关系请托者，一概拒绝，因而将东京治理得"令行禁止"，也正因他执法严峻，不徇私情，"威名震动都下"。

因为唐宋时期法律地位的上升，才诞生如此众多的刚正名臣，使得社会的隐性赋税得到治理，行政效率得以提升，加上价值完善的货币体系，构建了黄金法则，造就了唐宋这一中华民族的繁荣时代。唐朝在经济、政治、文化等各个方面得到了空前的发展，人民安居乐业，丰衣足食，为发展手工业提供了有力的保障。人文艺术更是发展迅速，艺术领域涌现了大量的名家，"田园山水画"代表王维，边塞派诗人岑参、诗仙李白、画圣吴道子、李思训，音乐家李龟年，等等，同时也产生了到今天还有很大影响力的"唐三彩"。丝绸之路沟通了中国与中亚和西方的联系，世界尊称华人为唐人，四方竞相朝拜大唐这块沃土。宋朝也是中国历史上令人激动的时代，他实现了世界上前所未见的经济发展，科技创新和文化发展达到了又一个顶峰。农业、印刷业、造纸业、丝织业、制瓷业、造船业等均实现了空前发展，和南太平洋、中东、非洲、欧洲等地区的五十多个国家通商，成为世界的经济中心。以火药、指南针和印刷术为代表的科技成果，不仅促进了中国社会经济的发展，而且推动了整个世界的文明进程。

黄金魔咒

黄金法则成就了令中华民族激情澎湃的春秋战国时代，奠定了汉朝、唐朝、宋朝的辉煌时期。但亦有很多游戏黄金法则的行为，也无一不遭受黄金法则的惩罚，导致社会混乱，动荡不安，国困民穷，朝代走向衰落甚至灭亡。

东汉的游戏

公元 25 年，刘秀称帝（25 年—57 年在位），定都洛阳。从公元 25 年至公元 31 年初，经过近 6 年的东征西讨，刘秀控制了除陇右和巴蜀之外的广大中原地区，基本统一了中国的东方，与陇右的隗嚣、巴蜀的公孙述形成了鼎足之势。到公元 36 年，刘秀才平定天下，前后用了整整 12 年的时间。在此期间，西汉的半两钱、五铢钱，王莽的货泉等，在民间都有流通。《后汉书·光武帝纪》说："初王莽乱后，货币杂用布、帛、金、粟。"意思是说，布、帛、金和大米都作为货币流通，至于它们相互之间的兑换关系，估计今天已经难以找到答案，基于当时的货币种类繁多，兑换关系也很复杂，去"超市"买东西的时候最好能带上算盘。

既然刘秀登上了盟主之位，开办"中央银行"是必不可少的程序，自家的食堂要用自家的饭票。公元 40 年，在马援（《三国演义》中马超的先祖）的建议下，东汉的"中央银行"隆重开张，铸造并发行五铢钱，史称东汉五铢或建武五铢。

东汉五铢一般直径 2.5 厘米，重 3~3.4 克。

大多开国之初的几位皇帝，知道创业的艰难，也知道守业更难，因此基本属于"劳动模范"的类型，东汉也不例外。光武帝刘秀的前期，主要忙于战争，后期主要是恢复战争对国家造成的创伤。到明帝、章帝时期（57 年—88 年），东汉王朝实现了繁荣，史称明章之治。这些时期，中央的权力比较强大，知道轻徭薄赋对于安定社会和百姓生活的重要性，国家的经济秩序比较稳定，自然货币就比较稳定。东汉五铢从公元 40 年开始一直到章帝时期，基本没有变化。虽然有个别投机倒把分子也会打私铸钱币的主意，但无法形成气候，不影响大局。

可是，东汉王朝同样走上了历朝历代的老路。皇族越来越庞大，官僚队伍的人数也会越来越多，加上小皇帝们忘记了老皇帝开国之艰辛，真以为皇权是天上掉下来的馅饼，就会肆意挥霍，不把小民当回事，结果就使财政开支越来越庞大，社会风气开始败坏，首当其冲的就是很多人开始打货币的主意。

看来，从古至今的人们，都知道"开银行"是最赚钱的。

从当代出土的东汉钱币也印证了这一规律。在人们收藏的东汉中前期钱币中，改造的钱币和私铸的钱币极少发现，越到后期，私铸的劣质钱币、改造的钱币数量越多，到最后，甚至见不到足重的钱币。

东汉时期最早出现的改造钱币称作磨边五铢。顾名思义，就是在五铢钱的边缘进行打磨，磨下的铜粉另铸钱币，磨边五铢的重量比东汉五铢一般会减轻三分之一左右。钱币的面值不变，但数量增长，自然带来通货膨胀。在当时，这种对钱币进行"技术改造"的规模比较大，因此，很可能是社会上有权有势的人所为，这相当于滥印钞票。

按理说，东汉有人滥印"钞票"会受到官方的打击，对于东汉"中央银行"来说，这属于"是可忍，孰不可忍"的范畴。可是，如果是有权有势的人自身都在发行"假钞"，则截然不同，估计东汉就是此种情形。东汉政府对这种给钱币进行"技术改造"的行为不闻不问，结果民间人士就踊跃发挥自己的"聪明才智"，参与到造假售假的行列之中。基于打磨五铢钱需要比较"先进"的设备，民间人士资金有限、技术有限，难以复制，但民间有的是剪子、凿子等工具，就用自己的办法对钱币进行"技术改造"，结果剪边五铢和凿边五铢出现了。

有些经过剪、凿的五铢钱，"五铢"二字仅剩一半，这些钱实际上是将五铢钱对开了,当时就有人称之为"对文五铢"。与"对文五铢"有密切联系的是"环五铢",是因为正规五铢钱被剪、凿成"对文五铢"后,剩下的环状边缘部分,当时就有人称之为"环钱"或"环五铢"。相当于一枚五铢钱变成了两枚,做到了"把一枚钱掰成两半花"。按说,民间这种将钱"掰成两半花"的行为,"中央银行"是会干涉的,有权有势的人造假属于"州官放火",管不了还可以理解,但民间造假就属于"百姓点灯",一般来说是不会容忍的。可东汉的"中央银行"异常"开明",依旧不做干涉,甚至一些掌握地方铸钱业务或专营私铸的"单位",也开始模仿对文五铢进行铸造,这种钱被后世称为"铸对文"或"铸对文五铢"。

民间造假却引领了时代的潮流。

"剪边五铢"和"凿边五铢"的重量继续下降,比东汉五铢的重量轻五分之三以上,自然带来钱币的数量继续上升。

所以,东汉有一个很"特别"的政府,货币本身就代表的是自身的信用,自己也是东汉"中央银行"的唯一股东,银行倒闭可关系一代朝廷的安危大局,但东汉朝廷"非常开明",放任别人随意挖自己的墙角。这与西汉文景之治时期完全不同,那时虽然准许私人铸钱,但汉廷执行管理的职责。汉武帝时期和王莽时期也曾经出现大规模的私铸浪潮,但西汉朝廷采取了强硬的手段进行制止,实行的是"州官可以放火(自身在货币上造假),百姓不能点灯"的策略。东汉执行的是全方位"自由主义",谁都可以开"银行",造货币,寻找自己的致富之路。

今天,我们形容一个人很坏的时候,经常说:比××还坏。这里的××就是一个大家公认的标尺,一般是金庸小说中岳不群之类的人物。那如果形容一个皇帝很差的时候应该怎么说?也有标尺,一般说:还不如"桓灵二帝"。汉桓帝刘志(146年—168年在位)是东汉第十一位皇帝,即位的前十三年属于傀儡,朝政掌握在梁太后和大将军梁冀手中，后八年专职荒淫无道；汉灵帝刘宏（168年—189年）是第十二位皇帝，是汉桓帝的堂侄，世袭的爵位是解渎亭侯，这个爵位和关羽的汉寿亭侯等级一模一样，在皇族之中并不显赫，按说这辈子也难坐上皇帝的宝座。可是，汉桓帝虽然荒淫，"工作"很努力，但效果却不佳，没生出儿子，刘宏时来运转当上了皇帝。当上皇帝的刘宏努力向汉桓帝学习，将"荒淫无道"进行到底，晚年烽烟四起，黄巾起义的规模越剿越大。结果，"桓灵二帝"有幸成为后世的标尺。比如：晋武帝司马炎在执政后期，声色犬马，卖官鬻爵。太康三年（282年），司马炎在南郊祭祀上天和列祖列宗后，一时自我感觉良好，随口问身边陪同的"司法部长"刘毅："朕与汉朝诸帝相比，可与谁齐名啊？"刘毅可一点不给皇帝面子，直接回答："汉灵帝、汉桓帝。"和这两位比肩自然让晋武帝胆战心惊，简直要遗臭万年，一时良好的自我感觉估计也跑到爪哇国去了。就继续问："怎么把朕与这两个昏君相比？"刘毅回答说："桓灵二帝卖官钱入官库，陛下卖官钱入私门，以此言之，还不如桓灵二帝。"意思是说，"桓灵二帝"卖官，还把"盈利"放入国家的财政账户，而您老人家卖官的钱都揣在了自己兜里，因此，还不如"桓灵二帝"。好在晋武帝在治国上虽然昏聩，但内心还没糊涂，也不残暴，同时，脑筋急转弯的速度也很快，闻言大笑："桓、灵之世，不闻此言，今朕有直臣，显然比两人强些。"意思是说，"桓灵二帝"时期，没人敢说这样的话，今天我有你这样正直的大臣，还是要比这二人强一点。估计晋武帝此时长出了一口大气，终于把自己从"标杆"的序列中摘了出来。

"桓灵两帝"就是昏聩无能、开创中国大规模卖官鬻爵先例的酒肉皇帝，有幸成为后世千百年的"标杆"。

东汉灵帝自己卖官赚钱，将东汉弄得乌烟瘴气，或许因为他赚的钱也是改造后的小钱，感觉不开心，希望钱币市场有所改变。186年（中平三年），灵帝铸造"四出五铢"，它的直径为2.5厘米，重3.6～4

克，比东汉五铢还要重一些，属于足值货币。但老百姓并不买账，这是可以理解的，皇帝您老人家自己就成为昏君的标尺，希望用足值货币来衡量老百姓，让老百姓做道德君子，这不是既想当婊子又想立牌坊嘛。"四出五铢"发行后，人们咒骂："京师将破，天子下堂，四散而去。"源于"四出五铢"从内部方孔的四角，有四条线一直延伸到钱币的边缘，人们就将这四条从内至外的线条说成是东汉将散伙、东汉"食堂"将倒闭的预兆。在这样的局势下，"四出五铢"注定是匆匆的过客，无法逃脱被"技术改造"的命运。

东汉只有三个真正的皇帝，即开头的光武帝、孝明皇帝和孝章皇帝。孝章皇帝也是东汉王朝的掘墓人，他开始大规模重用外戚。此后，外戚、宦官轮流登上舞台，为了更容易掌握权力，他们希望所拥立的皇帝越小越好，最好抱着登基。东汉的殇帝，即位时三个多月，死时不足一周岁。在皇位上长大的小皇帝还要不屈不挠地和外戚、宦官作斗争才能掌握权力，结果，东汉朝廷斗得乌烟瘴气，对于社会治理和经济生活的管理也实在是顾不上，实行彻底的自由主义，连"银行"都可以随便开。

除了初期的几十年之外，东汉被部分史学家称为虚弱的王朝，这是可以理解的，宫廷不断内斗，也就谈不上国家治理和法制建设，因为根本顾不上。货币政策更是自由，大家随便开银行，"钞票"随意印，这彻底违背了黄金法则，期望国富民强也太不靠谱。

在这样的土壤下，朝廷实行完全的"自由主义"政策倒有一样好处，那就是所有人都可以各显神通。东汉后期就成为一个群雄聚会、各竞风流的时代。文有蔡邕父女（图4.6所示为清代画家周慎堂所绘的《文姬踏歌图》，左为蔡文姬）、曹植、诸葛亮、孔融、杨修等，武有周瑜、太史慈、关羽、张飞、吕布、张辽、赵云、马超等，更有军事家曹操，一代英雄孙权和刘备，土皇帝袁绍、袁术、公孙瓒、刘表、刘璋等人，大家随便折腾。折腾来，折腾去，最后将东汉折腾散架了。

图 4.6 清代画家周慎堂所绘的《文姬踏歌图》

蔡文姬（约 177 年—约 249 年），名琰，字文姬，故乡位于今河南杞县，为蔡邕的女儿，博学有才，通音律，是建安时期著名的女诗人。

蔡文姬初嫁于名门之子卫仲道，后来丈夫过世，未育子女。不久董卓乱京，蔡文姬为董卓部将所掳，并于东汉兴平二年（195 年）流落至匈奴，嫁南匈奴左贤王刘豹为妾室，生下二子。建安十二年（207 年），由于曹操在发迹前就已和蔡文姬的父亲蔡邕相熟，对蔡邕无嗣感到难过，十分同情蔡文姬的遭遇，遣使以重金将蔡文姬赎回，并安排其再嫁自己的同乡陈留（今河南省开封市陈留镇）董祀，"文姬归汉"亦成为中国有名的历史故事。

在一次闲谈中，曹操表示很羡慕蔡邕家中藏书量之丰，蔡文姬告诉他，原来家中所藏的四千卷书，几经战乱全部遗失，曹操十分失望。不过，当听到蔡文姬还能背出其中四百篇时，又大喜过望，后蔡文姬凭记忆默写出四百篇文章，没有丝毫遗误。

《古今传授笔法》记载："蔡邕的书法乃神人所授，并遗传给他的女儿文姬。"

董卓字仲颖，陇西临洮（今甘肃岷县）人，是当时西北的地方豪强势力，也属于地方土皇帝之流。189年（中平六年），汉灵帝刘宏驾崩，少帝刘辩继位。由于刘辩在13周岁即位，尚属于少年儿童，暂由何太后临朝主政。宦官和外戚都希望掌控皇权，为此展开了殊死的搏斗。何进是少帝的舅舅，属于外戚的行列。为了击败宦官的势力，便许以好处，假借圣旨招董卓进京，讨伐宦官集团。何进就属于今天所说"脑袋进水"的人，自己连一群宦官都摆不平，却招诸侯进京，宦官充其量属于一群狼，诸侯可是地道的猛虎。董卓接到圣旨后，自然大喜过望，掌握皇帝就可以号令天下，挟天子以令诸侯，这是"天上掉馅饼"的好事，而且以他的军队收拾一群宦官自然是绰绰有余，立即召集人马，连日进京。

董卓砍瓜切菜般地收拾了宦官，当然也顺手收拾了何进之流的外戚，掌握了东汉的朝政大权。

此时的东汉已经是天下大乱，184年，爆发了大规模的黄巾起义，各诸侯以镇压农民起义的名义招兵买马，扩充自己的势力，诸侯之间也互相攻伐。这也难怪，混乱动荡时期，有兵的就是爷，董卓自然也不例外。军费开支剧增再加上董卓生性贪婪，董卓就想方设法搜刮民财，生财的最佳办法当然是开"银行"，在这件事上董卓不遗余力。

唐代诗人李白在《古风·秦王扫六合》的诗中说到："秦王扫六合，虎视何雄哉！挥剑决浮云，诸侯尽西来。明断自天启，大略驾群才。收兵铸金人，函谷正东开。……"说的是秦始皇统一中国之后，收缴天下的兵器铸造12个金（实际是铜）人。公元190年，董卓销毁其中9个金人，铸成小钱。这种钱直径只有1.2~1.5厘米，重0.5~1克，既无内廓又无外廓，"五铢"二字模糊不清，很难辨认，世人给董卓铸造的钱币起了一个专门的名字——"无文钱"。《魏志》记载："卓铸小钱，大五分，无文章，肉好无轮郭，不磨鑢。"这种钱币制作粗劣，既轻又薄且小，只能在长安和洛阳一带流通，京师的人们深受压榨。好在当时没有户口管理的说法，逃出京师还算方便，京师人口大量逃亡也是正常的。钱的重量下降，数量增加，自然带来通货膨胀，出现了"谷石数万（枚）"的情形。数万枚钱币才能购买一石稻谷，老百姓自然无法承受。结果民怨沸腾，民间不再使用五铢钱进行交易，而是回归以物易物或以锦帛作为交易媒介。

经过持续不断的"滥印钞票"，东汉的"中央银行"破产了，好在它只有一个股东，当然，这唯一的股东也从富可敌国变成了穷光蛋，东汉的"饭堂"关门大吉。

东汉"中央银行"破产过程，伴随了朝廷的灭亡，史书记载得很明确，但后世很多朝廷却不断重复，实在是"明知山有虎，偏向虎山行"。

崇祯的游戏

明朝万历登基之后，白银成为法定货币，从为市场提供信用的含义来说，银本位与金本位没有丝毫的不同，金银都可以长期保持自己的信用，在信用的"语言"上，银本位就是金本位。

万历初期，张居正极力推进社会改革，本质是推进法治，清明政治和吏治，而税法改革永远是经济改革的核心内容，《一条鞭法》的实施，明确了劳动者和政府之间财富的分割比例。这一系列改革措施的不断推进，快速地推动了社会财富的积累，明朝的经济实力也在社会财富不断积累之后快速上升。法制建设、税收体系的完善和货币信用的确立，让当时的社会再次体现了黄金法则的威力，明朝也来到了自己的黄金时代——万历中兴。

中国封建社会一直有"天朝上国"的情结，也就意味着不会有长期安稳的日子。既然是天朝上国，当国力开始强盛时，就要"威服蛮夷，扬威海外"。本来，涉及国家主权的战争是必须进行的，但问题是，当这些帝王希望通过战争显示自己"圣明"的时候，往往就忽视内部的治理，甚至通过加税来显示自身的强大，使得国家的内政（主要是财政）与外政失去平衡，很不幸，万历先生就是这样的典型。

万历时期进行的战争基本都是必不可少的。既然对外战争必不可少，内部的支出就必须能少必少，以保持财政平衡。但万历先生的思维一样是"天朝上国"的思维，颠覆了内政与外政之间的平衡。据《明史》记载，万历三大征消耗巨大，"宁夏用兵，费（银）百八十余万，朝鲜之役七百八十余万，播州之役二百余万"，三大征合计支出1160余万两白银。万历登基之后的前十年，在首辅张居正、司礼监掌印太监冯保和自己的亲生母亲慈圣李太后的共同"管理"下，万历这个皇帝基本属于傀儡，主要的工作就是读书，课余时间观摩皇帝这个职业的工作流程。张居正去世之后，万历没有了"紧箍咒"，开始"消费"升级，"居正卒，添织渐多，……二三年间，费至百万，取给户工二部，搜括库藏，扣留军国之需"。明朝的财政是"双轨制"：皇帝有自己的内库，相当于小金库，这个库房，钥匙在皇帝手中，他想怎么花就怎么花；而国家的钱财在户部，属于国库，用于国家的开支，祖宗的规矩是皇帝不能把国库的钱财用于自己的开支。张居正去世后，皇宫的采买开始增加，万历不仅花光了自己的小金库，还从国库支取，甚至克扣军费。《明史·卷八二·食货六》记载，"万历中期，皇帝一人每年膳食费增至三十万两，修造定陵寿宫费银八百万两，修三大殿，仅采木一项即费银九百三十余万两"，这些开支比三大征的花费更多。同时，皇室的宗族繁衍迅速，到万历四十年突破40万人，开支浩大。财政开支不断加大，但纳税土地却不断萎缩，在四川，"为王者什七，军屯什二，民间仅什一而已"，王侯占有了十分之七的土地，军屯占有十分之二的土地，这些土地都是不纳税的，而民间纳税的土地只有十分之一，财政收入锐减。

万历二十七年（1599年）前后，每年财政赤字为五十万两左右。虽然万历不断加征矿税，但依旧无法阻止明朝的财政走向枯竭。到万历三十年（1602年），已经是"老库将尽，京粮告竭，太仓（指明朝国税库，近似于今天的国税库）无过岁之支"，"从古以来未有公私匮竭如今日之穷者"，此时，无论万历的小金库还是国库，都是空空如也，张居正攒下来的家底彻底花光了，再也没有库存支撑明朝的财政赤字。

万历中后期，开始加征矿税，虽然不是全面加税，但已经开始破坏黄金法则，不断加税就会削弱甚至中断社会部分劳动阶层的财富积累进程，当民间财富无法积累之后，国家财富的积累速度就会下降，并最终走向萧条。

万历的后代，紧跟先祖的脚步。

万历去世之后，光宗朱常洛登基。虽然光宗等待登基的时间很长（当了19年太子），登基前后也很忙，但老人家走得更匆忙，只在皇位上"过把瘾"就走了，成为"一月天子"，然后就是一个"木匠"和一个"人妖"执政的时期。

"木匠"是明熹宗朱由校，这是万岁，太监当然就是九千岁魏忠贤，期望一个"木匠"和一个"人妖"治理好国家就更不靠谱。

魏忠贤也算是中国历史上著名的"人渣"，在对明朝的破坏上也竭尽全力。明朝《大明律》具有很高的历史地位，张居正的《考成法》《一条鞭法》都是法律建设的推进，进一步清明了明朝的政治和吏治，但这些律法在魏忠贤那里或许不值一两银子，想升官想办事，对不起，用银子说话。这彻底破坏了明朝的法律环境、政治环境和吏治环境，黄金法则的根基已经丧失。

万历中后期到熹宗时期的一番折腾，让大明王朝日薄西山，"大明食堂"开始散伙。

任何一个社会，赋税征收都受到生产力发展水平的制约，赋税的征收量不能超过生产者所能提供的剩余劳动的某一限量。比如，老板投资开办一家工厂，他一般不能随意提高产品售价进而提升毛利率，这个毛利率既受到市场的制约也受到消费能力的制约，所以，毛利率只能在一定的区间内浮动。当赋税征收的幅度超过毛利率之后，老板只好关门歇业。对于农业也一样，土地的产出是有限的，当赋税征收幅度过高的时候，农民种田的所得扣除赋税不能得到温饱，就会放弃耕种。当气候条件恶化，土地收入下降，如果赋税不变，就会加速农民放弃耕种的速度，形成大量的流民，这是动荡之源。万历前期是中国民族资本主义萌芽时期，赋税的逐渐加重会让农民和手工业者走向破产，中断民族资本主义的发展。

可惜，万历皇帝和他的儿孙恰恰就是这样做的。

1583年，也就是张居正去世的第二年，努尔哈赤开始起兵。表面看来努尔哈赤（或许还包括辽东总兵李成梁）很给张居正面子，更可能是他认为不给不行，一个这样牛的人管理着强大的明朝，他惹不起，不敢有非分的念头。同时也说明，努尔哈赤很不给万历面子。起兵之后的努尔哈赤相继兼并海西四部，征服东海女真，统一了分散在东北地区的女真各部。但这期间的努尔哈赤还算是明朝的人，曾被封为明朝的龙虎将军。1616年，努尔哈赤在赫图阿拉（又称兴京，今辽宁省新宾县境内）称汗，建立后金。1618年，努尔哈赤公布"七大恨"的讨明檄文，开始公开起兵反明，彻底脱下了明朝的"马甲"。

张居正去世之后，万历通过三大征、修定陵、整修三大殿并不断提高自身生活水平，终于将明朝的财力耗尽，此时开始显示恶果。虽然兜里没钱了，但努尔哈赤却不能不管，如果他不断刨大明朝的土地，"大明食堂"就马上散伙了。为了应对战争所需，财政已经枯竭的明朝只能在工商业和农业上直接加税。万历四十六年（1618年），户部尚书李汝华议请每亩土地加税三厘五毫，明年复加三厘五毫，四十八年（1620年）又议请再加二厘，前后平均每亩土地加税九厘白银，这成了明末农民起义的导火索。为什么这么说？此时，明朝的气候已经进入明清小冰期最恶劣的时间段，大旱大涝持续发生，特别是西北和中原地区的某些地方，在这样的恶劣气候下，很多农田原本就是颗粒无收，农民种了一年的地，结果发现不仅不能填饱肚子，年终一算反而欠账（赋税），只能放弃土地，形成大量的流民。

对于那些有"理想"的人来说，流民就是自己的兵员，兵员既然有了，"领导"再迟迟不上岗就说不过去了。1627年，陕北白水县农民王二（看这个名字就知道是个穷人）率领数百农民杀了知县张斗耀，成为第一位流民的"领导"。1628年开始，重量级的"领导"陆续出场，王嘉胤、王大梁、高迎祥和王左桂等起兵响应，李自成加入了高迎祥的队伍。张献忠在1630年于陕西米脂县十八寨起义，号称"八大王"。

兵源充足，"领导"够猛，大明王朝的麻烦大了。

虽然朱由校没干多少好事，但却很聪明，上述一众猛人集体出场的时候，他一看大事不妙，转身撤退，向父亲和祖父"汇报工作"去了。

崇祯帝在1628年即位，这确实不是个好年头，长辈和兄长留下的摊子足够乱。

历史上，对于崇祯有很多争议。但崇祯帝是一个勤奋的皇帝，也力图有所作为，属于典型的"劳模"；在除掉"阉党"的过程中，也显示了自己的智慧。可这样的崇祯帝并没能挽救大明朝，这是为什么？本人认为，是缘于战略性错误。

朱元璋的子孙中有贤明的皇帝（比如明孝宗朱祐樘），也有荒唐的皇帝（比如明宪宗朱见深和明武宗朱厚照），但没有太窝囊的皇帝，都很刚毅，这或许和朱元璋先生的家教有关。最明显的示例是：无论宦官怎么猖獗，都无法威胁到皇权，这与其他朝代大不相同。即便僖宗朱由校，每天只琢磨怎么当好木匠，而且与他共事的是九千岁人妖，但大明朝的权力依旧掌握在他自己手中。魏忠贤无论做什么坏事，要么连哄带骗地取得木匠的同意，要么就只能偷偷摸摸地进行。大明朝的皇权对内从不妥协，宦官和外戚虽然某些时候也猖獗，但一定是皇帝这只"老虎"打盹的时候，当"老虎"醒来，无论宦官还是外戚，都只有"落花流水"一条路。大明的皇权对外也一样从不妥协：朱元璋赤手空拳起家，击败了陈友谅、张士诚等枭雄，也将蒙古人的"工作地点"迁徙回沙漠；朱棣更多次亲征，继续教训蒙古人，郑和七下西洋，彰显明朝的强盛；虽然英宗时期有土木堡之变，但于谦在后来的北京保卫战中讨回了面子；嘉靖时期再次遭遇庚戌之变，但后来的张居正启用谭论、戚继光等人，再次教训了蒙古人。即便武宗朱厚照这样不成材的皇帝，都可以亲自上阵，与蒙古人搏杀，更别提还有万历时期的朝鲜战争，狠狠地收拾了日本人。大明朝无论对内还是对外，从不妥协，大明的皇帝决不做窝囊废！

大明皇帝的字典中没有妥协这两个字。

可妥协的未必是孬种，不妥协的未必是英雄，因为无论妥协还是不妥协，都需要根据特定的形势决定。

崇祯帝继承了先祖的性格，继续决不妥协，可此时，决不妥协就成为最大的错误。

崇祯帝即位的时期，明朝的吏治已经彻底腐败，国库亏空，农民起义已成燎原之势，而皇太极在关外虎视眈眈，即便明朝兵精将勇，崇祯帝也不具备两面开战的本钱，甚至一面开战的本钱都不多。此时，明朝急需要妥协，腾挪出更大的战略空间。

本人认为：合适的策略是刚柔相济，在后金方面采取守势，继续执行团结蒙古、朝鲜的策略，通过蒙古人和朝鲜人给后金施加压力。守住山海关和长城一线，甚至不妨采取阶段性议和的措施，保证外部环境的相对稳定。然后，整顿吏治，清理皇室宗族和地方豪强所占有的土地，采取轻徭薄赋的方式给社会提供喘息之机，让农民安定下来。当农民安定下来之后，那些流民的"领导"们也只能下岗，以安抚手段为主、军事手段为辅平息内乱，最终实现稳定内政的目的。

当时的朝鲜，大多数时期都自愿作为明朝的藩国而存在，那是因为明朝很强大。面对内政稳定、重新强大起来的明朝，努尔哈赤和他的子孙充其量也只有当藩国的志向，真正开战，很可能被灭掉。崇祯先生可能忘记了齐威王时期齐国的历史，面对不断来刨自己一亩三分地的列强，修好内政，壮大自己，列强是会把刨走的土地还回来的。

可刚毅的崇祯帝走的是相反的道路，在内外两面同时开战，财政赤字继续扩大，加税就成为必然。崇祯先生似乎嫌农民起义军的兵员不够多，中原不够乱，明朝的灭亡已经不可逆转。

既然两面开战，军费开支就会飞速上升。崇祯四年（1631年），辽饷在原来每亩九厘的基础上提高到一分二厘，另加关税、盐课及杂项，共得银七百四十万八千二百九十八两。崇祯十年（1637年），兵部尚书杨嗣昌为筹集镇压农民起义的费用，奏请增兵十二万，加征"剿饷"，剿饷直到崇祯十三年（1640年）被迫停止。崇祯十一年（1638年），清兵数次绕境蒙古长驱直入内地打草谷（抢粮食并顺带抢人）及屠城，杨嗣昌提议征派"练饷"七百三十万两。

三饷不断加重人民的负担，贪官污吏更会以"火耗银"等形式不断"揩油"，这些隐性的负担甚至超过正常的赋税，结局是抱薪救火火更旺，"大明食堂"彻底散伙，明朝走到了自己的终点。

看起来崇祯帝时期实行的是银本位，货币的价值是稳定的，等同于金本位，但既没有清明的政治，也没有稳定、适度的赋税水平相配合，这样的"金本位"毫无意义。缘于不断增加的赋税和官吏、豪强的巧取豪夺，彻底中断了社会的财富积累，没有社会财富的不断积累，就不会有国家的强盛。

黄顶商人——晋商崛起

中国有句俗语，叫做"十年育树，百年育人"，意思谁都懂，但是，如果是干坏事，不用教也无需育，简直就是本能。万历皇帝肯定想不到，自己在正税（指《大明律》中规定的税种）之外发明的三饷，比大明朝更有生命力。更滑稽的是，万历帝征收三饷的目的是为了打击后金，可继承三饷的也是"后金"。这世界乱了。

清兵入关后，多尔衮下令免除三饷。顺治皇帝颁布免除三饷的诏书之后，又特地下诏声明："地亩钱粮俱照前朝《会计录》原额，自顺治元年五月初一日起，按亩征解。凡加派辽饷、新饷、练饷、百买等项，悉行蠲免。"中心意思都是说，三饷和所有的加派都属于恶政，害得老百姓朝不保夕，全部免除，一切按明朝的《会计录》执行。

说得好。

人们经常说，皇帝金口玉言，当然不会反悔。事实是皇帝也是人，反悔的事是经常发生的。顺治四年（1647年），顺治皇帝还很年轻，可忘性很大，即复征辽饷。顺治十四年（1657年），辽饷编入《赋役全书》，干脆由临时性科目摇身一变成为清朝征税的"正式科目"，按今天的说法是"合法化""正常化"，辽饷也改头换面称作"九厘额银"。顺治十八年（1661年）再次恢复了剿饷，加赋五百多万两。"三饷"自始至终陪伴着清朝。

顺治七年（1650年），多尔衮在边外筑城，加派9省额外钱粮250余万两，州县也多有摊派，这已经是三饷之外的游戏了。

我们经常说，清朝和明朝有很多不同，这似乎都是事实，但明朝末期不断增加赋税的做法却完整地被清朝继承了下来，看来清朝真是一个合格的"接班人"。

这种对糟粕的选择性继承，也算是封建历史上的一大特色。

崇祯帝游戏黄金法则，清朝当然继续游戏，相当于将糟粕继承到底。

清朝实行的也是银本位货币体系，货币的信用是稳定的，等同于金本位。当时的欧洲正在进行轰轰烈烈的资产阶级革命，金本位结合一系列制度革命，使黄金法则发挥出巨大的威力，推动经济蓬勃发展。可清朝继续游戏，结局就是被动挨打，最终使中国成为半殖民地国家。

晋商就"浪迹"在清朝游戏黄金法则的潮流中。

晋商历史源远流长，古人用"猗顿之富"形容某人富可敌国，这位猗顿先生即春秋时期一位赫赫有名的晋商。猗顿先生的出生地不详，生卒不详，甚至连父母是谁也不详，但他的很多事迹历史记载得却很详细。他活跃在春秋时期，曾向陶朱公（范蠡）请教致富的办法。范蠡给他支招说，养殖业可以致富。猗顿先生对"知行合一"的思想理解得很深刻（虽然那时候王阳明先生尚未出生），立马跑到今山西临猗县（古称猗氏）养牛牧羊，十年之后发家，成为巨富。《孔丛子》说："大蓄牛羊于猗氏之南，十年之间其息不可计，赀比王公，名驰天下。"说这位猗顿先生通过养牛牧羊积累了可与王公相匹敌的财富。为什么猗顿先生非要跑到临猗去放牧？或许是养牛牧羊需要消耗大量的食盐，临猗今属于山西运城地区，古称河东，在古代是重要的产盐地。食盐是人类生活必不可少的物资，对于动物也一样。猗顿先生又就地取材，开始经营食盐积累财富，"猗顿居猗氏，用盐盬起"，明清时期晋商的崛起一样与运城地区的食盐资源紧密相关。

  山西有食盐，就可以让当地的商人发财吗？答案是不能！食盐在很长的封建社会时期都属于专卖物资，即便山西商人坐在运城的盐池上，如果没有销售权，也一样望"财"兴叹。

  明朝初期，机会出现了，晋商把握了这个机会。

  北方游牧民族一直就是中原政权的严重威胁，明朝也是如此。明朝和北方的蒙古人属于冤家对头，因为大明的天下就是从蒙古人手中抢过来的。明初，为了防范蒙古人想回中原"办公"的念头（谁不想从遍地黄沙的不毛之地回到中原的花花世界呀），从辽东到甘肃的九个边防重镇驻有数十万军队。这么多的军队，需要打仗，更需要吃喝，后勤保障成了大问题。但这点事在朱元璋（和他的子孙）那里就不是事，打天下这样的大事都可以解决，这点事自然难不住。明朝所采取的办法就是利用政府所控制的盐业专卖权，让商人把粮食等物资运到边防，以换取盐引（领取和销售食盐的凭证），手持盐引就可以到指定盐场领取食盐，再到指定地区销售。对于晋商来说，相当于在自己家门口装上食盐，再到其他地区去销售。历史上很多名人都是私盐贩子，黄巢、张士诚都是，这是因为这一行当的利润很高，使得很多人铤而走险。可现在，山西商人不再是私盐贩子，只要将军队所需的粮草运到九边，就可以领到盐引然后接着贩盐，成了名正言顺的"公"盐贩子，运城的盐池就成了晋商的金山银山。

这样的商业机会，如果官吏插手，晋商想赚钱也只能赚小钱，他们惹不起官吏更惹不起皇亲国戚。此时，朱元璋和他的子孙又帮助了一把晋商，为了防止官员腐败，禁止达官贵人参与其中。到此，谁也无法阻挡晋商进行原始资本的快速积累。

晋商的崛起与当地的人文环境、诚信和吃苦耐劳的精神有关，但原始的资本积累却是因为抓住了这一特定的历史时机。

到此，可能很多人认为晋商很纯粹，是按市场经济的准则行事。初始时期或许也是对的，看看朱元璋、朱棣等人的辛辣手段，这一点不能怀疑，他们下令达官贵人不准参与食盐运销，可以做得到。但是，在封建社会，如果期待晋商永远做纯粹的商人，按市场规则行事，这是幻想。对于这样的暴利机会，希望官吏永远袖手旁观更不现实，这种情形越到后来就会越严重。蒲州（今山西永济县）的王瑶和王现兄弟依靠盐业经营成为巨富，恰恰王瑶有一个著名的儿子，那就是嘉靖到万历前期的名将王崇古。王崇古是什么人？他是嘉靖二十年（1541年）的进士，在抗倭战争中，同俞大猷并肩作战，多次出海袭击倭寇，立下战功。嘉靖四十三年（1564年），王崇古担任右佥都御史，巡抚宁夏（九边之一），因镇守宁夏有功，晋升为左副都御史。后再次晋升兵部右侍郎（相当于国防部副部长），总督陕西、延宁、甘肃军务。张居正执政时更升任宣大总督。这宣大总督是个什么官？明朝为了防备北方的蒙古人和辽东的女真各部落，守护京师，在北京的东、北、西方向设置了两大边防军区，分别负责宣府、大同地区和蓟州、辽东地区的防务，军区的司令就是总督，那就是宣大总督和蓟辽总督。可想而知，这两位总督位高权重、责任重大。当时的蓟辽总督是名将谭伦，伟大的民族英雄戚继光给谭伦当兵，是蓟州总兵，而王崇古是宣大总督。王瑶有这样一位儿子，无论领取盐引，还是食盐的运销，估计没人敢惹，而且王崇古的兄长王崇义也是著名的盐商。事情并不是到此为止，明朝在万历时期有两位内阁大学士张四维和马自强，还有一位嘉靖时期的名将、兵部尚书并在穆宗时期晋升为少师兼太子太师的杨博，亲属都在盐业贩运中谋取了厚利，而张四维的父亲本身就是著名的盐商。

这些文臣武将，有些活动于朝廷的中枢，有些常年征战在外，但食盐将这些人联系在一起。

幸会！幸会！

所以，晋商的崛起在于抓住了特定的历史机遇，既在于本身的以诚信为核心的人文文化，也在于"官"的背景。但晋商不仅在明朝戴上红顶，在清朝更换成了黄顶。

黄顶商人——辉煌与衰落

在当代，很多人知道清朝的胡雪岩是一位成功的红顶商人，在本人看来，这个红顶有两方面的意思：第一，胡雪岩的商业帝国在崛起的过程中，清廷官员手中的权力起到了很大作用，也可以说胡雪岩借助官员的权力而崛起；第二，崛起之后的胡雪岩，无论在洋务运动还是在左宗棠西征新疆的过程中，都发挥了重大作用，为国家出力，为朝廷出力，但更主要的是尽心辅佐赏识自己的官员。胡雪岩由于辅助左宗棠有功，被授江西候补道，赐穿黄马褂。因为在崛起和运营的过程中，与官员的权力甚至前程绑在一起，最终，自己也戴上了顶戴花翎，成为红顶商人。

那么，如果商人的崛起和运营过程中，借助皇权呢？或可称呼为黄顶商人，他们借助的是皇权，当然更需要为皇权服务。

晋商最终成为了黄顶商人。

按说，晋商在明朝时期崛起并不断壮大，也与明朝的文武大员们有很深的联系，到明朝末年可以称呼为红顶商人（但没有顶戴）。清朝建立之后，天下的"盟主"换了，晋商应该是大势已去。但晋商风光依旧，更在清朝中前期达到顶峰，足迹不仅踏遍中国大陆，还远涉俄罗斯、朝鲜、日本、新加坡等地。《康熙南巡秘记》中载："故晋之人长于商，车辙马迹遍天下。齐、鲁、秦、燕、赵诸大市，执商市之牛耳者晋人，故晋人之富甲于天下。"《五台新志》载："有麻雀之处即有山西商人。"晋商不仅活动地域广阔，而且经营业务也非常广泛，并且在许多行业居垄断地位。何秋涛《朔方备乘》中记载："所有恰克图（今位于俄罗斯与蒙古边境的俄罗斯布里亚特自治共和国的南部城市，意为"有茶的地方"）贸易商民，皆晋省人，由张家口贩运烟、茶、缎、布、杂货。"清人衷翰《崇市杂咏》记载："清初茶叶，均系西客（晋商）经营。"清初皇商介休范氏垄断了对日本的铜货贸易。山西的"大盛魁""复盛公"等曾垄断了对蒙贸易。

虽然天下的"盟主"换了，但并没有影响晋商，甚至还更上一层楼，风头更劲。缘于晋商与新"盟主"的关系更铁，在朝代更迭的同时，顺势将自己头上的"帽子"也换了颜色，虽然明朝的官员已经不再是他们的靠山，但他们直接与清朝的皇室打起了交道。

明朝末年，后金与明朝不断开战，双方之间的贸易关系中断。我们知道，那是自然灾害不断加重的时期，东北和中原大地都属于重灾区。明朝的幅员比较辽阔，有一定的缓冲能力，但后金就不同了，除了山林中的野兽之外，粮食等生活物资稀缺，更没有多少手工业，当后金与明朝处于战争状态时，相互之间的贸易中断，后金的生存就成了问题。此时，后金即开始与明朝内地的商人进行走私性质的贸易活动。据《清实录》记载，天命三年（1618年），时有山东、山西、河东、河西、苏杭等处在抚顺贸易者16人，努尔哈赤"皆厚给资费，书七大恨之言，付之遣还"。当成吉思汗的子孙倒向后金之后，一些内地商人继续到蒙古和后金占领区进行商业活动谋取厚利，其中很多都是晋商。

虽然这一时期中原地区的盟主是明朝的崇祯帝，但晋商已经与未来的盟主——后金——建立起了良好的关系。在明朝内部，晋商只能算官商，当清朝入主中原之后，清世宗接见了八家与后金进行贸易活动的商人，主要是晋商，清王朝的赏赐也很丰厚，将这些人御封为内务府的皇商。为了表彰晋商对大清建国的贡献，清朝把北方边境的贸易经营权全部给予了晋商，不许他人染指。此时的晋商，虽然没有顶戴，但可算作代表皇权在经商，是货真价实的黄顶商人，黄顶商人的生意自然会更上一层楼，在很多地区、很多领域的垄断地位得到加强。既然是皇商，就要为皇上效力，康熙西征准噶尔部（图4.7所示为清朝平定准噶尔部图）之时，晋商努力为西征大军筹备军需粮草，为康熙收复新疆的军事行动立下了汗马功劳。

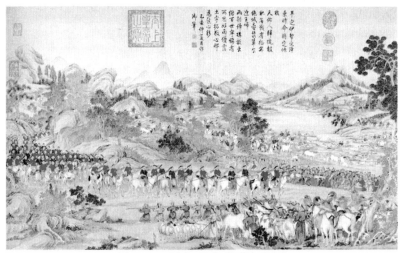

图4.7　清朝平定准噶尔部图

（图片来源：维基百科）

准噶尔在蒙古语中是左手的意思，是卫拉特蒙古的一支。历史上，蒙古民族是由两个基本部分组成的，分别为"草原百姓"和"林中百姓"，东部蒙古（中央蒙古）以前者为主，西部蒙古主要是后者。西部蒙古在明朝被称为瓦剌，在清朝被称为卫拉特。卫拉特的意思是"森林之民"或"邻近者"。

17—18世纪，准噶尔部控制天山南北，在西起巴尔喀什湖（今位于哈萨克斯坦东部），北越阿尔泰山，东到吐鲁番，西南至楚河（今位于吉尔吉斯斯坦和哈萨克斯坦境内）、塔拉斯河（今位于吉尔吉斯斯坦境内）的广大地区，建立起历史上最后的游牧帝国——准噶尔汗国。

康熙三次西征准噶尔，葛尔丹在1696年身亡。但葛尔丹的侄子策妄阿拉布坦继续带领准噶尔部逐渐强大，并于1716年占领西藏拉萨。清朝与准噶尔部的战争直到1759年8月，清军抵达喀什噶尔，平定了支持准噶尔部的大小和卓方告结束。

虽然，晋商是黄顶商人，但并不能因此而否定晋商在中国经济和商业史上的巨大贡献，在那样的时代，任何商人都必须依附于皇权和官员手中的权力，否则要取得生存与发展是很困难的。

晋商特定的政商关系，在票号的经营过程中继续发挥巨大的作用，但晋商的衰落很大程度上也是因为这种紧密的政商关系，所谓"成也萧何，败也萧何"。

1823年，诞生了中国第一家票号——日升昌。这是晋商对中国金融业的巨大贡献，推动了工商业的发展。票号诞生于商业运营活动中，又进一步为商业运营服务。太平天国之前，票号主要经营的还是商业资金以及官吏个人的资金。如果没有晋商与清朝皇室之间的特殊关系，票号或许可以实现快速发展，但很难实现跨越式发展。一个普通的商帮，要与当时的权力核心建立紧密的政商关系是非常困难的，往往要借助于特定的历史机遇。但晋商不同，晋商与清朝皇室之间的传统关系，为票号的发展插上了翅膀。太平天国之后，票号开始与清政府的财政管理相衔接，参与清朝的财政汇款等业务活动而获利。同时，由于清政府大肆卖官，票号便大量资助一些人买官，这些人一旦达到目的，便利用手中的权力将公款低息或无息存入票号，票号再高利放出，从而获利。至此，票号的发展实现了飞跃，清末，票号之盛，一时无两，晋商票号在官府的权力和诚信的双重"背书"下，实现了"汇通天下"，执中国金融业之牛耳。

此时的晋商，将自己的命运与清朝的命运紧密地联系在一起，这种紧密达到了什么程度？由一件事情可见一斑。

《乔家大院》里的乔致庸，是个有傲骨的读书人，上演了晋商的一段传奇，成为晋商的旗帜之一。乔致庸的经营才华、诚信精神自然值得后世学习，可是，历史上的乔家大院一样借助了清王朝的权力。庚子事变之后，八国联军攻入北京，慈禧仓皇出逃，就曾经下榻在乔家的大德通票号，随驾的董福祥等大臣则住在协同庆票号。撤离北京前，慈禧太后甚至向北京的票号借银50万两，在西逃途中又向乔致庸借银50万两。由此可见，山西票号与清政府的关系好成了一家人。

庚子事变后，慈禧西逃途中得到晋商票号的大力资助，感激之余，大量官款都通过晋商票号存汇，如京饷、地方协饷、边防经费、铁路经费、赈灾款、河工经费等都由山西票号汇解，一时间，山西票号成为清政府财政支付与转移的代理机构，得到空前发展。其中，日升昌票号的14个分号在1906年共汇兑白银3222多万两，而其中官款就达白银2257多万两[①]。

但也恰恰是清政府的腐败，让晋商走向衰落。

慈禧六十岁生日时，京城各处张灯结彩，结撰楼阁，金银宫阙，剪彩为花，铺锦为屋，每数十步一戏台，令人眩目。而支撑这些奢侈生活的所需，大多是通过巧立名目，增加赋税，强迫商人捐献报效等方式而来的。另一方面，由于清政府的腐败统治，内外矛盾激化，镇压内部的起义和对外战争都需要大量的军费开支，而对外战争的屡战屡败，伴随而来的都是巨额的战争赔偿。可政府财政匮乏，于是便将赔偿的重负转嫁给整个社会。商人首当其冲，晋商作为中国最重要的商帮，往往承担沉重的苛税、捐输（指因国家有困难而捐献财物）、摊派。

道光二十三年（1843年），因鸦片战争赔款，清政府向晋商摊派捐输金额达白银200余万两[②]。太平天国期间，清王朝为了筹集巨额军费，推行捐借政策。咸丰二年（1852年）二月至次年正月，晋商捐银1599300余两，占全国新捐银37.65%[③]。光绪元年（1875年）至十九年（1893年）清政府在山西大量设置厘卡，使每年厘金收入从白银9万两上升到22万两，药税、票税、盐价加斤等杂税每年增加多达20万两[④]。

捐派（指捐款、摊派）只是隐性赋税的表现形式之一。清政府高

---

① 石骏. 汇通天下的晋商 [M]. 杭州：浙江人民出版社，1997：226—228.
② 石骏. 汇通天下的晋商 [M]. 杭州：浙江人民出版社，1997：157.
③ 邵继勇. 明清时代边地贸易与时代贸易中的晋商 [J]. 南开大学学报（哲社版），1999（03）：58—65.
④ 石骏. 汇通天下的晋商 [M]. 杭州：浙江人民出版社，1997：235.

度集权，吏治腐败，贪污纳贿的所得都成为压在民众身上的另外一种隐性赋税。最典型的是"火耗"，原指碎银熔化重铸为银锭时的折耗，征税时加征的"火耗"大于实际"火耗"，差额就被官员们揣进自己的腰包。清朝的"火耗"不断加重，一般州县的火耗，每两达二三钱，甚至四五钱，偏僻的州县赋税少，火耗数倍于正赋。虽然顺治、康熙年间也发过禁令，但并不起作用，以后也就默认了。吏治腐败的时候，州县的官员通过火耗、力役等方式层层盘剥，这就形成隐性赋税，这些隐性赋税给民众带来的负担甚至远高于正税。

晋商是清朝社会的缩影，当赋税和捐派不断增加，商人、手工业者与农民就无法实现财富积累，只能不断走上破产之路，形成国弱民穷的恶性循环。虽然清朝实行的是银本位，与金本位具有一样的信用含义，但丝毫不能促进全社会经济的发展，只能是不断走向没落。最终，清朝这趟"列车"于1911年脱轨，清政府和官吏在票号中的大量借款成为坏账，再加上国外银行的冲击和军阀混战进行的军费摊派，让晋商走向衰落。

1914年，日升昌票号倒闭，标志着晋商左右中国金融界一个世纪的时代结束了。

可敬的是，清朝覆亡，天下大乱，无数票号倒闭，但幸存下来的晋商们并没有携款私逃，乔家的大德通等票号继续传递着晋商的荣誉，坚守着自己信用的阵地。

黄顶商人——最后的"阵地"

清政府倒台之后，中国陷入军阀混战，阎锡山开始在山西崛起。

阎锡山生于1883年10月8日，1911年10月29日，他收到了一份迟到了21天的生日礼物，但这个"礼物"很"大"也很特殊，更无法拒绝，被他的同盟会同仁们拿着手枪推举为山西省都督。此时的阎锡山慷慨陈词："清政黑暗，专制已久，国事日非，民不聊生。我们早有革命思想，因为时机未到，所以没有行动。现在武汉、西安已经起义,全国震动,良机难得,不可失去,因有这次的山西起义。"

这是他前几天发动太原起义换来的果实,山西省巡抚陆钟琦被杀,阎锡山开始主政山西。

阎锡山小时候曾在钱铺做过学徒,和曾经在上海滩做过经纪人的蒋介石可说是"同门师兄弟",均属于金融专业人士。事实上,蒋介石通过垄断中国银行等银行业实现不断扩军,最终登上南京国民政府总统的宝座,阎锡山以蒋介石为榜样,采取同样的套路。

阎锡山就任山西省都督之后,1917年兼任山西省省长,此时即开始筹建山西省银行。1919年1月,山西省银行开业。初始的山西省银行为股份有限公司,资本额为300万银元,开业时的实收资本为资本额的40%,也就是120万元。后来,阎锡山以省银行不应有私人股本为名赎回私人股份,山西省银行成为官僚资本的银行,实现金融垄断是阎锡山必须迈出的一步。

铁轨使用窄轨,自己印钞票,阎锡山在山西的独立王国显示了雏形。在银行的经营上,阎锡山独具特色,非常具有现代企业家的眼光,除了代理省金库、储蓄和汇兑、发钞等业务之外,还经营土地、庄园。相当于一手提着印钞机,一手经营房地产,这很让今天的房地产商羡慕。

山西省银行成立伊始即发展迅猛,先是设立太原总管理处和太原分行,很快在各主要县城和地区设立分行、办事处和寄庄,天津、上海、汉口、北京、石家庄、保定、绥远等地的分支机构也相继设立,至1929年,山西省内外的分支机构已达40余处。山西省银行所发行的晋钞也开始在省外流通。

随着阎锡山、冯玉祥和李宗仁通电倒蒋,在中原展开大战,1930年8月,阎锡山还在北平(今北京)成立"中华国家银行",从这个名字来看,阎锡山是希望建设一家国家银行,进而可以施展更大的"抱负",问鼎天下。可惜,这间带有"中华"字号的银行,仅仅开业2个多月,就因为中原大战的失败而关门停业。阎锡山对蒋介石几乎亦步亦趋，希望通过金融扩张问鼎天下，当然，钱铺的学徒最终没能玩过闯荡大上海的经纪人，终归档次不同。

1919年—1924年，"晋钞"发行额不超过500万元，此后略有增加，截至1929年，十年间发行也只有1300万元，平均每年不过130万元。对于当时有1000多万人口的山西来说，算不上超发。随着晋钞的不断发行，阎锡山拥有了充足的军费，晋军从初期的2万人发展到中原大战前的20多万人，此时的阎锡山"鸟枪换炮"，要人有人，要枪有枪，有了争夺天下的野心。虽然阎锡山理财是把好手，但治军却近乎是菜鸟，当时晋军的战斗力，在各路军阀的军队中只能算中下游的水准（傅作义的部下除外），应该比不上冯玉祥的西北军、李宗仁和白崇禧的桂系军队，当然更比不上蒋介石的中央军，甚至还要让位于粤军、湘军甚至西北的马家军。阎锡山希望依靠这样的军队争夺天下，有点过于天真，但人有时是有梦想的，阎先生就属此类。晋钞发行伊始，也非常坚挺，1元晋钞可抵1元的银元使用，属于硬通货。然而，为了在中原大战中拉拢李宗仁、冯玉祥等人（图4.8为中原大战前，冯玉祥的部队在潼关红场整装待发），阎锡山就需要不断从自己兜里掏钱，好在自己就是开银行的，承诺为参战的反蒋军约70万人提供军费，至1930年10月底，"晋钞"的发行量猛增至近1亿元，大量流通在京、津、冀等广大地区。

图4.8　中原大战前，冯玉祥的部队在潼关红场整装待发

（图片来源：维基百科）

1928年12月，东北易帜，归顺南京国民政府，北伐宣布成功，中国实现了名义上的统一。北伐时，为求快速胜利，蒋介石准许军阀以直接改编的形式加入南京国民政府，地方军阀依旧掌握地方的军事、人事、财政、行政大权，中央无从置喙。因此，当时的统一更近似于是唐朝藩镇割据式的统一。1929年初，"国军编遣委员会"成立，蒋介石为加强中央集权，扩充嫡系，决定推动"军队中央化"，计划将当时全国约220万军队缩减至80万人，军费预算缩减至全国税收的40%，这将大幅削弱军阀实力，引起地方派系疑虑。

这引起了一系列的战争。1929年11月，李宗仁等人连同汪精卫通电反蒋，另立中央于北平。1930年4月，阎锡山就任中华民国陆海空军总司令，冯玉祥、李宗仁就任副总司令。当年5月11日，中原大战正式开始。至当年9月，经过主要遍及7个省、各方投入兵力超过百万的大战，蒋军显示优势。中央军攻陷洛阳之后，截断了西北军溃逃的后路，战况渐渐明朗，但此时，蒋军与联军方面均师老兵疲。最终，蒋介石拉拢隔岸观火的东北军参与战斗，9月18日，张学良通电拥蒋，并在随后率军入关，以阎锡山为首的联军遭到惨败。

对于金融战，蒋介石自然是行家里手，对钱铺学徒的这点把戏看得很清楚。阎锡山增发晋钞，就必须不断扩大流通区域才能支撑币值，否则，山西省银行就会倒闭，阎锡山就只能"退休"。此时，蒋介石指示南京国民政府下令："对阎锡山所发种种纸币、债券及各项票据，务必一律拒绝，以遏凶氛。"北伐战争之后，阎锡山实际控制着晋（山西）、冀（河北）、察（今河北和山西北部）、绥（今内蒙中部）四省和平津两特别市的军政大权，晋钞的流通区域已经不仅限于山西省。南京国民政府的一纸电文，显然是希望限制晋钞在省外流通，击打阎锡山的软肋。在中原大战中，阎锡山遭到惨败，败兵如潮水一般逃回山西，此外，还有更凶猛的一股潮水也流回山西，那就是晋钞。山西境内的晋钞数量暴涨，形成猛烈的通货膨胀，晋钞的价值猛跌，跌至银元价值的三十分之一。

货币贬值，将让很多人手上的钞票变成废纸，这是今天很多人熟知的道理，但很少人有实际的体会。可当时的人们不仅这样说，更身体力行，据曾任霍县与五台县县长的陶伯行回忆：当时"退职家居"的阎锡山机要处长高相俣将积攒的1万多元晋钞全部焚烧并一病不起。晋北有个老人携带晋钞来太原，在省银行门口焚烧，大哭而去，不知所终。

既然是玩银行的，随着晋钞猛烈贬值，山西省银行便走向破产，银行的"董事长"阎锡山只能下野，到大连隐居。阎锡山可能深刻地感觉到，没有了钱袋子，真的很脆弱。

此时，阎锡山进一步发现，自己作为蒋介石的金融同门师弟，玩不过师兄，上海滩的经纪人非钱铺学徒可比，终归档次不同。因此有一个传说：中原大战战败之后，阎锡山曾向蒋介石上了一份悔过书，称"锡山治全国不足，治两省而有余"，要专心做一个"模范省长"。

这有点像帮会排座次，打过之后，阎锡山服输，认蒋介石当大哥，自己甘愿当小弟，彻底服了。

阎锡山隐居到大连之后，山西的政局更加动荡，晋钞几乎成为废纸。"九一八"事变，给阎锡山的复出提供了机会。1931年8月5日，阎锡山租乘日本飞机从大连秘密到达大同机场，1932年2月20日，南京国民政府为稳定山西政局正式任命阎锡山为太原绥靖公署主任。此后，山西境内政局趋于平静，但晋钞的信用无法恢复，市面萧条。在此情形下，阎锡山决定使用"古老"的新招——换币，山西省银行发行新晋钞，这种新晋钞依托土地发行，意味着新的骗术开始上演，新钞与旧钞的比价为20：1。

旧钞在此时几乎是废纸，这个比价必然导致储户疯狂挤兑新钞。面对储户的挤兑，当时最大票号之一的"大德通"票号决定坚守诚信，按照新币定价折兑给储户，最终造成30万两白银的亏空。两年之后，约有80年历史的乔家"大德通"票号悄然摘下了自己曾经闪光的招牌。

晋商的轨迹就是中国明清史的轨迹。在中国的封建社会中，唐、宋、明朝都是法制相对比较完善的朝代，《大明律》更深入当时社会生活的方方面面，虽然明朝受到中国文明史以来最严重严寒的打击，但顽强地生存了下来。随着张居正的变法改革，明朝走向兴盛。在这一过程中，晋商不断发展壮大。此时的晋商经营的是生产和生活资料，盐、茶、铜都属生产和生活资料，所依托的是民间工商业的发展，繁荣的工商业自然在民间聚集了大量的财富，晋商有充分的发展空间。到清朝，社会权力再次集中，伴随的是社会财富不断向上层社会转移，重赋税、捐派和官吏的贪污纳贿都成为财富转移的机制，工农业走向萧条，最终沦为殖民地和半殖民地。此时，如果晋商再集中在生产和生活资料的范畴内经营是没有出路的。所以，票号诞生的初期主要进行的是民间资本的汇兑，但很快就转移到经营官僚资本。晋商票号的经营重心必须顺从资本的流动而进行转移，这不是乔致庸等人的错误，他们只能顺势而为，这是当时的社会形态所决定的。在晋商票号兴起的同时，欧美很多金融机构也在这一时期同时建立，他们依托工商业的不断发展，逐渐成为驰名世界的大财团，今天欧美的主要金融机构就诞生于那一时期。可与清政府捆绑在一起的晋商票号，就只能与清政府"共存亡"，最终走向衰落。

金融机构，经营的是信用，无论清朝还是随后的军阀混战时代，全社会不具备完善的法律机制，也就没有信用的土壤，晋商的衰落不以任何人的意志为转移。

清朝实行的是银本位制度，在当时的社会体制和特定的环境下，无法发挥出金银作为货币（即狭义金本位）对社会进步的推动作用，社会财富在不断加税、无穷无尽的捐派和官吏贪污纳贿的氛围下，加速向上层社会转移，工商业不断萎缩，最终只能是国困民穷。

晋商的衰落不过是社会的缩影，这是清朝游戏黄金法则的必然结局。

第五章

黄金代表的财富流动

权力之手如果左右生产要素和社会财富的分配，就会带来社会前进动力的丧失，并会带来暴力和愚昧。

黄金法则之所以显示出如此巨大的威力，原因在于：在这样的法则之下，社会财富可以在社会不同阶层、不同领域之间依法律准则而合理流动，推动生产力的不断发展，激发人们的创造力和进取精神。

黄金,自古以来就代表了财富和权力,当法律地位低下、权力主导社会的时候,社会财富在权力的主导下不断进行再分配,以黄金为标志的财富就不断向皇权阶层流动,使黄金集中于上层社会。

上币与下币

当今的世界有穷人也有富人,穷人那点资产完全可以揣在兜里,最多有点银行存款;富人的财产主要体现为股权价值、房地产价值、巨额的银行存款等,有再多的财富都不会觉得"累"。可大家想过没有,如果将穷人和富人"穿越"到古代,情形又如何?穷人一样好说,兜里就那几个铜钱,或者有几两银子,完全可以揣在兜里或者藏在枕头下,没问题。但富人呢?那时估计也没什么股权价值之类的说法,房产的价值也有限,也没有银行可以储蓄,如果完全用铜钱或银子来存储,这可是个大麻烦。就比如和珅,估计他家的铜钱或银子得堆成"小山",这相当于自首,朝廷反贪的时候,一点不费劲,只要到他家溜一圈,看看"小山"的大小,就基本可以定性了,连审都不用审。如果是大财主,估计觉也不用睡了,"小山"一样的财富时刻可能被偷或被盗。钱多太累!

古人是有智慧的,合理地解决了"和珅自首"和财主没法睡觉的问题,那就是将货币分为上币与下币。穷人不是钱少吗?用下币——铜钱等来计量财富,这些铜钱或白银大量流通在社会上,让占绝大多数的穷人进行日常交易。富人不是钱多吗?就使用上币——黄金,同时，古董字画也用于存储财富，大家知道，和珅被抄家的时候，抄出无数的古董字画，就是这个原因。

人类的聪明才智永远是无限的。

从秦朝开始，就将货币分成上币和下币。黄金为上币，以溢为单位；下币为铜，即秦半两，一般重8克。半两钱的造型极具政治色彩，是秦朝"皇权天授"的象征。《吕氏春秋·圜道篇》说到："天道圆，地道方，圣王法之，所以立天下。何以说天道之圆也，精气一下一上，圆周复杂，无所稽留，故曰天道圆；何以说地道之方也，万物殊类形皆有分职，不能相为，故曰地道方，主执圆，臣主方，方圆不易，其国乃昌。"秦代的统治者认为外圆象征天命，内方代表皇权，把钱做成外圆内方的形状，象征君临天下，皇权至上，秦半两流通到何处，皇权威仪就散布到何方。从秦惠文王二年初开始（公元前336年）计算，到公元前206年秦朝灭亡，秦半两的发行延续了130年。从近代考古发掘证明，秦半两的流通区域西至河西走廊，东至山东、江苏，北至内蒙，东北到达辽东，西南延伸到大渡河，南至广州，是一种全国通行的货币。

然而尚须注明，秦半两主要流通在民间。

上层社会当然也使用秦半两，因为他们也需要油、盐、酱、醋、茶，但上流社会主要流通的是上币——黄金。

秦代赏赐的最大特色是以爵位和黄金为主要手段。二十级军功爵位制就是以制度的形式制定的爵位赏赐制度，而黄金赏赐更大量记载在史实中。

在说明这个问题之前，必须先解决何时开始区分金和铜的问题。在春秋时期，存在金、铜不分的现象，据《左传》记载："郑伯始朝于楚。楚子赐之金，既而悔之，与之盟曰：'无以铸兵。'所以铸三钟。"这里说的金是可铸为武器的铜，此时的金既代表黄金也代表铜。可到了战国以后，这种情形开始改变，《战国策·赵策一》记载："董子之治晋阳也，公宫之室，皆以炼铜为柱质，请发而用之，则有余铜矣。"

这里所说的很明确是指用以铸造兵器的铜。所以，战国时期，金、铜开始区分开来。解决了金铜称呼混乱的问题，就可以清楚黄金在秦国的使用情形。战国末期的军事家尉缭给秦王（秦始皇）统一天下的大业支招："愿大王毋爱财物，赂其豪臣，以乱其谋，不过亡三十万金，则诸侯可尽。"意思是说，希望秦始皇不要爱惜钱财，多用黄金贿赂敌国的权臣，让他们自乱阵脚，用三十万金就可以灭掉各路诸侯。这和越国对付吴国的招数异曲同工，看来自古至今，"糖衣炮弹"都是厉害的武器，不战而屈人之兵，善之善者也。这里的三十万欠缺了单位，但应该是溢。当时已经是战国末期，金代表的就是黄金。

公元前228年，秦将王翦已经攻破赵国的都城，俘虏了赵王，把赵国的领土全部纳入秦国的版图，秦国大军直逼燕国南部边境。秦始皇和燕太子丹小时都在赵国邯郸，经常一起玩耍，属于"发小"，两个"发小"之间眼看就要爆发大战。但此时的燕国可没有对抗秦国的本钱，燕太子丹十分焦虑，就和荆轲说："秦国军队早晚之间就要横渡易水，那时即使我想长久地侍奉您，又怎么能办得到呢！"意思是说，秦军马上就要兵临城下，燕国危在旦夕，即便我想侍奉您，也做不到了，先生您得拿个主意。荆轲说："太子就是不说，我也要请求行动了。现在到秦国去，没有让秦王相信我的东西，秦王就无法接近。秦王悬赏黄金千斤、封邑万户来购买樊於期的脑袋，如果真能得到樊於期的脑袋和燕国督亢地区（燕国的膏腴之地，今河北省涿州市东南，定兴、新城、固安诸县一带）的地图，献给秦王，秦王一定高兴地接见我，这样我才能够有机会报效您。"荆轲准备拿着燕国督亢的地图和樊於期的人头接近秦王，然后行刺。为何秦王开出这么高的价码，要拿到樊於期的脑袋？原来，此人原是秦国的将军，传说其知道秦王嬴政的身世，曾鼓动成蟜（秦庄襄王之子，秦王嬴政之弟）谋反。公元前233年，他率军攻打赵国，面对赵国名将武安君李牧，大败，秦军损失惨重。樊於期不敢回国，逃往燕国，并被拜为燕国大将军。秦王大怒，将其父母宗族全部杀害,并悬赏"黄金千斤、封邑万户"来求购他的脑袋。

樊於期为了报"父母宗族全部被杀"之仇,自杀身亡。于是,燕太子丹以荆轲为燕国正使,秦舞阳为副使,出发去秦国。

易水发源于今河北易县境内,向南流入拒马河,这是一条拥有悠久历史地位的河流。北周的王褒有诗曰:"萧萧易水生波,燕赵佳人自多。"唐朝的李白亦有诗曰:"耻作易水别,临歧泪滂沱。"荆轲入秦刺秦王,燕太子丹和众人即在此诀别。《东周列国志》第一百零七回说到:"临发之日,太子丹与相厚宾客知其事者,俱白衣素冠,送至易水之上,设宴饯行。"在当时的易水河边,祭过道路之神,就要上路了,高渐离击筑(一种古代弦乐器),荆轲悲歌"风萧萧兮易水寒,壮士一去兮不复还"(《战国策·燕策三》),唱得十分悲壮,以至于听者嗔目,头发都树了起来!

这才是真正的燕赵之士!也可见中华民族先祖之强悍。无论结果成败,荆轲都是壮士、侠客!

荆轲到了秦国,重金贿赂秦王宠臣蒙嘉。蒙嘉对秦王说:"燕王非常惧怕您,不敢带兵抵抗,愿意投降,做个郡县小吏,奉守先王宗庙。燕王恐惧到自己不敢来说,而是派使者带樊於期的头和燕国督亢的地图献上。"秦王大喜,穿朝服、设九宾,来接见燕国的使者。荆轲手捧装有樊於期人头的匣子在前,秦舞阳手捧地图跟在后面。到了殿上,出现了一个纰漏,副使秦舞阳的心理承受能力不够,脸色忽然变得很恐惧,秦国的群臣感到奇怪,纷纷议论。荆轲随机应变,回头看了下秦舞阳,笑着说:"北方蛮夷小人,没见过天子的威严,所以恐惧。请大王原谅。"秦王就对荆轲说:"把秦舞阳手中的地图拿来。"荆轲只好把地图拿过来。此时,行刺已很难成功,如果是两个人上前,秦舞阳抱住秦王,而荆轲行刺,秦始皇很难逃脱。现在荆轲一人上前,行刺就变得很难。秦王打开地图,图穷匕首现,荆轲左手抓住秦王袖子,右手用匕首行刺秦王。秦王大惊,站了起来,挣断衣袖，想要拔剑，却剑身太长，拔不出来。荆轲追着秦王，秦王只能绕着大厅的柱子跑。大臣们惊慌失措，武士都在殿下，没有秦王诏谕又不能上殿。此时，秦王的侍从医官夏无且用他手中捧着的药袋投掷荆轲，荆轲伸手挡了一下，延缓了荆轲的脚步。同时，群臣一齐喊："大王背剑。"这提醒了秦王，秦王趁这瞬间把剑转到背后拔出，回头砍断荆轲的左腿。荆轲倒地，将匕首扔向秦王，不中。秦王向荆轲连砍八剑。荆轲自知失败，即便如此，壮士依旧展现出壮士的风采，侠客依旧是侠客的风范，笑着对秦王说："我之所以没有成功，是因为想生擒你，迫使你把诸侯的土地归还。"武士冲上殿来，杀死荆轲。

事后，秦王赏赐夏无且黄金200镒，称："无且爱我。"

为何荆轲刺秦王的故事可以如此详细地流传下来？记录此事的司马迁先生肯定不在现场。原来，汉朝的时候有一个叫公孙的人和董仲舒都是夏无且的朋友，是他们把这件事的原委告诉了司马迁。所以，司马迁先生对荆轲刺秦王的故事记述得非常清楚。

在荆轲刺秦王的故事中，秦王两次用黄金悬赏或赏赐，"黄金千斤、封邑万户"求购樊於期的脑袋，用200镒黄金赏赐夏无且的忠诚和随机应变。

爵位、土地、封邑和黄金，成为秦朝主要的赏赐形式，黄金流通在皇权周围的上层社会中。

黄金作为主要的赏赐形式一直延续到汉代以后。《汉书》中记载，刘邦的长子刘盈，公元前195年即位（即汉惠帝），用黄金打赏办理刘邦丧事的有功人员，其中将军一级的打赏40斤黄金，年俸2000石的官员打赏20斤黄金。刘邦贵为皇帝，在京的官员都会参与丧事的办理，将军和年俸2000石以上的官员不在少数，可见赏赐的黄金数量不菲。汉武帝刘彻仅公元前124年赏赐多次击败匈奴的大将军卫青（图5.1为雁门关天险门，公元前128年，卫青率军在雁门郡出击匈奴）就花费了20余万斤黄金，折合现代的度量衡约50吨。皇帝娶皇后的聘礼，惯例为 2 万斤黄金，相当于现代的 2.5 吨黄金。

图 5.1　雁门关天险门

（图片来源：山西旅游政务网）

卫青为汉武帝皇后卫子夫的异父弟，本名郑青，因卫子夫的缘故改姓卫。公元前 128 年秋天，卫青率 3 万骑兵出雁门郡（今山西右玉境内），斩杀匈奴数千人，之后又五次出击匈奴，战功显赫。

公元前 119 年春季，汉武帝命卫青与霍去病各率 5 万骑兵，兵分两路，跨过大漠与匈奴决战，史称漠北决战。汉军取得胜利，卫青率军追击匈奴单于至今蒙古高原杭爱山南面的寘颜山赵信城。

卫青一生战功无数，打破了此前匈奴骑兵不可战胜的神话，汉武帝任卫青为大司马、大将军，封长平侯。

汉武帝有一同母妹隆虑公主，晚年得一子——昭平君，娶了汉武帝的女儿夷安公主。今天这是违法的，在汉朝不是，那时也没有近亲结婚会增加遗传病几率的说法。昭平君为人凶残，隆虑公主担心自己死后昭平君会惹祸以致被处死，在她临死前留下了黄金千斤、钱千万为昭平君预赎死罪，汉武帝居然答应了。隆虑公主死后，昭平君果然犯事，杀了隆虑公主的保傅（古代辅导天子和诸侯子弟的官员，统称为保傅），按律自然当斩。汉武帝想赦免，但廷尉力争，最后汉武帝依法处死外甥，东方朔还专门对汉武帝表示赞赏。

由此可见，无论秦朝还是西汉，黄金非常丰富，但主要流通在上层社会。

东汉到隋朝时期，黄金在民间的流通很少，基本流通在皇室和王公贵族之间。尤其是两晋时期，晋朝的君臣都爱钱，大量囤积黄金，民间几乎绝迹。唐宋时期，法治的地位上升，财富显露出社会化（平均化）的苗头，中国步入强盛，黄金在民间的流通有所增加。但元朝之后，黄金基本上退出了货币的序列，民间的流通基本绝迹。

虽然中国历史上的不同时期，都有金与银或铜钱的比价，但黄金在日常生活中的流通并不广泛，主要流通的是铜钱或白银。可以说，铜钱和白银属于民间流通的货币，主要用于民间商业用途和人们日常生活中，而更能代表财富的黄金主要流通在上层社会。

在任何封建专制社会，爵位、土地和黄金的赏赐，成为财富流转的主要方式，这让财富主要集中在上层社会、皇权的周围。

在古罗马时期，欧洲大陆就开始出现公爵。此后，因各种原因中断了数百年。约公元 970 年，德国皇帝奥托一世再次设立公爵爵位，不久，欧洲大陆的其他国家和地区也开始设立公爵。公爵拥有并管理公国。英国的公爵爵位出现比较晚，1337 年，爱德华三世把康沃尔郡升为公国，将公爵封号授予年方 7 岁的长子——黑太子爱德华。此后一些年，英国又建立了兰开斯特公国、克拉伦斯公国等，这些公国的爵位领有者均是王室宗亲。一旦得到了爵位，自然得到大量的土地、食邑等财富。

中国自春秋战国时期即开始实行爵位制度。在《国语》中有："大国之卿，一旅之田，上大夫，一卒之田。"从秦国的商鞅变法开始实行二十等级爵位制度，一直到三国时期。

《三国志·蜀书·关羽传》记载："建安五年，曹公东征，先主奔袁绍。曹公擒羽以归，拜为偏将军，礼之甚厚。绍遣大将军颜良攻东郡太守刘延于白马，曹公使张辽及羽为先锋击之。羽望见良麾盖，策马刺良于万众之中，斩其首还，绍诸将莫能当者，遂解白马围。曹公即表封羽为汉寿亭侯。"意思是说，建安五年（公元 200 年），曹操东征，刘备投奔袁绍，曹操生擒关羽，拜为偏将军，非常优待，《三国演义》中说成是"上马提金，下马提银"。袁绍派大将军颜良在白马攻打东郡太守刘延，曹操派张辽和关羽为先锋出击。关羽望见颜良的麾盖，拍马在万军之中刺死颜良，当然，需要伴随《三国演义》中所描述的"凤目圆睁，蚕眉直竖"，或许还需要加上"大喝一声"等，斩其首级冲出战阵，袁绍诸将都不能抵挡，解了白马之围。曹操上书汉献帝封关羽为汉寿亭侯。

我们经常看到一些小说中，出现武将之间大战几百回合等精彩故事，大部分都属于小说家的杜撰，活跃气氛或搞搞笑而已。正史中关于武将单挑的记载少之又少，而关羽单挑颜良的十几个字，却清清楚楚地记载于《三国志》中，是正史中罕见的武将单挑的记录，可见关羽被后世尊为武圣人，在史书中还是可以找到缘由的。

历史上，汉寿亭侯是"汉　寿亭侯"还是"汉寿　亭侯"一直争论不休，持续到今天，实际上是被罗贯中老先生忽悠了。老先生在自己的著作中非常讲"政治"，抑曹尊刘的倾向非常鲜明，以致忽悠了很多人。《三国志通俗演义》中是这样说的："却道曹操为云长斩了颜良，倍加钦敬，表奏朝廷封云长为寿亭侯，铸印送与关公。印文曰寿亭侯印，使张辽赍去。关公看了，推迟不受。辽曰：据兄之功，封侯何多？公曰：功微不堪领取名爵。再三推却。辽赍印回见曹公，说云长推辞不受。操曰：曾看印否？辽曰：云长见印来。操曰：吾失计较也。遂教销印匠销去字，别铸印文六字：汉寿亭侯之印，再使张辽送去。公视之，笑曰：丞相知吾意也，遂拜受之。"这段内容中，罗老先生为了突出关羽的"降汉不降曹"，抓住个"汉"字大做文章，迂回曲折地做了很多手脚，作为小说家，倒也不算过于出格。而这些"汉"字之上的"手脚"只在《三国志通俗演义》中出现，在《三国演义》中并未出现，因此可以看出，罗老先生是故意做的手脚，在通俗小说中表达自己的立场。可是，罗老先生这种表达方法，却忽悠了后代无数读者，源于当时没有"寿亭侯"的爵位，只有亭侯的爵位。更恰当的说法应该是，亭侯是爵位名，汉寿是地名。历史上还有两个人被封为汉寿县伯：沈林子和蔡道恭。据《宋书·自序传》记载："高祖践阼，以佐命功,封（沈林子）汉寿县伯,食邑六百户。"沈林子是东晋末年和南朝早期的将领,封爵中的汉字显然与汉朝的汉字沾不上边。在建安五年的时候,汉寿最可能是指武陵（现湖南常德地区）下属的汉寿,而蜀地的汉寿（现四川省广元市元坝区）是在刘备主政蜀地时,由古代葭萌县改名而来,与关羽被封为汉寿亭侯的时间不符。

到曹魏时期,废除了秦汉实行的二十等爵位制,实行九等爵位制,分为:王、公、侯、伯、子、男、县侯、乡侯、关内侯。王为皇室宗亲独有,公、侯、伯、子、男五等爵位,宗室、功臣都有,根据爵位高低而拥有大小不同的封地;县侯、乡侯、关内侯为功臣及子弟封爵,无封地,但可以食邑一定土地上的租税,亭侯（原居于乡侯和关内侯之间）后来被废除。王与公、侯、伯、子、男视同于一品官,县侯视同于三品官,乡侯视同于四品官,亭侯视同于五品官,关内侯视同于六品官。

关羽被封为汉寿亭侯,相当于五品,与关羽的军职——偏将军的品级一样,大致相当于今天的师级干部,食邑在汉寿。

王权或皇权进行大量的封爵,爵位的主要体现是拥有一定范围的封地或食邑范围,食邑相当于享受一定人口的税收,这本属于公共财富,而土地是最主要的生产资料。王权或皇权的存在让很多人特别是皇室成员随时可以得到大量的财富,也让财富主要流通在皇权周围。

此时,获取财富的主要方式就是取得权力,刘邦、杨坚、李渊都是榜样；其次就是攀附权力,如果您能控制投胎的目的地,投胎到皇家,自然最理想,如果没有这样的好运,也有其他的方式,比如西汉的邓通,因汉文帝的赏识,自己开起了"银行",而且是发钞行。当然也有一些提着脑袋跟着皇帝老人家干的,尤其是开国初期的文臣武将,活干好了,皇帝登基,均会得到巨额的财富和很高的荣誉作为酬劳。和平时期,努力读书争取给皇帝老人家打工,一朝金榜题名,就可以进入权力的圈子,也是获取财富的方式。

财富社会化

在皇权天授的社会形态下，权力掌握着财富，财富转移的主要手段就是通过权力来进行，所以，积累财富的主要手段就是掌握权力或攀附权力。皇权既可以通过加税等手段来摄取社会财富，使社会财富向皇权阶层不断积累，也可以通过赏赐、封爵等方式，将财富转移给对自己有功之人。

此时，权力主导社会的运转，一般情况下，将带来全社会赋税水平的不断提升，这里的赋税水平不仅仅包括表观的赋税，也包括贪腐、铸币税等隐性赋税。这种赋税水平不断提升的过程就是封建王朝逐渐衰落的过程。原因在于赋税水平不断提升之后，形成通货膨胀，就会使得社会生产者的财富积累缓慢甚至无法积累，工商业者和农民不断破产，最终国破民穷，改朝换代的时候也就到了。

此时，以黄金、土地等为代表的社会财富不断向上层社会集中，当这种趋势积累到一定程度之后，贫富差距恶化，带来社会基本矛盾的总爆发。

当社会强调法治以后，就会限制以上的财富转移过程。比如：法律完善的体系之下，官吏就需要照章办事，贪腐行为受到制约；官吏选拔按照能力、过往的业绩来进行，能者上庸者下，带来行政效率的提升；皇权也不能通过随意加税（包括铸币税）的手段攫取社会财富；等等。生产者的财富积累过程得到保障，所积累的财富也会得到保护，社会走向繁荣。此时，财富积累的主要模式是在生产经营过程中，推动了社会生产力的发展。

此时，以黄金为代表的社会财富分配在全社会的各个角落，分配的主要依据是一个人所付出的劳动和拥有的智慧。这带来社会稳定与繁荣。

社会法制化意味着社会的运行准则是法律而不是权力。黄金货币化之后，意味着黄金不仅仅作为财富的象征专属于皇权，而是以货币的形态进入社会生活的方方面面，标志着谁都可以通过自己的劳动和智慧，取得财富（黄金），就代表着社会财富的更均衡、合理的分配，使得财富社会化，这是人类文明进步的根本方式。所以，中国春秋战国时期形成变法图强的浪潮，就是对人类文明的根本推动。恒定信用的货币就代表恒定数量的黄金，法律建设的不断推进就是财富积累和流动模式的转变。

虽然春秋战国之后，中国封建社会的不同时期均曾经出现法制地位上升的时期，西汉文景之治、昭宣中兴、隋唐盛世和宋朝文明都是这一进程的结果，但法律一直无法上升到可以约束皇权的地步，所以，可以认为中国的封建史就是一部法律的地位和皇权的地位不断博弈的历史。

第六章

终结者

古罗马的辉煌绝不是无缘无故的,共和时代即开始实行黄金法则,直接推动了古罗马文明的不断发展。英国在人类文明史上做出了巨大的贡献,将黄金法则以明确的条文制定成法律和全社会所有人必须遵守的规范,成为资本主义划时代的事件。从此,信用的创造成为人们积累财富的主要模式,信用也成为社会财富的最有效载体。

这极大地激发了人们的劳动积极性和创造性,个人、企业和国家投身于创造和积累信用的大潮,奠定了当代发达国家的财富基石。

西方的黄金法则

西方的"土豪"

吕底亚是小亚细亚中西部的一个古国,公元前660年后,因为货币的发明,吕底亚的贸易变得十分发达,可说是富强一时。克罗伊斯(公元前561年—公元前546年在位)是吕底亚的最后一位国王,在古希腊和古波斯文化中,这个名字代表的就是有钱人,可能和"地主""土豪"的含义差不多,但属于西方的土豪。但克罗伊斯先生的档次比一般的土豪更高,他首次铸造和发行了纯金和纯银货币用于商业流通,如果在今天,属于开银行的。克罗伊斯发行的纯金货币斯塔特,由二十四克拉纯金制成,还可以细分成1/2、1/3、1/6、1/12等更小的单位。当时开始采用了金银复本位制度,金银比价为1∶10,银币用于交易数额较小的场合。吕底亚之后,古埃及和古罗马(包括东罗马)都开始常规铸造金币,推动了黄金货币化的进程。

古罗马演绎的黄金法则

公元前8世纪至公元前6世纪,古希腊人向亚平宁半岛移民,并建立城邦。传说中,公元前754年—公元前753年,罗穆卢斯在台伯河畔建立了罗马城,开启了古罗马的王政时代,公元前6世纪后半叶,叶赛尔维乌斯·图利乌斯的改革,标志着罗马国家的诞生。

在王政时代,统治阶层包括王、元老院、库利亚会议,公元前509年或公元前510年,王政时代的最后一位王暴虐无道,被愤怒的罗马人赶走,建立起由罗马贵族掌权的罗马共和国。

当时的世界各地，大多处于王权或皇权独大的时代，古罗马的王政时期，王权即受到制约，从最后一位王被赶走就可见一斑。所以，古罗马的崛起并不是偶然，而共和国的建立意味着法制的地位继续上升。同时，古罗马使用金、银、铜币作为货币，构建了黄金法则，开始创造自己的辉煌时代。

公元前5世纪到公元前3世纪初期，亚平宁半岛实现统一，管理国家的主要机构为元老院、高级长官及公民大会，而掌握国家实权的则是元老院，执政官是选出来的，任期只有一年。此时，《罗马法》开始诞生。从此开始，古罗马建成一个横跨欧洲、亚洲、非洲，将地中海变成内海的大国。

公元前27年，元老院授予屋大维"奥古斯都"的尊号，建立元首制，共和国宣告灭亡，罗马进入帝国时代，这也是古罗马走向衰落的时代。

从公元138年至公元301年，罗马军人的服装价格上涨了166倍，从2世纪中叶到3世纪末，小麦的价格上涨了200倍。这样的价格上涨速度折合成年率约为每年上涨5%～6%。由于服装、小麦是最基本的生活资料，这个数字基本就代表了古罗马的CPI上涨速度。罗马当时实行的是贵金属货币制度，这些贵金属货币成色的下降是通货膨胀的罪魁祸首。罗马帝国利用自身垄断的铸币权，在贵金属货币中掺入贱金属——铅，目的无非是抽取越来越多的铸币税。据记载，公元1世纪含银量为90%的一种小银币狄那里厄斯在公元238年的含银量下降到28%，到公元268年下降到0.02%。货币数量的超常增长会造成物价上涨，损害工商业的发展并带来贫富差距的恶化。这似乎也是西方世界最早的关于通货膨胀的记载。

这一时期的通货膨胀从301年戴里克先（250年—312年，罗马帝国皇帝）义正言辞的《价格法令》的序言中也可以猜测一斑，其中说到："谁不知道，不论公共安全要求我们的军队派遣到何地，奸商傲慢地、偷偷摸摸地侵占公共福利，不仅在城市与乡村如此，在每一条大道上都如此。他们高价出售商品,售价是成本的四倍甚至八倍,人类的语言都无法描述其获利的范围。实际上,有时仅在一次买卖中,一名士兵就会被剥夺他所得到的收入与捐赠……我们已经决定限制商品出售的最高价格①。"由此可见,通货膨胀已经猖獗到导致经济危机和社会危机,戴里克先规定了各种商品的最高限价,这与近代很多国家实行的价格管制政策一模一样,结果也一样,商品生产者更不愿意出售自己的商品,导致通货膨胀的进一步恶化。

长期的通货膨胀将罗马帝国带入混乱,286年戴克里先将帝国分为两部分,建立四帝共治制度,罗马开始出现东西两部分的概念。狄奥多西一世(347年—395年,罗马帝国皇帝)在395年过世后,将东西两部分正式交给自己的两个儿子分别继承,大儿子阿卡狄乌斯(377年或378年—408年)为东罗马皇帝,小儿子弗拉维乌斯·奥古斯都·霍诺留(384年—423年)为西罗马皇帝,罗马帝国正式分裂。

在通货膨胀和外敌入侵的打击之下,西罗马帝国发生了翻天覆地的变化,城镇不断萎缩,财富与资产日益集中到少数人手中,外敌不断入侵加上内部民变使得西罗马帝国于476年灭亡,实际上,西罗马帝国在罗马的历史上就显得无足轻重。

货币与金融的混乱一样影响了罗马帝国在东部的行省,但4—5世纪形成东罗马帝国重要的转折点。安纳斯塔西亚(491年—518年在位,东罗马帝国皇帝)进行了低价金属改革,去世时国库盈余黄金32万罗马磅②(合104吨),这在当时是一笔巨款,为东罗马帝国的未来奠定了坚实的财政基础,也使东罗马帝国所发行的金币在历史上成为稳定的代名词,伴随东罗马帝国金币的长期稳定,东罗马帝国也成为世界上存续时间最长的大帝国之一。

法律地位的提升使得古罗马帝国走向强盛,帝制的建立标志着权

---

① (英)凯瑟琳·伊格尔顿,乔纳森·威廉姆斯. 钱的历史. 徐剑,译. 北京:中央编译出版社,2011:65.

② (英)凯瑟琳·伊格尔顿,乔纳森·威廉姆斯. 钱的历史. 徐剑,译. 北京:中央编译出版社,2011:67.

力开始大于法律，古罗马帝国逐渐走向衰落。古罗马帝国分裂之后，货币混乱的西罗马帝国很快走向消亡，而东罗马帝国的金币成为稳定的代名词，也使得东罗马帝国（图 6.1 所示为东罗马帝国名将贝利萨留）成为世界上存续时间最长的大帝国之一。货币稳定意味着社会的隐性赋税低，贫富差距小，国家的行政效率更高，经济繁荣，人民生活稳定，这依旧在演绎着黄金法则。

图 6.1　东罗马帝国名将贝利萨留

（图片来源：维基百科）

贝利萨留（505 年—565 年）是东罗马帝国（330 年—1453 年）皇帝查士丁尼一世（527 年—565 年在位）麾下的大将，北非和意大利的征服者，历史学家将他列为最后的罗马人之一。

东罗马帝国也称拜占庭帝国。其疆域在 11 个世纪中不断变动，今日的土耳其、希腊、保加利亚、马其顿、阿尔巴尼亚从 4 世纪至 13 世纪是帝国的主要组成部分。意大利和原南斯拉夫的大部、伊比利亚半岛南部、叙利亚、巴基斯坦、埃及、利比亚、突尼斯等其他一些地方也在 7 世纪之前曾经是帝国的国土。尽管东罗马帝国的文化和语言大多数是希腊的，但其皇帝和臣民却将自己视为罗马人，在 11 个世纪的时间里，帝国并没有忘记它在西部的根。在查士丁尼一世和他的杰出将军贝利萨留的领导下，发动了征伐亚平宁半岛上东哥特王国的持续二十年的战争（535 年—554 年），甚至收复了它在西部丧失的部分总督区。6 世纪 30 年代，圣索菲亚大教堂开始兴建，这座教堂后来成为东罗马宗教生活和东正教的中心。东罗马苏勒德斯金币是欧洲和西亚的国际流通货币，是"稳定"的代名词。

1453年5月30日,奥斯曼帝国第七任君主穆罕默德二世进入君士坦丁堡,东罗马帝国灭亡,穆罕默德二世将自己看作是罗马帝国的继承人。但在欧洲的北方,东罗马帝国带给斯拉夫民族的文字、礼拜仪式和教会使他们与君士坦丁堡之间产生强大的精神联系。东罗马末帝君士坦丁十一世的侄女索菲亚嫁给了俄国的伊凡三世。东罗马帝国灭亡之后,俄国以继承东罗马遗产的名义,宣布莫斯科为"第三罗马",这一称号一直延续到1917年。俄国皇帝从未放弃过恢复东罗马帝国的企图,叶卡捷琳娜二世曾设想以君士坦丁堡为俄国的新首都,以圣索菲亚大教堂为自己的皇宫。亚历山大一世、尼古拉一世、亚历山大二世和尼古拉二世这些俄国皇帝发起了一系列针对奥斯曼帝国的战争,试图光复君士坦丁堡,但都未成功。

英国——终结者

中国和西方封建社会的历史,可以简单地看成法律和皇权博弈的历史,亦可以看作是展现恒定信用的货币和作为抽税工具的货币博弈的历史,博弈的双方各自的地位随着历史的浩瀚长河而不断波动,而英国最终成为这种博弈的终结者。

萌芽

公元前54年,凯撒率领的古罗马军队两次入侵不列颠,但均未成功。公元43年,古罗马皇帝克劳狄一世攻占了不列颠,不列颠成为罗马帝国的一个行省,到公元409年,罗马军队被迫撤出不列颠。此后,居住在易北河口附近和丹麦南部的盎格鲁—撒克逊人(以下简称盎格鲁人)以及一些日耳曼部落,征服了不列颠,从此,盎格鲁人就成为不列颠的主体民族。盎格鲁人称不列颠为昂格兰,这是英格兰名称的由来,古代英语也继承了盎格鲁人的语言。由此可见,英国和意大利、德国、丹麦有悠久的历史渊源。

清朝前期,开启了闭关锁国之路,在英国也曾经出现这样的时期。

11世纪中叶，英国国王叫哈罗德，是一位英国本土贵族，他觉得英国远离欧洲大陆，和那些国家井水不犯河水，自己可以过"闭关锁国"的日子。

可是，只要闭关锁国，就会带来落后，落后就要挨打，英国也一样。结果，法国诺曼底公国的公爵威廉看上了英国王位，通过一系列外交手段和军事争夺，于1066年成功占领了英国，登上王位。威廉开启了英国的诺曼底王朝（1066年—1154年），也可以简称诺曼王朝，自己就是威廉一世。

1154年，同样来自法国的安茹贵族开始统治英国，建立了金雀花王朝（1154年—1399年），首任国王是亨利二世。这一时期的英国也称为安茹帝国（1154年—1485年）。金雀花王朝期间，英国的文化和艺术开始形成，最能表现中世纪文学精神的诗人杰弗里·乔叟就处于这一时代；哥特式建筑开始盛行，著名的威斯敏斯特大教堂和约克大教堂正是根据这种建筑风格修建的；涌现出专门的教育机构，其中就包括牛津大学和剑桥大学；政治与社会形态快速发展，其中最具影响力的是约翰王签署的《自由大宪章》，而英格兰议会和模范议会也源于这个朝代。

约翰为亨利二世第五子，由于他的父王将英格兰在法国的领地全部分封给约翰的几位兄长，到约翰时已经无地可封，因此被称为"无地王"。按现代人的想法，约翰王接受了《自由大宪章》，一定是非常开明的一个人物，值得赞美。可是，约翰却是英国历史上最不得人心的国王之一，因为他曾经试图在其兄长查理一世被囚禁在德国期间（1193年—1194年）密谋夺取王位，但后来查理一世宽恕了他并指定他为继承人。约翰王接受《自由大宪章》的过程，也并不是因为自己开明，完全是被逼无奈。

虽然查理一世指定约翰为继承人，但当时的法国国王腓力普二世却支持约翰的长兄杰弗利之子亚瑟的继承权，在约翰继承了王位之后的1203年，约翰杀害了亚瑟，结果法国与英国之间爆发了持续的战争。

约翰本身就好战,奇妙的是,又屡战屡败,在战争中失去了英格兰在欧洲大陆除阿基坦公国的全部领地。为了维持战事,约翰加紧了对市民和贵族的盘剥,他把贵族的继承税上涨了100倍,兵役免除税提高了16倍,与此同时,牛、羊、小麦的价格也都出现了成倍上涨,还不断开征新税种。到了1215年春天,愤怒的贵族们集结起来,武装讨伐国王,理由很简单,就是国王没有履行他的义务,却要求比传统规定更多的权力。随着贵族武装节节胜利,约翰只能服输。

泰晤士河边有一块宁静而美丽的草坪,草坪上有座具有希腊风格的圆顶纪念亭,1215年6月15日,面临绝路的约翰不得不同意与25位贵族代表在这个亭子周围举行谈判。那是一场艰难的谈判,刀光剑影下,贵族代表与约翰王进行了整整四天的交锋和妥协,最后,代表停战协定的《自由大宪章》终于签署了!

《自由大宪章》的签署,意味着王权受到制约,约翰自然不甘心,签署《自由大宪章》之后的约翰,却拒绝执行《自由大宪章》,看来不仅很多中国皇帝的金口玉言不靠谱,欧洲的国王也一样耍赖。结果,英国爆发了第一次诸侯战争(1215年—1217年),最终,约翰于1216年死于纽瓦克。

但不管怎么说,《自由大宪章》的签署,开启了英国的新历史,法治社会从此萌芽。

国王与贵族的博弈

约翰王去世之后,他年幼的儿子被立为亨利三世。亨利三世继位时年仅9岁,朝政主要由贵族把持,到了1232年,亨利三世开始亲政。亲政后的亨利三世信任外戚,自作主张将很多头衔授予外戚,这意味着王权再次扩大,结果又导致了国王与贵族的严重冲突,本土贵族严重不满。1258年,迫于压力的亨利三世不得不签订一项由孟福尔伯爵领导发起的旨在限制王权的《牛津条例》,同时由显赫人士组成的

"十五人议会"协助国王治理国家，意味着王权被削弱，这被后世认为是英国议会的起源。此后，亨利三世故态复萌，招致贵族公然反叛，引发了第二次诸侯战争（1264年—1267年）。1264年，孟福尔伯爵擒获亨利三世，成为国家的实际统治者。然而15个月后，重振旗鼓的保王党在爱德华王子率领下，在伊夫舍姆战役中击败孟福尔伯爵的军队，贵族的叛乱逐渐被平息，亨利三世复位，王权复振。

1272年，亨利三世去世，爱德华一世即位。爱德华一世即位之后，颁布了大量法律法规，改善了司法系统，使英国在其后的一个世纪中基本保持了稳定，因此，爱德华一世又被称为"英国的查士丁尼"，1307年，爱德华一世在对苏格兰发动第六次远征的途中去世。

爱德华二世在父王去世后登基。1310年，以爱德华一世的侄子兰卡斯特公爵为首的贵族们结成同盟，成功迫使爱德华二世成立一个改革委员会。委员会拟出一套限制国王权力的条例，并为国会所通过。此后，在爱德华三世在位时期，英国发生了两件大事：第一件事是1348年英国遭受了有史以来最严重的灾难之一——黑死病；第二件事是与法国之间开启了长达116年的百年战争。

理查二世于1377年继位之后的22年中，对法国作战连遭败绩，战争给农民和贵族带来沉重的负担，国王与贵族的争夺也更加激烈。英军连遭失败，必须不断加征税收以应对战争的需求。1380年，英国决定征收第三次人头税，并将税额提高，终于引发了1381年的农民暴动。虽然农民暴动最终被镇压，但宫廷近臣和贵族之间的分歧越来越大，1386年，这种分歧达到了高潮，贵族的力量占据了优势，他们只要略加暗示就可以废黜国王，此时，政府被十三人委员会所掌握，理查二世时期国王和贵族第一回合的斗争以贵族的全面胜出而告终。

此后的英国，国王与贵族之间处于相对和平的阶段。1396年，英国与法国签订28年的停战协定之后，理查二世不断积蓄力量力图对贵族力量进行反扑，他仿照欧洲大陆建立豪华的宫廷，宫廷之外秘密招募私人军队。1397年，理查二世开始反击，逮捕了主要的掌权贵族，这些贵族有些被绞死，有些被流放，理查二世取得第二个回合的胜利，没有约束的国王再次为所欲为。

1399年，理查二世带领自己的支持者去爱尔兰，1400年主显节的前夜，理查二世被自己的堂弟亨利四世杀害。

此后的英国陷入比较混乱的状态，新上台的亨利四世是兰开斯特公爵之子，兰开斯特王朝即因此而得名，这个王朝历经亨利四、五、六三世之后，被约克公爵的后裔推翻，建立了约克王朝。这两个家族本是同根，兰开斯特家族以红玫瑰为徽号，约克家族以白玫瑰为标志，两家争夺王位的战争就叫作"玫瑰之战"。继约克王朝之后，都铎王朝崛起，这个王朝以创始者命名。都铎是兰开斯特家族一支的后代，夺得王位后称亨利七世，他与约克家族的公主结婚，两家族从此合一，都铎王朝的最后一位君主是著名的伊丽莎白一世女王。

1603年，英国伊利莎白女王死后无嗣，苏格兰国王詹姆士六世继承了英国王位，称为詹姆士一世（1603年—1625年在位），英国开始进入斯图亚特王朝的统治时期。国王与贵族为了各自的权力，再次开始剧烈的角逐。这时期的英国，资本主义开始迅速发展，经济实力日益强大的资产阶级和贵族阶层对封建的王权专制统治日益不满，但詹姆士一世和他的继位者查理一世（詹姆士一世的次子）无视资产阶级的崛起，坚持"以王权为中心"的国家体制，使得阶级矛盾不断激化，导致1641年议会向国王提出《大抗议书》，国王与反对派之间出现严重的对立，并导致社会动荡。1642年1月，查理一世逃出首都，在诺丁汉向议会宣战。一系列战争的结果是国王战败，1649年1月，查理一世被斩首，英国建立了军事独裁统治。1660年，斯图亚特王朝复辟，国王坚持"君权神授"的国家治理原则，终于导致1688年—1689年爆发"光荣革命"。

在英国，自从《自由大宪章》签署之后，国王与贵族之间进行了长达400多年的角逐，国王需要捍卫自己的王权，而贵族希望通过律法来限制国王的权力，进而保护自己的权益，本质是王权与法权之间的争夺。伴随着不断的对抗与流血，这种争夺在光荣革命爆发之后终于宣告结束。

跨越历史

1660年斯图亚特王朝复辟后，开始反攻倒算，打击反对派，詹姆斯二世意图恢复国王集权。包括伦敦主教在内的几位著名人物发送了一封密信给在荷兰的詹姆斯二世的女儿玛丽和女婿威廉，邀请他们到英国来保护英国的"宗教、自由和财产"。对威廉来说，他主要关心的应该是如何能为他的妻子和他自己夺取英国的王位继承权，同时他也认为他入主英国可以防止英国同法国结盟以共同反对荷兰，因而接受了邀请。1688年11月1日，威廉率领1.5万人的军队在托尔湾登陆。消息传到伦敦，詹姆斯二世显示出"纸老虎"的本色，仓皇出逃德意志，途中被截获送回伦敦。后经威廉同意，詹姆斯二世流亡法国。1688年12月，威廉兵不血刃进入伦敦。为了避免当年（1660年）邀请斯图亚特王朝复辟的前车之鉴，英国贵族决定以法律形式限制国王的权力，保证自己的权力。于是在议会上、下两院共同召开的全体会议上，向威廉和玛丽提出了一个"权利宣言"，要求国王以后未经议会同意不能停止法律的效力、不能随意征收赋税等内容。威廉接受了这些要求，登上英国王位，史称威廉三世，他的妻子玛丽为玛丽二世。1689年10月，议会通过了"权利宣言"并制定为法律，是为《权利法案》，全称为《国民权利与自由和王位继承宣言》，确立了议会所拥有的权力高于王权的原则，标志着君主立宪制开始在英国建立。1701年，通过了《王位继承法》，从法律上确认了"议会主权"的原则。

1717年，英国首先施行了事实上的金本位制，规定每英镑中含有定量的黄金。当纸币中所含黄金的数量被固定以后，意味着所有货币持有人的财富得到保护。1816年英国颁布了《金本位制度法案》，使金本位制度正式在法律上给予确定，成为英国货币制度的基础。

《权利法案》的实施意味着法律上升到社会生活中的最高地位，表观赋税得到明确，而贪污腐败、劳役等隐性赋税得到最大程度的遏制，任何人获取财富的主要通道只能是通过自己的劳动，而且这些劳动果实可以得到有效的保护。金本位货币制度的实施杜绝了权力阶层通过铸币税攫取社会财富的通道。从此，英国建立了完善的黄金法则，从一个偏远潮湿的岛国，通过第一次工业革命一跃而成为称霸世界的"日不落帝国"。

《权利法案》成为资本主义划时代的事件，原因即在于此。

英国终于首先建立了法律至上的社会制度，给世界上持续了1000多年的法权与王（皇）权的争夺首先画上了句号，成为终结者。此后，这种社会制度与金本位制度一起所构建的黄金法则开始在世界各地迅猛推进。

英国的行动极大地刺激了欧美国家，他们采取的是现实主义的态度，奋起直追。光荣革命之后的大西洋两岸掀起了轰轰烈烈的资产阶级大革命。法国大革命是世界近代史上规模最大最彻底的革命，它摧毁了法国的君主专制制度，震撼了整个欧洲大陆的封建秩序，传播了自由民主的进步思想。在此期间所颁布的《人权宣言》和拿破仑帝国时期颁布的《民法典》（后改名《拿破仑法典》）被称为新社会的出生证书，在世界历史上产生了深远的影响。这次革命也为此后的各国革命树立了榜样，具有世界意义。在英属北美殖民地，经过独立战争，建立了新兴的美国。从此，世界各地的资产阶级革命风起云涌，法律至上成为世界的潮流。紧接着制度革命的就是金融"革命"，德国、瑞典、挪威、荷兰、美国、法国、俄国、日本等国先后宣布实行金本位制，从此，黄金法则成为世界的潮流。18—20世纪，成为资本主义发展的黄金时期。两次工业革命将人类社会送入了近代文明，参与这场革命的国家基本构成了当今世界的发达国家集团，这就是黄金法则的巨大威力。

此时，所有流通的货币，无论是金币还是纸币，内在的支撑都是黄金，黄金完成了货币化，也就实现了财富的社会化，黄金和黄金所代表的财富再也不是仅限于王权周围，而是进入到社会生活的方方面面，世界的面貌发生了巨变。

国家的信用与国家的财富

英国的信用

黄金法则不仅推动本国经济蓬勃发展，对外也代表了一个国家的信用，是国家财富的组成部分。

货币本身就是一纸契约，这种契约存在于每个货币持有人和发钞银行之间。这张契约可以有多种表现形态，但必须具有普遍接受性，当契约的内涵可以被全社会所有人发自内心接受，就是最理想的形式。黄金被全世界不同种族、不同肤色的人们发自内心地普遍接受，就成为最理想的货币，而英镑合理地利用了这一特征。

英格兰银行成立于 1694 年。很显然，英格兰银行的股东和管理机构很清楚地认识到黄金恒久不变的特征和宗教意义所蕴含的信用准则，自身所发行的英镑最好和黄金是"亲戚"，而且不能是远亲，应该越近越好。由此，货币发行之初即有几条明确的规定：第一，英格兰银行所取得的钞票发行权中，所发行的货币总额不能超过股本金总额，这给钞票发行安上了"笼头"，无法随意发行；第二，每张货币都有法定的含金量，可以在钞票和黄金之间随时兑换；第三，金币可以自由铸造，任何人都可按法定的含金量自由地将金砖交给国家造币厂铸造成金币，或以金币向造币厂换回相当的金砖，金币是无限法偿的货币，具有无限制支付手段的权利。通过这几条措施，在金本位制下的英镑就无限等同于黄金，通过这种"无限等同"的原则，利用黄金在人们心目中的地位，建立起英镑在人们心目中的地位，这种地位不仅仅存在于英国人心中，也存在于世界所有人心中，这为英镑成为世界的储备货币奠定了坚实的基础。当英镑的信用延伸到全世界之后，英国就实现了财富的不断累积。

今天我们说，土地、粮食、工业品都是财富，但都是有形的财富，这些财富都可以通过货币实现购买，所以财富的终极形态就是信用，而英镑在世界各地不断延伸，就是英国的信用在延伸，就是英国国家财富的不断增长壮大。

事实也是如此，自从英镑与黄金成为"近亲"之后，伴随着第一次工业革命的成果和英国海军的建设以及通过不断扩张与掠夺，英镑逐渐走向世界，成为世界货币，成为英国建立"日不落帝国"的基础。

信用明确的英镑是英国国家的主要财富之一。

百年债务

《权利法案》和金本位英镑都代表的是"契约"，英国很清楚这一契约的含义，这是英国的国家财富，捍卫英国的国家财富就成为社会行为，一样体现在国家对外交往的过程中。

据2015年3月《欧洲时报英国版》报道，英国政府在2015年3月9日宣布："终于还清了一战期间欠下的总额高达19亿英镑的债务！100年了！终于还清了！"

19世纪，英国是世界的"日不落帝国"，五大洲四大洋到处都飘扬着英国的旗帜。但它在20世纪初与德国、美国争霸的过程中也留下了各种陈年旧债，其中最复杂、最冤枉的要数第一次世界大战（以下简称"一战"）期间发生的债务问题。

虽然英国与美国、加拿大、澳大利亚等国都属于"表亲"关系，美国直接脱胎于英国的殖民地，加拿大、澳大利亚、新西兰等更是英联邦国家，但各家都要独立地过自家的日子。一战结束之后，英国与美国之间的综合国力发生了改变，英国已经难以维持世界霸主的地位，在财政上更是捉襟见肘。在一战的进程中，英国向其自治领和美国所借的外债达到13.4亿英镑。单就英国、美国两国而言，战前美国尚欠英国4亿多英镑的债务，而到战争结束时，英国反欠美国8.5亿英镑。不仅如此，战争期间英国还向欧洲大陆的盟国提供了很多贷款，到战争结束时,俄国欠英国 7.57 亿英镑,法国、意大利两国欠 7 亿英镑左右。战后,这些国家或因经济困难,或因政局变化,都迟迟不履行还债义务,苏俄(苏维埃俄国)甚至还将欠债一笔勾销,使英国损失惨重①。可是,美国等债权人却要求英国全额偿还欠债,这也是没办法的事情,因为他们建立的都是以英国文化和法制为基础的社会,在这样的制度下,是不准许赖账的,也不能赖账,否则就无法向本国公民以及本国私人债权人交代。因此,以英国为中心形成了国际上的"三角债",一边可以"理直气壮"地赖账或拖延债务,一边必须依法理按时归还债务,英国成为夹在中间的冤大头。

按说,摊上这种国际的三角债,一些国家有很多办法可以"应付",比如:直接赖账,变相故意拖延,要求免除利息。此时,债权国往往非常被动。当今世界上,这样的现象数不胜数。实事求是地说,英国是比较冤枉的。当时的美国还不是"世界警察",英国即便赖账,也没有"警察"管得了英国,更别提其他国家。但英国人采取的是和苏俄完全不一样的做法,体现了盎格鲁人的契约精神。

一战时,英国财政异常艰难,为了维持国家运转,时任英国首相劳合·乔治于 1917 年发放大批国债。即便如此,英国政府的债务危机依旧没能得到缓解,加上后来又发生了第二次世界大战(以下简称二战),财政开支继续扩大,英国更无力偿还债务,英国欠美国和自治领的债务就一直拖延了下来。但英国人依旧牢记需要遵守当初的契约,到 2015 年 3 月 9 日,英国政府终于还清了这笔天价债务,使 12 万名债权人获益。

其实,这已经不是英国第一次偿还战争欠款了。

2006 年 12 月 29 日,随着英国伦敦方面通过电子银行转账分别将 8325 万美元和 2270 万美元支付给美国和加拿大,英国政府终于不用再承受每年分期还款的压力。这笔款项原来价值是 43.4 亿美元、分成 50

---

① 柏来喜. 代价高昂的胜利[J]. 兰州学刊,2008(02):141—143.

次付清。英国财政部次长鲍尔斯对终于还清欠款表示欢迎，他说："我们终于实现了我们的承诺，偿还了美国和加拿大60年前给予我们的支援。要知道，这些支援对英国打败纳粹德国和确保战后的稳定是至关重要的。"

这笔43.4亿美元的欠款是二战期间欠下的。当时，作为反法西斯阵营的盟友，远离欧洲战场的美国、加拿大给予战争重灾区的英国以巨额的经济援助，帮助英国人民购买石油、粮食、武器及其他军事设备，以抗击轴心国的侵略，保证了战争的最终胜利。

在二战进程中，美国为了支持盟国的反法西斯战争，罗斯福总统在1941年签署了《租借法案》，对盟国进行战争补贴。到1945年9月2日，美国突然中止了《租借法案》，但是援助物资还是源源不断，相当于货物不断地运来，但账目需要重新计算。这就迫使英国就借款问题和美国及加拿大进行谈判，订下了50年的还款条约，条约金额包含了已经在英国和正在运往英国的物资，因此，欠下了这笔巨额的债务。虽然债务的形成过程有点好笑，但在英国执行这些债务合同的过程中却很严肃，需要严格地履行自己的承诺。

战争期间的债务形成一直就是国际市场上的"老大难"问题，在盟国共同对敌的情况下，债务的成因基本上都是为了打击共同的敌人或者就是相互支援，要彻底厘清就比较困难。英国在两次战争中都不曾扮演"反面"角色，特别是二战，英国是抵抗德国法西斯的中坚力量，在欧洲战场和非洲战场都付出了重大的牺牲，英国本土也遭受了严重的损失，为人类的和平事业做出巨大贡献和牺牲。如果按一般人的想法，英国即便不赖账，尽量拖延也可以理解。但英国选择还清这两笔债，展现的是自己的诚信精神。别人欠我的债务是否按时归还，那是别人的事情，但我欠别人的债务是自身的承诺，要尊重契约。

英国的这种契约精神，起源于古希腊。18—19世纪，是美洲大开发（图6.2所示为一个位于宾夕法尼亚州的农场）的时代，很多英国人到美洲发展。但部分英国人嗜酒如命，他们可以醉酒，但却从不赖账。他们在酒桌上可以把家产、奴仆甚至庄园契约拿来做赌注，输了的话当即签字画押，立即兑现，产权马上转手。赖账的人会遭到整个社会的唾弃，再也无法在主流社会生存，有时还有生命危险，因为对方随时可能站起身来要求决斗，无论使用手枪还是长刀，都是为了捍卫自己的尊严，惩罚赖账的行为。

图 6.2　一个位于宾夕法尼亚州的农场

（图片来源：维基百科）

当代考古研究表明，公元前 5 万年左右，人类开始出现在美洲，基本与人类出现在日本和斯堪的纳维亚的时间相同。美洲的史前移民来自亚洲和欧洲，主要移民活动发生在约 1.4 万年～1.1 万年前，组成了美洲的原居民。所以，亚欧人向美洲移民并不是从近代才开始。

1492 年 10 月，哥伦布抵达美洲。从此，欧洲人和后来的亚洲人大量移民美洲，形成美洲大开发的时代。1607 年，位于伦敦的弗吉尼亚公司在北美切萨皮克湾建立英国的第一个短暂的殖民地，其后，英国在北美大西洋沿岸的东北部和中部陆续建立殖民地。1624 年，荷兰在哈德逊河口建立殖民地——新尼德兰，此后扩展到康涅狄格和特拉华河谷。后来，荷兰被英国击败，永久撤离北美，英国在现美国境内建立了 13 个殖民地。经过独立战争后，这 13 个殖民地组成了最初的美国。公元 1000 年左右，欧洲人开始踏足于加拿大。1497 年，意大利人乔瓦尼·卡博托为英格兰探索了加拿大大西洋沿岸。1534 年，法国探险家雅克·卡蒂埃探索了圣劳伦斯河，并按法国国王的名字将那片土地命名为弗朗索瓦一世。此后，英国和法国陆续在加拿大建立自己的殖民地。七年战争及一系列战争的失败，使法国被迫将绝大部分在加拿大的殖民地割让给英国。1791年，英国政府颁布了新的宪法法案，将魁北克分为以英语作为母语的上加拿大和以法语作为母语的下加拿大两部分，上、下加拿大分别演变成如今的安大略和魁北克。1867年，加拿大省、新不伦瑞克省、新斯科舍省三个英属北美殖民地组成加拿大联邦。

无论英国民间的契约精神还是国家的契约精神，代表的都是英国的信用，这是英国的国家财富。它是伦敦一直可以保持世界金融中心之一的基础，也是已经削弱的英国可以维系英联邦这一国际组织的基石。英国有了这样的财富，就可以更有力地应对未来的战争、暂时的经济困难和经济建设需求，等等，它将永远帮助英国保持自己的世界地位和经济竞争力。

还有一个国家，也在通过坚守信用来确立并巩固自身在世界上的地位，那就是德国。虽然史书上说1918年11月11日签署的《贡比涅停战协定》意味着第一次世界大战结束，但对于德国人来说，一战持续了将近100年，直到2010年10月3日，德意志联邦银行严格按照《凡尔赛条约》规定向战胜国支付了最后一笔6990万欧元的赔偿金。

一代又一代德国人支付着巨额的赔偿，这些赔偿包括：交出全部德国商船；在一定的时间段内每年上交20万吨的新船、4400万吨煤、37.1万头牛、德国生产的化工和医药产品的一半；德国失去了所有的殖民地，德国人的私有财产被征用。此外还要支付1320亿金马克的赔款，因为需要分期付款，赔款金额增加到3000亿金马克（今天约合1万多亿美元）。

德国最终在1983年支付了全部战争赔款，2010年偿清了全部利息。

二战是英国、法国、苏联、中国和美国等盟国共同对抗德国、日本的法西斯主义，这几乎没有争议。但一战的是是非非，到今天依旧争论不休。

历史学家海尔德丽德·施皮特拉指出,《凡尔赛条约》显然在道德上伤害了德国人,巨额债务给德国经济发展带来了困难,引起德国人民的不满和绝望,导致很多德国人支持希特勒上台。历史学家克里斯托弗·克拉克认为:对于一战,德国的罪责不比其他国家大,《凡尔赛条约》让德国陷入绝境,数百万德国人的生活被毁掉,他们感到绝望甚至自杀。而法国还在继续索要赔款,甚至在1923年为了保证煤炭的运输侵占了鲁尔区。

签署《凡尔赛条约》时,德国代表布罗克多夫—兰曹被告知德国要承担全部战争责任时,他说:"你们希望我们承担全部战争责任。如果我这么说就等于在撒谎。德国和德国人民仍然坚信他们在进行一场防御战争,我在这里强烈反对让德国承担全部责任。从1918年11月11日以来,数十万无辜德国公民、妇女和儿童被饿死,因为封锁还在继续,他们正是因为你们的胜利、你们的安全得到更大保障后死去的,我请求你们在谈论罪责和惩罚时想想他们。"

一战不过是帝国主义为了争夺殖民地而爆发的战争,是是非非会永远争论下去,如今,人们还在讨论德国是否该为战争爆发承担唯一责任。

但讨论归讨论,德国依旧如约支付了全部的战争赔款。

德国或许失去了大量的金钱,但也得到了巨额的财富。今天,德国国债是世界上风险指数最低的国债之一(另一个是瑞士国债),这是投资人对德国的信任,德国也因此拥有在国际上被广泛承认的信用,投资人愿意将资金借给德国,德国永远不缺乏低成本建设资金,也拥有超强的对经济风险的抵抗能力,也就拥有了更强的持续发展能力,可以实现财富的不断累积。

任何一个国家,财富的积累都是通过自身信用的不断累积而完成的,一个没有信用的国家就无法跨入富裕国家的行列。

信用是一个长期积累的过程,这种信用并不会完全随着本国经济总量在世界上的排名而同步变化。当一国的货币展现长期信用的时候，就可以不断征服本国民众的心，更可以逐渐征服世界上其他民族的心，成为国际货币。虽然英国的经济总量在世界上已经衰落，但英镑依旧是国际储备货币之一，英国经济在世界上依旧具有很强大的竞争力；德国的主权货币马克已经退出流通，但取而代之的欧元依旧是美元的强大对手，很大程度上是德国对货币信用管理的执著在支撑着欧元。一个国家展现自己的信用，它的经济边界就会不断扩张，市场不断扩大，走上富裕之路，这是显而易见的事情。

　　黄金法则也演绎在国家之间，坚守国家的信用，就是在积累国家的财富。

第七章

富豪的神话

传说《华尔街日报》曾经公布1000年来全球最富有的50个人,其中有6名中国人,他们分别是成吉思汗、忽必烈、刘瑾、和珅、伍秉鉴和宋子文。中世纪欧洲的美第奇家族是13世纪至17世纪时期在欧洲拥有强大势力的名门望族。他们依托的都是权力。

资本主义大革命之后,银行财团、实业财团不断崛起,成为主导世界财富的主导力量。他们依托的是黄金法则。

是社会形态决定了获取财富的最佳模式。

黄金法则是否可以占据社会的主导地位,也就决定了不同的财富积累"神话"。

生产要素与"财富要素"

生产力即人类创造新财富的能力。世界上每个人都希望追求自己的幸福生活,这需要不断提高自己的综合素质和能力,进行积累财富的活动。

但是,拥有完善黄金法则的社会和人治社会,所需要的素质和才能是完全不同的,为什么呢?

任何一个人,要积累财富,都需要借助生产要素。生产要素包括劳动、资本、土地和才能四大类,随着科学技术的发展和知识产权制度的建立,技术、信息也作为相对独立的生产要素投入生产。这些生产要素进行市场交换,形成了各种各样的生产要素价格及其体系。

劳动很好说,为了让自己过上幸福生活,大多数人愿意付出辛勤的劳动。科技水平和知识水平也好说,任何时候都可以提升自己积累财富的能力。但土地、资本和才能却很不好说。

土地和资本是任何希望积累财富的人都需要借助的,它的价格是如何决定的?这严重地影响你积累财富的能力。才能的问题更大,如果你有很高的科技水平、知识水平和管理才能,当土地和资本的价格公平合理的时候,你就可以获取可观的财富;当土地和资本的价格很高的时候，你就无法积累财富。也就是说，在黄金法则无法发挥作用的社会，科技、知识和管理等才能，实际是低效才能。相反，如果你有能力掠取权力，不仅可以获取土地和资本等生产要素，甚至决定土地和资本的价格，就可以获取财富，掠取权力的才能才是有效的才能。

当黄金法则无法发挥作用的时候，权力的影响存在于经济生活的方方面面，比如水、电、气、能源、公路收费、医疗等，这些行业通过垄断价格的权力实现了自身的利润，相应地，就侵蚀掉你正常生产经营过程中本应该获得的利润。再比如：南美洲的个别国家贪污腐败盛行，就医、办事都要支付腐败红包，这就加大了你的生活成本，损害了你的财富积累过程。所以，在这样的社会中，很难出现成功的、纯粹的商人。此时，虽然权力并不是生产要素，但却是唯一的、最重要的"财富要素"。

当一个社会黄金法则起到主导作用的时候，各种生产要素的价格是按市场公平地、优化地分配，权力之手在其中无法发挥作用，无论你拥有科技创新、管理创新、经营模式创新等哪种才能，都可以实现财富的快速积累，奔向幸福生活的目标。

当黄金法则在社会上的地位不同的时候，也就诞生了不同的财富演义。

财富演义（一）

在王权（皇权）独大的社会，严格来说并不存在纯粹的经商之人，经营商业的背后实际经营的是权力。

传说《华尔街日报》曾经公布 1000 年来全球最富有的 50 个人，其中有 6 名中国人，他们分别是成吉思汗、忽必烈、刘瑾、和珅、伍秉鉴和宋子文。我们无法得知《华尔街日报》的统计资料是否准确，计算方法是否合理，但这些人都属于巨富确是不争的事实。

在封建社会，最成功的"商人"就是历朝历代的皇帝，他们通过权力掌握了全天下的生产要素，也掌握着全天下的财富，成吉思汗、忽必烈身后还有汉高祖刘邦、光武帝刘秀、晋武帝司马炎等人。成吉思汗的财富主要是他的战利品——500多万平方公里的土地，包括现在的中国、伊朗、伊拉克、俄罗斯、朝鲜和中亚等国家或这些国家的部分地区，这是成吉思汗入选历史上最富有之人的原因。忽必烈1260年即大汗位，1264年迁都燕京（今北京），1271年建立元朝，为元世祖，他继承祖父的资产——广阔的国土、无数的黄金和珠宝，在北京建造了世界上最奢华的宫廷，他的夏都避暑宫殿散发的珠光宝气曾令马可·波罗啧啧称奇，如果说《华尔街日报》可以厘清忽必烈的财富到底是多少，那是天方夜谭。

上述这些人都属于巨富，因为天下所有的土地、资本和人民都属于他们所有，财富也无法准确计量，但其他人的财富，相对来说是可以估算的。

刘瑾（1451年—1510年）既不是商人，也不是朝廷重臣，和科学家、发明家和管理专家沾不上边，但是，他占有了得天独厚的优势，与皇帝靠得最近，也就与权力靠得最近，因为他是明朝的宦官，而且是皇帝的贴身宦官。

弘治（明孝宗朱祐樘年号，1488年—1505年）年间，刘瑾犯罪赦免后开始侍奉朱厚照，博得了朱厚照的宠爱。朱厚照继位之后，刘瑾不断升迁，官拜司礼监掌印太监。

明武宗朱厚照（1491年—1521年）无论在明朝历史还是在帝王的历史上都是很特殊的一个，从小机智聪颖，喜欢骑射，处事刚毅果断。在位期间诛杀刘瑾、平定安化王之乱和宁王之乱、大败蒙古小王子，多次赈灾免赋，在位时臣下有不少贤才，这反映出朱厚照在治国上有值得称道之处。按说这位朱仁兄应该在历史上有所作为，但这位仁兄也有缺点，那就是爱玩，对于一般人来说，爱玩一点不算什么大毛病，可对于皇帝这个职业来说，爱玩的缺点却是致命的。更严重的是，明武宗既有权又有才，就可以玩出很多花样，自然也就在历史上留下了恶名。但可以肯定，这不是一个昏庸的皇帝，弥留之际，对司礼监太监说："朕疾不可为矣。其以朕意达皇太后，天下事重，与阁臣审处之。前事皆由朕误，非汝曹所能预也。"大意是说，我的病症已经难以治疗，你（司礼监太监）转告太后，太后要以天下大事为重，与重臣们协商处理国事，以前的过错都是我自己的，和任何人无关。

这是一位明白的皇帝，很清楚自己所做的事情的对与错，只是更愿意做一个自由自在的人，看来实在是选错了职业（可惜，这事他做不了主）。

这样一位喜欢玩的皇帝当政，就不会喜欢处理繁杂的国政，也就给刘瑾专权提供了良机。

刘瑾掌权后趁机专擅朝政，作威作福，鱼肉百姓，为"八虎"之首，时人称他为"立皇帝"，朱厚照先生为"坐皇帝"。刘瑾被捕后，被查出家财高达1200万盎司的黄金和2.59亿盎司的白银，此外，还包括大量的古董字画。而明朝灭亡时整个国库的白银只有3000.7万盎司！真正称得上是富可敌国，他也被认为是当时的"世界首富"。

刘瑾开启了"财富之路"，办起了财富"培训班"，自然就会有新的学员毕业，而且青出于蓝而胜于蓝。200多年后，和珅闪亮出场。

和珅（1750年—1799年）22岁时到乾隆手下当侍卫。虽然没有像刘瑾那样挨一刀，但和珅深知那一刀也不是非常重要，重要的是靠近皇权，掌握权力。和珅凭着英俊漂亮的面孔和甜言蜜语，很快成为乾隆皇帝的心腹。

和珅是中国封建史上最具有特殊性的人物，封建时代的大臣，当官和经商一般不能同时兼顾，范蠡先治国后经商，吕不韦先经商后治国。即便有个别人既当官又经商也难以做到同时成功。而和珅却完全做到"革命""生产"两不误,当官当到一人之下万人之上,经商也取得巨大的成功,是"全方位复合型人才",所以,历史上的很多地方给和珅的评价是权臣和商人,和珅确实是那个时代的"牛人"。

和珅初为官时,精明强干,为官清廉,乾隆皇帝对其宠信有加,并将幼女十公主嫁给和珅长子丰绅殷德,使和珅成为皇亲国戚。和珅既掌握着大臣应有的权力,还可以分享一些皇权,这使得和珅权倾朝野,连英国使臣马戛尔尼都在回忆录中写到:"许多中国人私下称和珅为二皇帝。"和珅掌握权力之后,坚决奉行两条腿走路的原则,既通过权力贪污纳贿、中饱私囊,又经营工商业,开设当铺75间,设大小银号300多间,而且与英国东印度公司、广东十三行有商业往来。经过不懈努力,和珅成为18世纪世界首富,超越了同时期的梅耶·罗斯柴尔德。

嘉庆四年(1799年),嘉庆帝下旨将和珅革职下狱。和珅所聚敛的财富,黄金、白银加上其他古玩、珍宝,约值8亿两白银以上,等于清朝政府近20年财政收入的总和(乾隆五十六年,即1791年,清朝的岁入是4359万两白银,此后50多年,略有下降)。

和珅可以称得上中国封建史上最成功的"商人"吗?似乎可以,可惜,"晚节"不保,掉了脑袋。

和珅的"事迹",可能前无古人,也可能后无来者。

伍秉鉴(1769年—1843年)或许算作唯一一个在封建社会时期凭借商贸取得成功的中国人。伍秉鉴的父亲是被获准与外国人交易丝绸和瓷器的少数中国商人之一,在他20岁时就接管了他父亲的生意。他将大量的银元借给外国商人以换取船只出口货物,其巨大财富就源于进口、出口和钱庄生意。当年清政府实行闭关锁国,仅保留广州一地作为对外通商口岸,广州的"十三行"是当时中国唯一合法的"外贸特区",伍秉鉴是"十三行"大老板,身价达2600万两白银。他曾是英国东印度公司最大债主,至今东印度公司会议室还挂着伍秉鉴的肖像。虽然表面看来伍秉鉴的财富来源于进出口生意,但本质上依旧依托的是广州"十三行"的垄断地位,借助了垄断的权力。

宋子文(1894年—1971年)的故事更无须多说,先后出任南京国民政府的财政部长、行政院长、外交部长、驻美特使等。据美国联邦调查局调查,宋家财产当时约6亿美元,至于具体数字,已经众说纷纭难下定论。

封建史上其他著名的富商,比如西汉的邓通、东汉的梁冀、西晋的石崇等人直接就是权力的产物。元末明初的富商沈万三先是全力支持张士诚,后转向支持朱元璋并参与修建南京城,但最终被朱元璋没收了财产,发配云南。清朝著名的晋商与皇室和权力也有紧密的联系,而徽商胡雪岩更被直接称为红顶商人。

在封建社会时代,皇权(王权)独大,也就占有了全天下的财富。任何人如果希望聚敛财富,掌握权力或依傍权力就是不二的选择。

财富演义(二)

中世纪的欧洲,最著名的是"美第奇家族",这是13世纪至17世纪时期在欧洲拥有强大势力的名门望族。不能说没有美第奇家族就没有意大利的文艺复兴,但如果没有美第奇家族,意大利的文艺复兴肯定不是今天所展现的面貌,其家族的洛伦佐·德·美第奇(1449年—1492年,简称洛伦佐)一手打造并亲眼见证了文艺复兴的黄金时代(图7.1为画作《维纳斯的诞生》)。当时的佛罗伦萨星光璀璨,无数杰作争相问世,成为欧洲一时最风光无二的城市。

图 7.1　维纳斯的诞生

（作者桑德罗·波提切利为美第奇家族的一个远房兄弟，此画表现女神维纳斯从爱琴海中浮水而出，风神、花神迎送于左右的情景）

洛伦佐是意大利政治家，外交家、艺术家，同时也是文艺复兴时期佛罗伦萨的实际统治者，被同时代的佛罗伦萨人称为"伟大的洛伦佐"，他生活的时代正是意大利文艺复兴的高潮期，他努力维持意大利城邦间的和平，而他的去世也代表了佛罗伦萨黄金时代的结束。

科西莫开始收集图书并建立了美第奇图书馆，洛伦佐把它发展壮大。洛伦佐的代理人从东方找回大量的古希腊著作，他雇佣了大量的工人抄写并把它们传播到整个欧洲。

洛伦佐本人也是个艺术家，其作品展现了文艺复兴时期的社会风貌，他的诗句充满着爱情、盛宴和领悟。他对待艺术家不以保护人自居，而允许被保护人像男子汉一样和他并肩站在一起。洛伦佐的宫廷中聚集着如桑德罗·波提切利、列奥纳多·达芬奇、安德烈·德尔·委罗基奥等文艺复兴时期的重要人物。他去世的前一年，在圣马可的私人花园开了一所雕塑学校，其中就有一名15岁的学生米开朗基罗。

1492年4月8日或9日的晚上，洛伦佐在卡里奇的别墅去世，葬在一个由米开朗基罗设计的礼拜室内。洛伦佐死后的6个月，哥伦布发现新大陆。同时，伴随他的死亡，文艺复兴的中心由佛罗伦萨转移至罗马，并在那里又持续了一个多世纪。

尼可罗·马基亚维利写下了这个家族的历史，也一样记载了这个家族如何智慧、冷血地夺取和维护权力。

美第奇家族的创始者是乔瓦尼·德·美第奇（1360年—1429年，简称乔瓦尼），通过放高利贷成为佛罗伦萨的首富。他的儿子科西莫（1389年—1464年）继承了他父亲的财富。乔瓦尼父子的生意包括给意大利、匈牙利、德国和法国的商人及军阀发放贷款，但最重要的生意伙伴却是罗马教廷。1410年，巴尔塔萨·科萨被成功选举为教宗约翰二十三世，这位美第奇家族的老朋友将整个罗马教廷的钱都存入了美第奇银行，这直接使得美第奇家族的资产迅速增长，从此，乔万尼成了"上帝的银行家"。1433年，由于对卢卡的战争失败，科西莫被判流放10年，但次年即被新的长老会议召回，他依靠民众支持，驱逐了阿尔毕齐家族。1434年，科西莫在佛罗伦萨建立起僭主政治（一般指非经正常程序而夺取统治权），美第奇家族成为佛罗伦萨共和国的非官方国家首脑，是佛罗伦萨的无冕之主，科西莫亦被称为国父。科西莫是当时欧洲最富有的人，他的银行是史上最大的银行，这也是美第奇家族的财富鼎盛时期。1492年，洛伦佐过世，经济历史学家迈尔茨这样评价道：美第奇家族仍然是商业巨头，是"基督教界的第一公司"。这一家族统治了佛罗伦萨将近三百年，家族中先后出了三位教皇（利奥十世、克莱门特七世、利奥十一世）和两位法国王后（凯瑟琳·德·美第奇、玛丽·德·美第奇），也经历过三次政治放逐。

科西莫家族分支一直统治佛罗伦萨，直到第一代佛罗伦萨公爵亚历山德罗·美第奇在1537年被刺杀，权势转移到了乔凡尼小儿子洛伦佐一世·美第奇的分支，由乔凡尼的玄孙科西莫一世执掌。

1737年，第七代托斯卡纳大公吉安·加斯托内·德·美第奇没有留下继承人去世，声名显赫的美第奇家族的血脉就此断绝，它的光辉灿烂也从此一去不返。

美第奇家族是中世纪欧洲最富有的家族，直接推动了意大利的文艺复兴运动，但财富积累的历史一样是权力角逐的历史，和中国的封建社会没有丝毫的差别。

财富演义（三）

皇权成为历史之后，权力掌握在全社会最广大的人群手中，以法律至上和黄金货币化为典型的标志，建立了黄金法则，带来了财富积累模式的巨大转变。

在皇权独大的时代，权力左右着社会财富的转移。这种财富转移的过程并不会快速地推动社会文明水平和物质水平的进步，也所以，中世纪的欧洲基本等同于落后的代名词，而中国在西汉时期就是世界上非常富裕的国家，到了清朝末年，却沦为半殖民地，成为贫穷与落后的代表。

当建立了黄金法则之后，联系社会的纽带是规则和信用，这是法律和黄金所代表的含义，财富积累模式就不再以转移为主，更主要是以创造财富为主。人类的聪明才智彻底迸发了出来，直接推动了人类物质生活水平和文明水平的飞速进步，使人类摆脱了中古时代，奠定了现代文明的基础。

最先崛起的是直接经营信用的商人。黄金代表的是信用，黄金货币化，意味着信用积累成为经营过程是否成功的唯一标准（拥有更多的货币意味着拥有更丰富的信用，商誉和技术亦属于这一范畴），经营信用的商人首先取得了巨大的成功，在此基础上产生了大批著名的银行家。

梅耶·阿姆谢尔·罗斯柴尔德（1744年—1812年），正处于金本位制度在欧洲崛起的时代，也是财富积累方式转型的时代。他敏锐地抓住了这一伟大的历史机遇，创立了金融公司（金融机构的一种，但服务项目有别于一般的商业银行及储蓄机构），具体业务由他的五个儿子分布在欧洲各地为其打理。到18世纪末期，罗斯柴尔德家族创建了整个欧洲的金融体系和现代银行制度。在奥地利和英国，罗斯柴尔德家族成员先后被王室赐予贵族身份。英国的历史研究者尼尔·弗格森认为，19世纪中，罗斯柴尔德家族是全世界最富有的家族。

继罗斯柴尔德家族在欧洲崛起之后，美国的金融财团开始崛起。1871年，J. P. 摩根在其父亲J. S. 摩根资财的基础上，与合伙人创办德雷克塞尔－摩根公司，从事投资与信贷等银行业务，逐渐发展成为今日的摩根财团。第一花旗银行的前身是创立于1812年的纽约花旗银行，该行为华尔街最古老的银行之一，奠定了今天美国的第一花旗银行财团。梅隆财团由创始人T. 梅隆于1869年创办的托马斯·梅隆父子银行发展而来，1902年改名梅隆国民银行，是梅隆财团赖以起家的金融支柱。

因为黄金代表的是信用，商誉亦是一种信用，更高的科技水平意味着可以提供更高水平的服务，可以实现更高的利润，也是信用的延伸，均可以实现财富（货币）积累。在这些基础上，实业经营者开始崛起。

法国移民E. I. 杜邦·德内穆尔1802年在美国特拉华州威尔明顿市创办杜邦公司，经营火药生意。经过杜邦家族5代人的经营，终于使杜邦公司变成典型的家族托拉斯。现在，杜邦公司的业务遍及全球70多个国家和地区。

J. D. 洛克菲勒1863年在克利夫兰开办炼油厂，1870年以该厂为基础，扩张成俄亥俄标准石油公司，很快垄断了美国的石油工业，并以其获得的巨额利润，投资于金融业和制造业，综合实力发展迅猛。

1847年10月1日，维尔纳·冯·西门子使用自己的发明建立了西门子公司。1848年，公司建造了从柏林到法兰克福、跨度为500公里的欧洲第一条远距离电报线。此后，公司不断涉足电气列车和灯泡等领域，今天已经成为世界著名的跨国公司。

以制度革命为基础的黄金货币化，带来的是社会财富的大规模爆发，也带来了财富积累模式的深刻变革，使人类社会告别了中古时代，进入近代文明。信用经营成为财富积累的核心内容，企业经营与创新也成为财富积累的主要模式，新的经营模式、新技术不断诞生，科学的大厦开始奠基，也有了今天缤纷多彩的世界。

第八章

美元霸权的"虚"与"实"

庄子说：内圣外王。中国古人的哲学演绎在今天的货币市场。

当今时代，很多国家都在痛恨美元霸权，这种霸权在哪里？在人们的心中。很多国家的主权货币，在国内很霸道，比如：刻意进行外汇管制，随意废钞或印制更大面值的货币，造成信用低下，在国际上不被接受，只能龟缩在境内。而有些货币在国内无法显示霸道，以自己的信用谋得生存空间，信用长期稳定之后出现信用外溢和边际效应，被别的国家和人民所接受，显示王道。

王道在心，霸道在力。

当今的时代，世界经历了17—18世纪的资产阶级大革命和19世纪初期的拉美独立战争以及一系列的民族解放运动，主要的国家和地区均已经建立了民主政治，黄金法则中的法律部分逐步趋于完善，货币的争夺就成为经济生活中的焦点因素。

经济全球化，要求全球具有统一的价值标准，也就是统一的货币体系，而当今时代的主要国家使用的都是自身的主权货币，货币发行机制和货币内在的价值要素千差万别，这是一对无法调和的矛盾，这就引发了很多人津津乐道的货币战争。

美元与英镑

《大宪章》的海外社区

哥伦布是西班牙的著名航海家，老人家出生在意大利港口城市热那亚，是"地圆说"的坚定支持者。在中国几乎家喻户晓、受到忽必烈皇帝优待的名人马可·波罗先生，在热那亚坐过监狱、吃过牢饭，谁知坐牢还坐出好处来了，吸引了一大批崇拜的粉丝，哥伦布就是其中的一位。作为粉丝，自然就读过《马可·波罗游记》，十分向往书中描绘的、遍地黄金和宝石的中国和印度，这是哥伦布的财富之梦。

看来不光国家需要有梦想，个人也需要有梦想，这是驱动人们去拼搏和奋斗的驱动力。这种驱动力就驱动了哥伦布一生的海外冒险生涯。

哥伦布是实干家，坚信"地圆说"，更坚信东方伟大的思想家和哲学家王阳明笔下的"知行合一"，希望沿大西洋向西航行到达东方的中国和印度。1492年8月,哥伦布受西班牙国王的派遣,怀揣着给印度君主和中国皇帝的信,率领船队从西班牙巴罗斯港起航,出大西洋向正西航行。如果"地圆说"是正确的,哥伦布向西航行最终可抵达东方,踏上遍地黄金和宝石的国度。

他的逻辑是正确的,看起来,无数黄金和宝石在向哥伦布招手。

1492年10月12日凌晨,他的船队终于发现了陆地,哥伦布欣喜若狂,以为到达了印度,抵达了"理想的彼岸"。可让他郁闷的是,眼前的土地和梦想有点差距,并没发现遍地黄金和宝石。后来知道,这块土地属于现在中美洲加勒比海的巴哈马群岛。可当时的哥伦布并不知道这一点,他当时把它命名为圣萨尔瓦多。此后哥伦布又三次重复他的向西航行,登上了美洲的许多海岸。

直到1506年逝世,他依旧认为自己登上的海岸是印度的土地,有点"死不改悔"的意思。但他在认为自己已经实现了梦想后去世,也是上天的恩赐,源于他的心灵是快乐的。在当时,也怪不得他,因为这里在当时原本就属于新大陆——美洲。

虽然哥伦布发现美洲属于"歪打正着",但这无法抹杀哥伦布的伟大功绩。他的实践活动将世界带入"地理大发现"的时代,从此,欧洲殖民者们掀起了探索新世界的高潮。

《大宪章》签署之后的英国依旧属于君主专制体制,国王拥有非常大的权力,或许无法实现一言九鼎,但七八鼎还是有的。

约17世纪初期,英格兰的"清教徒"运动发展迅速,但这场运动受到王室的压制,清教徒惨遭迫害或囚禁。1603年,清教徒向当时的英格兰国王詹姆士一世(1566年—1625年)提出了《千人请愿书》,但遭到拒绝。詹姆士一世声称,如果清教徒们再不听话,就把他们通通赶到国外。现在很多人热衷于移民,詹姆士一世的意思是强迫清教徒移民,具体移民到哪里,估计詹姆士一世也不管。既然詹姆士一世想强迫清教徒移民,一些勇敢者不用赶,就开始自动移民,意思或许是说,我们更不愿意陪你一起玩。1620年9月,102名清教徒乘上

"五月花"（图 8.1 为"五月花"号在普利茅斯港）离开英格兰普利茅斯港（一说是从荷兰起航），向北美进发。这样的船在风高浪急的大西洋上航行，风险可想而知，随时都可能被海浪所吞没，这是地地道道的勇敢者的游戏。两个月后，经过缺粮、缺水的一系列煎熬，幸运的"五月花"号接近马萨诸塞湾海岸。当时的船上，还剩有 41 名成年男子，其余的是妇女和儿童。按说，经过长时间的、"死里逃生"般的海上航行之后，大家应该像在电影、电视中经常看到的，欢呼着上岸，美女最好在海岸上转几圈，标志着这一充满风险的长途旅行已经结束，大家幸运地保住了性命。可是，此时的"五月花"号却停了下来，船上的成年男子在低声讨论着：我们将如何管理未来的新世界，是依靠领袖的权威，军队的威力，还是国王的恩赐？他们决定将这个问题弄清楚之后再上岸，美女们先不忙着到岸上去转圈。讨论十分激烈，有权参加讨论的是船上 41 名成年男子，妇女们只能旁听，直到 300 年后，她们才通过自己的努力得到了同样的权利。最后，他们决定共同签署一份公约，名为《"五月花"号公约》，内容是：为了国王的荣耀、基督教的进步，我们这些在此签名的人扬帆出海，并即将在这块土地上开拓我们的家园。我们在上帝面前庄严签约，自愿结为一民众自治团体，为了使上述目的得以顺利进行、维持和发展，亦为将来能随时制定和实施有益于本殖民地总体利益的一应公证法律、法规、条令、宪章和公职等，吾等全体保证遵守与服从。

图 8.1　"五月花"号在普利茅斯港

（William Halsall 绘于 1882 年，图片来源：维基百科）

"五月花"号对于北美大陆的所有人民都有非同一般的意义。他原本是英国一艘三桅杆货船,排水量180吨。从它的载重量和当时180吨商船的一般尺寸出发,估计它长约90～110英尺(27.4～33.5米)、宽约25英尺(7.6米)。这样的船只在风高浪急的大西洋上航行两月之久,困难可想而知,穿越大西洋的行动是"九死一生"的旅程。

1620年9月6日,"五月花"号从英格兰的普利茅斯搭载清教的一个分支——"分离教派"的一些人——前往美洲。此次航行的主要领袖是威廉·布拉德福德和威廉·布鲁斯特。

在此之后的数百年后,每当世界各国的人们读到这一段文字时,总是心潮澎湃、热血沸腾。

美国历史上有很多重要的文件,比如《独立宣言》《1787年宪法》等,在它们"身上"都可以看到《"五月花"号公约》的影子,这些重要文件成为美国立国的基石,决定了美国这个国家的最基本性质——民众自治团体。

"五月花"号上的41个男人连同妇女和孩子都是伟大的人,他们开启了一个新的时代,这个时代与封建君主制度完全不同,是欧洲摆脱中世纪的萌芽,也开启了生机勃勃的美洲时代。

清教徒们在新英格兰地区建立了第一块殖民地普利茅斯。1634年,卡尔弗特家族在马里兰州建立了第一座城镇圣玛丽城。1682年,威廉·佩恩在特拉河两岸建立了"博爱之城"——宾夕法尼亚。

在此期间,英格兰人大量移民美洲,让美洲社会深深地打上了英格兰的烙印,但与英格兰又有所区别。当时的英国还是君主专制制度,但《"五月花"号公约》显然更能体现《大宪章》的宗旨,让美洲走到了英格兰的前面。同时或后期移民美洲的还有很多爱尔兰人、苏格兰人、德国人、荷兰人等,他们与英格兰人有相似的理念,源于英格兰人的主体是盎格鲁人,最初也来自欧洲大陆的易北河口附近、丹麦南部和日耳曼部落的一些地区。

英国从《大宪章》时代开始,就规定乡镇和社区有自治权,任何人不经审判不得入狱等，这些条文在当代依旧有效。而《"五月花"号公约》中的"我们在上帝面前庄严签约，自愿结为一民众自治团体"，代表着《大宪章》在新大陆开花结果。

所以，美国作为18—19世纪的新兴国家，就是《大宪章》的一个社区，《大宪章》在美国社会的方方面面打上了深刻的烙印。

美国的州可以算是十足的"有限政府"，2014年，底特律市申请破产就是典型的例子，对于"有限政府"来说，破产是非常正常的事情，和今天某些"有限公司"的破产没有差别。这些"有限政府"恰恰是以乡镇的独立与自由为基础的，换句话说，你破产你的，我依旧正常运转，无论州还是乡镇，大家彼此独立运行。而美国的乡镇民主则是以州的法治为基础的，乡镇内部的民选官员只服从法律的权威。像托克维尔（1805年—1859年）所说："新英格兰的乡镇至少有19种官员，彼此之间并无隶属关系。法律为这些官员中的每个人规定了职权范围。在这个范围内，他们是完成本职工作的全权主人，只承认乡镇的权威。"

美国社会的特色是立法集中，执法和行政分散，乡镇、县和州没有上下等级关系，他们的上级均只有一个——法律，这是各级政府之间的纽带。在托克维尔看来，地方自治是英国和美国的最大优势，是英国和美国强大与繁荣的最重要原因。

美元是英镑的延伸

新兴的美国本身就没有封建君主制度的痕迹，首先建立了以《大宪章》为基础的法治社会，英国的货币制度必然也在北美大陆上诞生并延伸。

在英属北美殖民地时期，商品经济生活中大量流通西班牙金币，其中主要的一种是西班牙金元。美国1792年的《铸币法》中，依据西班牙金元的重量定义美元的含银量。西班牙金元在美国合法流通一直持续到1857年，此时距离美国宪法签署已有70年。

1792年，美元采用了金银复本位制，1美元折合371.25格令（24.057克）纯银或24.75格令（1.6038克）纯金。在亚历山大·汉密尔顿就任美国财政部长（1789年—1795年）后，美元采用金本位制。美元除在1933年短期数个月内脱离黄金，在几个特定时期发行了不可兑换的纸币之外，一直到1971年，都在坚持金本位制。

　　美国在特定的时期发行不可兑换的纸币，主要是为了应对战争以及1929年之后的经济大萧条。1690年，马萨诸塞殖民地发行了第一张纸币，以弥补军事行动的花费，这种做法很快辗转流传到其他殖民地，但由于当时的印刷技术水平比较低，制作粗糙、一致性差，给一些想自己"开银行"的投机分子提供了机会，导致伪钞泛滥，这些纸币很快就被废弃了。1861年4月12日—1865年4月9日，美国发生了南北战争，这导致一些不可兑换的纸币出笼：1861年，为了筹措南北战争的费用，国会立法授权财政部直接发行4.5亿美元无铸币和黄金担保、不可兑现的"即期票据"，这是一种"联邦券"，也即"政府券"；1862年—1864年，《国民银行法》准许各州指定的银行发行以美国公债为准备金的纸币，称为国家银行券。这时期发行的纸币式样繁多，大约有1600家州立和私人银行发行了7000多种面貌各异的法定货币。

　　这些就是美国在1900年以前发行的、主要的不可兑换的纸币，但发行这些不可兑换纸币的时间很短，而且也主要出现在战争时期。

　　1775年5月10日，13个殖民地的联合政权大陆会议（美国大陆国会）在马萨诸塞州举行了会谈，于6月22日批准发行总价值为两百万美元的一种可兑换西班牙银元之纸币，称为大陆币。但大陆币很快就出现了伪钞，在1781年就被银行券取代，这些银行券由银行发行，可随时到该银行兑换贵金属货币。1861年，美国财政部发行了国库券，它只有两种版本，1890年和1891年版，用此票在当时可以兑换白银和黄金。1870年，美国政府发行了金币券，亦称金元券（这个名字大家都很熟悉），它由美国财政部发行、以百分之百的黄金作准备。

　　1914年，一战爆发，由于各国停止了黄金的进出口，金本位体系即告解体。一战后的金本位制度后期，美元含金量被规定为1.50466克。1929年，源于美国的经济危机对欧洲经济和世界金融形成了巨大的冲击，无数银行和企业倒闭。1933年初，这股欧洲的倒闭风潮再次刮回美国，美国被迫放弃金本位，发行不可兑换的美元。1934年1月31日，美元再次恢复金本位制，1美元含金量被重新规定为13.714格令（合0.888671克）。黄金官价由每盎司20.67美元提高到35美元，这个含金量一直持续到1971年布雷顿森林体系的解体。

除了战争时期和1933年的数个月之外，美元自诞生之日起至1971年以前，基本上都是依托贵金属发行（1美元含金量有所变化）。

1863年，美国国会通过财政部长提出的《国民货币法》，第一次以法律形式规定在全国范围内实行法定存款准备金制度，开始发行类似英国在17世纪末期诞生的"金匠的记录"的金币券。我们知道，英镑纸币上在很长的时间内都印有"我保证，一经要求，支付给持有人××磅（例如黄金）"的字样，这样的文字说明一直持续到20世纪中期。美国所发行的金币券票面上也印有"持有人可凭此兑取金币"的字样，与英镑的内涵完全相同。

自1717年开始，英镑执行事实上的金本位制，这种制度一直持续到1931年。但中间依旧有两个阶段短期脱离了金本位制：第一次是拿破仑战争（1803年—1815年）时期；第二次是一战时期（1914年—1918年）。

美国社会是《大宪章》的一个"社区"，也就决定了美元就是英镑在北美的延伸。任何一种货币，都是本身社会文化和社会形态的外延。

美元的霸权

今天，我们经常听到这样的说法："美国佬"在世界上推行霸权主义。关于政治和军事上的霸权，不是本书的主题。美元在世界上真的是执行霸权主义吗？如果美元在世界上行使霸权，这种霸权是如何得来的？

货币的霸权

在实物货币和贵金属货币时代，货币不存在霸权，缘于这些货币的信用都是通过群体普遍接受性原则确立的，使用者你情我愿，自愿接受这些货币。不存在别人强迫使用，也不存在政府强迫使用，所以这些货币没有霸权。

当铸币时代开启之后，货币开始显示霸权特征。一般来说，政府只准许用自身发行的货币缴付赋税，政府机构也只能用自身发行的货币进行运作，更有一些政府只准许自身发行的货币在自己管控的行政区域内流通，甚至不准许兑换和持有其他货币，货币的霸权特征越来越显著。

实际上，今天主权性质的信用货币或多或少地都存在这些霸权条款。比如：你不能在美国用人民币和欧元支付税收，如果你没有足够的美元，对不起，先到市场上将欧元或人民币兑换成美元，美国总统也不能用欧元、英镑等货币支付联邦雇员的薪水，等等。其他主权货币所享受的霸王条款就更多，最典型的是那些实行外汇管制的国家或地区。

委内瑞拉是位于南美洲北部的一个国家，这个国家不大但很著名，缘于盛产世界小姐，爱美之心人皆有之，自然受到全世界的关注。但除此之外还生产原油，是世界上的主要产油国之一。

委内瑞拉北邻加勒比海，1498年哥伦布航行到此，1567年沦为西班牙殖民地，1811年7月5日宣布独立，1830年建立委内瑞拉联邦共和国，根据1999年12月生效的宪法，国名改为委内瑞拉玻利瓦尔共和国。

玻利瓦尔（图8.2为位于加拉加斯的玻利瓦尔骑马雕像）是伟大的南美解放者，对南美的独立与解放事业做出了巨大的贡献，两次流亡但都不改自己坚强的意志和志向。委内瑞拉使用玻利瓦尔作为自己货币的名称，怎么着也应该是"硬汉"的形象，即便不能成为世界的硬通货，在南美也应该是杠杠的，可事实完全相反。

图 8.2　位于加拉加斯的玻利瓦尔骑马雕像

（图片来源：维基百科）

玻利瓦尔的通称是西蒙·玻利瓦尔，1783年出生于委内瑞拉加拉加斯的贵族家庭，1804年，担任拿破仑的随从官。他非常钦佩拿破仑的才能和功勋，但反对拿破仑称帝，1807年返回委内瑞拉，后担任新格拉纳达准将。新格拉纳达是从1717年开始使用的、在南美洲北部的西班牙殖民政府的名称，它的领域相当于今天的巴拿马、哥伦比亚、厄瓜多尔和委内瑞拉，还对圭亚那、特立尼达和多巴哥有管辖权，今天巴西和秘鲁的部分地区也属新格拉纳达管理。

1919年，玻利瓦尔率兵突袭现哥伦比亚首都波哥大，年底建立了"大哥伦比亚共和国"，包括三个省：委内瑞拉、新格拉纳达和基多，玻利瓦尔被选为总统。1829年，国家分裂，玻利瓦尔沮丧至极，在1930年辞去总统职位，不久逝世。他在西班牙语系的美洲被公认为英雄、革命者和解放者，一生致力于玻利维亚、哥伦比亚、厄瓜多尔、巴拿马、秘鲁和委内瑞拉的独立并推动这些国家的民主进程。

上秘鲁解放之后改名为玻利维亚，这个国名就源自西蒙·玻利瓦尔。

在20世纪70年代至90年代，拉美国家普遍遭受了严重的经济危机和货币贬值，委内瑞拉也难逃其中。比如，1994年委内瑞拉的通货膨胀率高达 70.8%，1995 年为 56.7%，成为拉美通货膨胀率最高的国家之一。委内瑞拉货币与美元的比价（官方汇率）在 1993 年底为 105.64∶1，1994 年底为 169.60∶1，1995 年底为 290∶1①。

1999 年 2 月，查韦斯宣誓就任总统。1999 年 1 月 29 日，玻利瓦尔兑美元的汇率为 562.6∶1。2008 年 1 月 1 日，委内瑞拉开始流通强势玻利瓦尔，强势玻利瓦尔与玻利瓦尔的兑换比率为 1∶1000，但强势玻利瓦尔依旧简称为玻利瓦尔。

到 2013 年 2 月 8 日玻利瓦尔兑美元的汇率已经贬值到 6.3∶1，这个汇率一直持续到 2015 年。但这只是官方汇率的数字，由于委内瑞拉实行外汇管制，黑市"欣欣向荣"，到 2015 年 7 月下旬，黑市中的玻利瓦尔兑美元的汇率贬值到 683∶1，到 2016 年一季度，已经超过 1000∶1。可以说，玻利瓦尔贬值得一塌糊涂，与西蒙·玻利瓦尔的硬汉形象完全相反。

列位可能说了，既然玻利瓦尔如此不靠谱，那咱就换成别的货币，避免遭受损失。可委内瑞拉政府一直以来均实行外汇管制，对兑换外汇的金额进行限制，居民很难通过正常渠道购汇进行避险（这是形成黑市外汇交易的根源）。玻利瓦尔在自己的国内，充分地显示了自己的霸权，在这个市场，只有玻利瓦尔才能被居民合法持有，才能流通并用于日常交易。

玻利瓦尔在国内市场上是霸主，是"爷"。可在国际上，委内瑞拉政府无法使用行政手段让别国的央行和人民使用，自然无法进入各国央行的外汇储备，也无法让各国人民持有并流通，结果，在国际上就变成了"矮子"和"孙子"，想在国际上展示自己的霸权，只能是"南柯一梦"。

与委内瑞拉玻利瓦尔类似的是苏联卢布和津巴布韦津元，这些货币均曾经在国内充分显示自身的霸权，外汇受到管制并伴随物价管制，

---

① 石锐元. 对委内瑞拉经济形势的评估和展望[J]. 拉丁美洲研究，1996（04）：15-18.

但最终都带来剧烈的通货膨胀。伴随这一过程的无一不是本国经济剧烈衰退，全社会的财富剧烈收缩。当然，这些货币在国际上更无立足之地，这就是货币在国内展现霸权的结局。

美元称霸

除了战争时期和大萧条时期的1933年，在布雷顿森林体系解体之前，美国一直使用金本位制或金银复本位制，美元依托贵金属发行。

今天，美元在国际上很牛，属于国际硬通货，但是，在自己的境内美元却无法享受政策的"特殊保护"，无法显示霸权：第一，美元是自由兑换的货币。这可以保证世界上任何一个人（包括美国人）都可以抛售美元选择持有或使用其他可自由兑换的货币，对于任何一个持有美元的人，您有很充分的选择权。如果您不相信美元，那好，请便，您可以随时兑换。第二，如果您不相信美元，也不相信别国的货币，怎么办？也好办！在美元实行金本位时期可以自由地选择持有金条或金银币。虽然1971年以后，美元不再执行金本位制度，但依旧可以选择持有金银币，没人干涉您。美国亚利桑那州在2015年初通过了相关决议，黄金和白银为法定货币，可用于商业流通。美国有近十个州已经通过了类似的法案。也就是说，持有金银币并不妨碍您的生活（或许比纸币的便捷性差一些）。今天，您还可以自由地持有比特币等数字货币。第三，美国宪法第十款中有这样一句话，各州"不得将金银币以外的任何物品作为偿还债务的法定货币"。换句话说，美国宪法告诉各州：如果您不相信美元，可以使用金银币，金银币您相信吗？估计没有人会摇头。

以往，金银币具有使用不便的缺点，拿着沉甸甸的金银币去商场购物，肯定不如几张美元来得方便，何况美元还可以刷卡，更加便捷。可是，"屋漏偏逢连夜雨"，互联网也和美联储作对，在互联网的帮助下，金银都可以以数字金银货币的形式来使用，与美元一样便捷，美元再也没有了"物理"方面的优势。

在货币上，美国人有多项选择权，既可以使用美元，也可以使用其他自由兑换的货币，更可以使用金银币，美元在国内实在没有太多的霸权，如果随意贬值，最终的命运就是遭到抛弃。

美元的国内霸权主要体现在美国财政部用美元支付联邦雇员的薪酬、联邦政府的日常收支（包括债务）用美元计算，在美元和其他货币以及金银可以自由兑换的前提下，这种霸权几近于无。

美联储的股权是私人所有，股权的价值就是股东的财富，如果美元被美国人抛弃，美元就会成为废纸，美联储的股东就从富翁成为"贫雇农"，这些银行家是不会同意的。最终，美元必须与世界上其他可自由兑换的货币、金银币相伴而生存，保证自己的信用和价值，它没有在国内"称霸"的本钱。

既然美元在国内的霸权很少，享受不到市场垄断等优惠措施，就只能依靠自身的信用而生存，与金银相伴，这就衍生出一个必然的推论。

信用是没有国界的，金银之所以被全世界的人们自愿接受而成为货币，缘于具有世界人民普遍承认的信用。从历史的角度来看，当美元与金银币相伴而行的时候，也必须保持自己的信用，不仅美国人接受，世界的人们也会接受，这与1694年英镑的设计与发行思路一脉相承。我们看到，任何一个国家发生货币危机的时候，人们首先想到的是用本币兑换美元，或者是直接购买黄金，美元的流通区域就不断扩大，当美元流通区域扩大，发行量就需要增加，这是美联储股东们的致富之路，更是美元"称霸"世界的原因。

因为美元在国内几乎没有霸权，所以，只能依靠自身的信用才能生存，就在国际上显示出霸权，这种霸权不是美联储和美国政府强加给别国或人们的，而是别国和别国的人们自愿的选择。

当今世界，霸权（图8.3所示为比利时籍船只停泊于暹罗（泰国的古称）港口）一词已经被赋予过于复杂的含义。但对美元（也包括瑞郎、欧元等自由兑换的货币）的霸权来说，是虚无缥缈的；即便是有，也是世界各国的使用者自愿将其推上"宝座"的。

图 8.3　比利时籍船只停泊于暹罗港口
（图片来源：维基百科）

人类历史上，霸权是一个使用率非常高的词汇。霸权主义通常是指一国凭借其政治、军事和经济的极大优势，在全世界或个别地区控制他国主权、主导国际事务或谋求统治地位。在 20 世纪，许多国家都有争夺霸权的意图，包括纳粹德国、苏联和美国。殖民主义也是一种霸权，他通常是指一个国力强盛的国家，通过武力征服、侵占、收购、扩张等方式取得另一地区的控制权作为殖民地。殖民主义国家通常会控制该地区的自然资源、人力、语言、宗教、文化和交易市场，殖民主义国家也会强加自身的社会文化、宗教和语言于被征服的民族身上，这实际上就是一种霸权。

霸权也存在于社会生活中，比如非洲一些国家还保留着君主集权制度，一些特殊的教育、医疗服务机构只准许具有一定地位的人才能享用，这也是一种霸权。有些社会显性或隐性地展现出等级差异，这种差异就形成占有和使用社会资源的不平等，这也是霸权的一种表现形态。

在一国内部，货币可以展示自身的霸权，它依靠的是武力或行政力量。在国际上，货币并不能展示霸权，因为它必须依靠更多的人信任才能不断扩张自己的流通边界，并显示王者的地位。

美元对外展示自己霸权的结果，就是美国不断强大，社会财富不断积累，从一个由英国十三个殖民地组成的新兴国家，逐渐成为世界的霸主。

可是，发生货币危机的国家，比如委内瑞拉，它的国家管理者会大骂美元在世界上行使霸权，缘于人们选择持有美元抛售玻利瓦尔，即便官方可以外汇管制但杜绝不了黑市，伤害的是玻利瓦尔在国内的霸权地位，所以，查韦斯等人将美元恨得牙根痒痒。

其实，咬碎了牙齿也没用，可以抵抗美元霸权的途径只有一个，那就是：让自身的货币具有美元一样的信用，不在国内使用和依靠霸权，让自己的民众有充分的选择权。从源头上来说，是"查韦斯"们将美元推上了霸主之位，源于自己的货币不断贬值，将民众的信任推到了美元的一边，即便明天美元在世界上消失了，还会有其他货币将霸权加在你的头上。

美元在国际上的霸权地位首先是在国内的经济生活中培育的，长期的信用积累之后，信用就会延伸到国外，缘于信用没有边界更没有"国籍"；同时，也是国际上很多信用有欠缺的货币共同"推举"的结果，当这些货币不断贬值之后，就将人们的信任推向了美元的怀抱，人们自愿持有美元，形成了美元的霸权。

任何一种货币，只有在自己的国内不称霸，才能在国际上显示自己的霸权，他们之间的纽带是全世界人们所公认的信用。

美元的战略

美金是美元的荣誉

黄金是地上的太阳，代表着永恒。现在我们知道，货币是一个符号，唯一的含义就是代表一定的信用，货币也是一个契约，契约的内涵也是信用。由黄金代表的信用或表示的这种契约不会随着时间而改变，也不会随着人类的欲望和种族的不同而改变，代表了货币的顶峰，这种特性并不会随着黄金货币职能的削弱而改变，这才是黄金真正的含义。

无论今天的世界是否使用黄金作为货币，黄金的这种性质永远不会改变，它永远是货币之王。

1914年6月28日，萨拉热窝的一声枪响，引爆了一战。这场战争出乎交战各国的预料，持续时间长达四年，造成3000万人伤亡，直到生机勃勃的美国宣布参战，才宣布了战争的最终结局。战前，英国内债为6.45亿英镑，战后增至66亿英镑。英国在战时放弃了金本位制，英镑在世界上的地位百余年来首次发生动摇。

美国从19世纪初开始进行工业革命，到19世纪80年代崛起为世界第一大经济体，即便如此，美国在一战以前仍被世人视为边缘国家，重大的国际会议见不到美国的踪迹，美国既不热衷于参与国际事务，美元也不热衷于问鼎世界，即便一战，也是盟国邀请之后参战的。

美国奉行孤立主义的政策，也未刻意挑战英国在国际政治和经济生活中的霸主地位，但一战的发生依旧改变了世界的局势。英国等盟国大量从美国、加拿大采购军用物资，使得世界与美国的经济联系越来越紧密，为了支持战争，英国等欧陆国家从美国、加拿大增加贷款，双方的金融联系越来越紧密，这意味着美元走出了迈向世界的第一步，开始从当时"偏远""封闭"的北美走向世界。

虽然此时的英镑和美元都是世界的主要储备货币，双方共治天下，但美元从两方面开始占据优势：第一，战时美英两国的信贷结构有明显的差异。美国90亿美元的纯战时信贷，绝大部分为偿债能力较强、信用较好的英国和德国所欠；而英国33亿美元的纯战时信贷，主要是欧陆的意大利、法国和俄国所欠，后来，俄国赖账不还，而法国和意大利因为战后经济困难也无力偿还，削弱了英国的综合国力。第二，在战争时期，英国和欧陆国家从美国大量进口军火，用黄金来支付贸易逆差，黄金大量地流入美国，在金本位制度下，美元有更加坚实的支撑。最终，这些因素决定了美元的地位逐渐超过了英镑。

英镑此时已经坐了100多年世界盟主的宝座，自然不甘心将宝座让出来。何况美国原本就是英国《大宪章》的一个"社区",虽然这个"社区"已经逐渐发展成庞然大物,但无法立即改变在英国心目中的地位。如果让出宝座,大英帝国的面子丢得有点大。此时的大英帝国,依旧充满帝国的情怀,享受着"日不落帝国"的余威,何况,战后英国的殖民地范围进一步扩大,更不甘心失去世界金融皇冠的明珠——英镑的主要国际储备货币的地位。英国为了恢复英镑曾经的雄风,实行紧缩的货币政策,提高英镑与美元的比值。从 1920 年 2 月的 1 英镑兑换 3.4 美元涨到 1922 年末兑换 4.635 美元。此时的西欧各国和美国也对恢复战前国际金融秩序表示支持,实际上就是支持英镑继续当"老大"。

在 1922 年的热那亚会议上,参会各国决定恢复金块本位制,实行金块本位制的国家主要有英国、法国、美国等,而其他国家只能执行金汇兑本位制。此时,美元和英镑都是主要的国际储备货币,但谁都没有超过各中央银行外汇持有额的一半。

一战之后,英镑刻意升值,脱离了英国的经济承载力,出口被削弱,国内紧缩,进一步削弱了英国的黄金储备,加上 1929 年开启的世界经济危机带来的大萧条,英国恢复英镑往日辉煌的梦想破灭。1931 年,英国宣布脱离金本位制。数年之后,西欧主要国家相继步其后尘,宣告金本位制的正式解体。

虽然美国也深受 1929 年经济大萧条的打击,1933 年 4 月 19 日废除了金本位制,可短短数月之后的 1934 年 1 月 31 日,就再次恢复金本位制,可 1 美元的含金量从 1.50466 克下降为 0.888671 克。

从 1939 年 9 月 1 日开始,欧亚大陆再次爆发残酷的大战(二战),经过大约 6 年的残酷厮杀之后,世界各国抬起头来惊异地发现,欧亚国家谁都不是赢家,而美国成为这场战争的最大赢家,它不但最后打赢了战争,而且在经济上也发了战争财。据统计数据显示,在二战即将结束时,美国拥有的黄金占当时世界各国官方黄金储备总量的 75% 以上,几乎全世界的黄金都通过战争这个机制流到了美国。

1944年7月，西方主要国家齐聚美国新罕布什尔州的布雷顿森林，建立了新的国际货币体系，也就是布雷顿森林体系。布雷顿森林体系是以美元和黄金为基础的汇兑本位制，美元与黄金挂钩，其他国家的货币与美元保持固定汇率，美元处于世界各国货币的中心地位，成为黄金的代名词，所以，美金出现了。

无论我们今天怎么评价美元，但美金都是美元至高无上的荣誉，源于它的寓意是美元像黄金一样拥有牢不可破的、永恒的信用，这是货币荣誉的顶峰。

今天，美金已经成为美元远去的光环，但今日的美元依旧处于世界货币体系的核心地位，标志就是美元指数。

美元指数是参照1973年3月份6种货币对美元汇率变化的几何平均加权值来计算的（后来陆续增加到十个），并以100为基准来衡量其价值，比如：95的报价，是指从1973年3月份以来美元的价值下跌了5%。之所以选定1973年作为参照，是因为这时主要的贸易国开始采用浮动汇率制，以取缔布雷顿森林体系时期的固定汇率制。在1999年1月1日欧元推出后，非美货币的篮子进行了调整，从10种货币减少为6种货币，欧元也一跃成为了最重要、权重最大的货币，其所占权重达到57.6%。到2015年为止，美元指数最高至165，在2008年美国次贷危机之后，最低低于80。

美元指数综合反映了美元在国际外汇市场中的强弱，用来衡量美元对一篮子货币的汇率变化，进而反映美国的出口竞争力和国际收支状况。

美元指数在今天已经演化出两个全新的含义：

第一，美元已经成为世界各国货币强弱的参照物。在金本位时期，所有货币的价值都参照黄金，各种货币的含金量成为衡量货币价值的唯一标准。虽然"美金"的光环已经成为过去，美元不再和黄金一起站在货币市场的顶峰，但美元依旧成为世界各国货币强弱的参照物，美元处于世界各国货币的中心地位。美元通过美元指数衡量自身的强弱，而美元对另一种货币的汇率,成为衡量这种货币强弱的指标。换句话说,布雷顿森林体系解体之后,美元虽然脱离了黄金,但在世界货币市场上的地位并没有下降。比如:2010年1月,委内瑞拉货币玻利瓦尔兑美元的黑市汇率约为6:1,到2015年5月约为300:1,表示委内瑞拉货币非常弱。美元兑欧元、日元、澳元的汇率也具有一样的含义。

第二,美元指数和美元对一种货币的汇率代表了巨额的资金流向。从2015年7月到9月,美元指数从79.79上升到85.91,上升了6.12。一个国家的资本流动,包含两个方面:第一是贸易项目;第二是资本项目。美国在2015年7月至9月的贸易逆差分别为405亿、401亿、430.3亿美元,合计是逆差1236.3亿美元;7月至9月美国资本流入分别为567亿、521亿、1643亿美元,合计顺差2731亿美元。贸易与资本项目合计,7月至9月美国实现资本净流入1494.7亿美元,背后的资本流动才是美元指数上涨的真正推动力。

美元指数代表的资本流动(图8.4为2012年1月1日—2017年1月1日美元指数走势图)具有重大的意义,可以解释资本市场的很多问题,而决定资本流动方向的因素是各国资本投资收益率对比和各国央行的货币政策。其中,各国资本投资收益率更加重要。

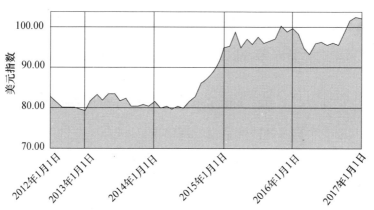

图8.4　2012年1月1日—2017年1月1日美元指数走势图

一些人仅仅认为,美元指数代表美元的强弱,实际上这仅是外在现象,美元指数的涨跌更主要代表了国际资本的有序流动。美元指数上涨，表示国际资本流入美国。更深层次的原因是，美国经济相对于美元指数一篮子货币的国家或地区具有更高的资本投资收益率，只有这一因素才可以决定国际资本的有序流动。如果美元指数下跌，就是相反的含义。

单一国家的自由兑换货币兑美元的汇率也具有一样的含义，比如新西兰元，它并不包含在计算美元指数的一篮子非美货币中，2014年—2015年新西兰元兑美元基本处于跌势，和央行的货币政策有关吗？有！但不是决定性因素。2015年9月10日，新西兰储备银行宣布，把基准利率从3.0%下调至2.75%，即便下调以后，新西兰的利率水平依旧远高于美国0~0.25%的利率水平。决定新西兰元兑美元汇率走势的根本性因素是背后的资本流动，进而是两国之间资本投资收益率的对比。

为了弥补现有美元指数的不足，摩根大通编制了新兴市场货币指数（JPMorgan EMCI），而美国《彭博商业周刊》编制了追踪20种新兴市场关键汇率的指数。这两个指数包含了世界上主要的新兴国家的货币，美元指数和衡量新兴市场的货币指数综合起来，判断进出美国的资本流动数量就将更加准确，也更能反映美国经济相对全球经济的相对竞争力。

有些人总是疑惑，一个国家的资本流动情况怎么看？是流入还是流出？如果看央行的数据，都是过去发生的，意义不大。此时，汇率的变化是比较好的参照物，当然，这只对可自由兑换的货币才有效。

资本流动反映的是这些国家之间投资环境和资本收益率的相对变化，是判断一个国家经济竞争力的基础指标。

美元在1971年被迫脱离金本位，使得美金的称号作古，但作为世界货币的核心地位并没有动摇。

经济全球化——美元的豪赌

二战之后，东西方开启了冷战模式，看起来二战之后没有发生大规模的战争，但从财政的角度来说，美国和苏联之间参与的是一场超级战争。虽然最终苏联解体，这被视为美国的重大胜利，但美国在联邦德国、日本、韩国等国的大量驻军，加上美国直接参与了朝鲜战争和越南战争，使得美国国际收支持续逆差，导致通货膨胀严重，美元危机加深。1971年8月15日，美国总统尼克松宣布美元贬值并且停止美元兑换黄金，布雷顿森林体系崩溃。这在当时造成了国际金融市场的混乱。为了摆脱这种困境，主要资本主义国家经过多次磋商，最终于1971年12月达成"史密森学会协议"。该协议主要内容包括：美元对黄金贬值7.89%，黄金官价从每盎司35美元提高到38美元；汇兑平价的幅度由1%扩大到2.5%，美元含金量重新确定为0.818513克，美元对"特别提款权"比价由1∶1贬值为1.08571∶1。可是，这种美元小幅贬值的措施未能阻止美国国际收支逆差的扩大和美元危机的进一步深入。1973年2月12日，美元再次贬值10%，含金量减为0.73662克，黄金官价每盎司提高到42.22美元。对特别提款权比价贬值至1.20635∶1。欧洲国家及其他主要资本主义国家纷纷退出固定汇率制，固定汇率制彻底瓦解，美元汇价走向浮动。

这是美元的严重挫折。虽然美元依旧在世界货币体系中处于核心地位，但美元的信用不再恒定，背离了美元自从1792年以来建立的理念，如果这种信用不确定的状态持续一定的时间，美元的衰落就不可避免。

美元的价值下降，最根本的原因在于发行了过多的美元，当过多的美元没有对应的财富之后，美元危机就会出现。此时，美国经济已经进入中低速增长的时期，期望美国经济增长弥补美元所对应的财富不足是比较困难的，所以，美国经济在20世纪70年代经历了严重的滞胀，虽然保罗·沃尔克在里根总统时期使用严厉的货币政策制服了滞胀这只猛虎，但必须给超过美国经济需求的美元找到一个出处。此时，美联储将眼光对准了其他国家，希望将美元引出去。

贸易全球化被寄予厚望。

当贸易全球化带来全球贸易增长之后，就会需要更多的信用媒介，美元的需求扩大；同时，美国经济占有两个制高点，第一是科技顶端，第二是消费终端。当贸易全球化之后，全球经济和美国经济的联系更加紧密，美元在国际上的需求就会扩大。所以，美国开始推进贸易全球化，1989 年的华盛顿共识就是最明显的起点。1995 年 1 月，世界贸易组织在"关贸总协定"的基础上成立，更多的发展中国家加入这一组织，涵盖的范围不仅仅是货物贸易，也包括服务贸易。贸易全球化开始逐渐进入鼎盛时期。

2008 年，美国发生次贷危机，危机之后，美联储开启三轮量化宽松，将贸易全球化推向极致。

通过贸易全球化推动全球经济的发展，是一个古老的招数，看来，美国人很熟悉世界经济史，也进行了深入的研究。

法国是欧洲的农业大国。拿破仑战争时期，英国谷物价格直线上升。此时，英国是世界上军事和经济实力最强大的国家，为了打破反法同盟，拿破仑对英国进行谷物封锁，希望饿"服"英国，最好是饿"死"英国，当英国丧失对法国的战争能力之后，欧洲大陆的反法同盟只能瓦解。据统计，1795 年—1799 年，英国小麦的价格是每夸特（英国重量单位，合 12.7 公斤）65.67 先令（英国旧的货币单位，1 英镑＝20 先令）；1800 年—1809 年，达到每夸特 84.71 先令；1810 年—1814 年，高达每夸特 102.45 先令[1]。此时的英国只能开展生产自救，进行了一场轰轰烈烈的"大生产"运动。在政府鼓励下，土地所有者大量开发贫瘠土地，投入大批资金进行粮食生产，并赚取了高额利润。但随着战争接近尾声，粮食价格开始回落，加之土地租金过高，大批农场主不仅无法收回在贫瘠土地上的投资，甚至连基本的农业利润也无法维持，而大地主又不愿意将地租降到农场主希望的水平。其结果是：农场主"用战争时期的租金种谷物，以和平时期的价格卖谷物"。为此，农场主希望依靠两个渠道来维护他们的利益：一是将国内谷物价

---

[1] 刘成．英国废除《谷物法》刍议［J］．史学集刊，2013（1）：104—111．

格维持在较高的水平上；二是提高谷物产量获得更多利润。

在今天看来，用国家机器的力量维持谷物的高价格不符合经济规律，伤害的是工商业者和城市市民的利益。但这在当时的英国是可以实现的，因为英国的土地大部分在贵族手中，他们具有强大的政治能量。大地主和农场主一致的利益诉求推动了《谷物法》的通过。

1813年，英国下院的一个委员会提出了关于限制进口谷物的提议，该议案规定当国产谷物低于每夸特80先令时，禁止进口国外谷物。在拿破仑战争即将结束时，托利党利物浦政府颁布了1815年《谷物法》。政府（及议会）这样做的目的是：一方面报答农场主，在战争期间，拿破仑试图通过谷物封锁逼迫英国就范，而农场主积极扩大在谷物种植上的投资，有效遏制了拿破仑的"饥饿战略"；另一方面防止英国谷物生产者被外国竞争者击垮。

《谷物法》的实质是贸易保护主义。

该法案的出台直接引发了伦敦的严重骚乱和曼彻斯特的彼得卢大屠杀[①]。

英国社会各方对于《谷物法》的废除与存续，进行了长时间的较量，最终在1846年，英国废除《谷物法》，标志着自由贸易的时代正式开启。英国的谷物进口量迅速攀升，压低了国内的谷物价格；钢铁出口快速增长，带动了工业的发展；大量的农业人口进入城镇工作，推动了城镇化。美国等国家追随英国的自由贸易政策，第一次经济全球化逐步进入高潮，这是资本主义发展的一段黄金时期。

一战之前，欧洲主要国家之间结成大量的同盟并展开军备竞赛（图8.5所示为德国海军主力舰队"公海舰队"的第一与第二分舰队），国境线和战线撕破了全球自由贸易网络，英国、法国等国封锁了大西洋和地中海沿岸。战后，各国经济萧条，纷纷采取提高关税等贸易保护主义政策，标志着第一次贸易全球化的结束。

---

① 刘成. 英国废除《谷物法》刍议 [J]. 史学集刊, 2013 (1): 104—111.

图 8.5　德国海军主力舰队"公海舰队"的第一与第二分舰队
（图片来源：维基百科）

15世纪以来，居住着许多塞尔维亚人的波斯尼亚一直是奥斯曼土耳其帝国的领土，在1878年却被已经是世界列强的奥匈帝国单方面强行吞并，这引起了塞尔维亚人强烈的仇奥情绪。1914年6月28日，塞尔维亚族学生普林西普在波斯尼亚首府萨拉热窝枪杀奥匈帝国的皇太子斐迪南大公，点燃了一战的战火。

一战之前，德国、奥匈帝国和意大利结成三国同盟；法国与俄国结成法俄同盟；英国与法国签订《英法协约》；英国与俄国签订《英俄条约》；英国、法国和俄国签订《三国协约》等。各种排他性同盟不断出现，欧洲的两大阵营已现雏形。同时，各国均开展残酷的军备竞赛，比如：1880年—1913年，德国常备军由42万扩充至87万；法国则由50万扩充至81万，等等。这是一场真正的世界大战，欧洲、亚洲、拉丁美洲、非洲的大部分国家均卷入了战火。

1917年11月，东面战线因俄国发生十月革命并退出战争而结束，以德奥为核心的同盟国可以集中兵力打击西线的英国、法国、美国的军队，但并未达到战略目的，反而陷入消极防御。1918年8月至9月，德军再损失15万人和大量的大炮与机枪，不断传来的军事失败消息使德国国内的矛盾加剧，9月，兴登堡元帅建议德国议会提出"结束战争"。但德军的最高统帅部却仍不甘心失败，意图用剩余的海军舰只与英国海军进行最后的决战。结果德国水兵因不愿送死，在基尔港发生哗变，并迅速蔓延到整个海军及全国。11月9日，德国首都柏林亦发生革命，德皇威廉二世只得宣布退位并出逃荷兰。11月11日，德军求和，一战结束。

一战之前所建立的各种同盟和战火中的战线，彻底撕裂了第一次贸易全球化。

美国在摆脱了20世纪70年代的滞胀之后，为了化解美元信用下降带来的困扰，也为了推动全球经济增长，从20世纪80年代末、90年代初就开启了贸易全球化的战略。正如英国《金融时报》首席经济评论员马丁·沃尔夫的文章所言，自1990年以来，外国直接投资（FDI）和贸易的增长一直远快于全球产出，其中，外国直接投资的增速更是超过了贸易。外国直接投资存量与全球产出之比已从1990年的9%增至2012年的33%。同期的商品和服务出口与全球产出之比从20%增至31%①。

毫无疑问，贸易全球化改进了很多发展中国家的生活水平，推动了新兴国家的经济发展。但另一方面，美联储的资产负债表从2008年次贷危机以前的8000多亿美元增长到2014年的4万亿美元以上，但美元指数从2008年以后，并未出现明显的下跌，最本质的原因在于贸易全球化，国际市场美元的需求放大。当然，每张美元价值基本不变的情况下，美联储的资产负债表急剧扩张，意味着美联储股东的财富在增长，这就是美联储的财富之道。

如果将美联储的战略看成一部电视剧，极力推动贸易全球化就是剧情的上半部，目前，上半部已经结束，标志就是美元量化宽松的结束，2015年12月开始加息。

虽然美联储三次量化宽松之后，美元没有出现明显的贬值，但依旧有巨大的隐患。2008年—2015年，美国经济稳步复苏，但速度不快，但美联储的资产负债表却增长了4倍以上，这些货币远远超过美

---

① 马丁·沃尔夫. 转型时代的全球化[EB/OL]. [2013-07-19] [2015-07-09]. http://www.ftchinese.com/story/001051509.

国经济的实际需求，如果因为国际环境的变化形成美元不可控的回流，美国将陷入严重的通货膨胀，这就是巨大的隐患。而如果让美元实现有序回流，唯一的手段是以加息预期为武器，让美元升值，但这只是表面的，深层次的、根本性的原因是经过次贷危机后的调整，美国生产要素价格调整到相对低位，资本投资收益率提升，再加上亚洲局部地区持续动荡，带动国际资本有序回流美国。

当美元升值的时候，大宗商品价格就会下跌，以生产大宗商品为主的国家的货币就要贬值，其他一些国家为了抵御经济低迷也只能采取宽松货币的措施，甚至一些国家将爆发债务危机，这些因素将放大美元的需求，这些国家的央行、企业和民众都需要更多的美元稳汇率或避险。

美元量化宽松期间，美联储通过货币数量的增长实现财富的增值；未来将通过价格的增长（美元升值）实现财富的继续增值。美国经济持续复苏、美国收缩财政赤字是美联储实施这一策略的基础性条件。

另外，2009年之后的三次量化宽松期间，美联储释放了大量的美元，如果这些美元主要掌握在各国央行的手中，就形成对美国国家安全和经济安全的巨大威胁，必须给他们手中的美元找到合适的去处，实现筹码换手，同时使这些美元与相应的财富相对应。

如果仅仅依靠美国经济的增长来达到这个目的，需要漫长的周期，甚至几乎是不可能的。美元稳步升值，就会导致一些国家的货币危机，此时，这些国家的央行就需要抛外汇保汇率，而民众需要购买美元避险，实现美元的换手。当美元进入个人和企业手中，就进入了日常流通领域，就有了对应的财富，也消除了美元大量集中在各国央行手中对美国经济产生的战略威胁。

加息和加息预期的不断强化使美元升值并逆转贸易全球化（打击大多数国家的经济和货币）就成为最有效的手段，为美联储的战略目的服务，最终目的依旧是通过美元升值的手段实现财富膨胀。

事实是如何呢？

在美联储加息预期之下，从2014年7月开始，美元指数形成了一浪轰轰烈烈的上涨，到2015年7月，美元指数基本在95上下波动，已经比2011年—2012年上涨了20%以上，对应的是美联储这家央行市值的增长，股东权益的大幅增长。

当一个国家的经济在贸易全球化的推动下快速发展的时候，对全球贸易的依赖性就越来越高，此时一个社会就会形成一系列的问题：在大宗商品价格处于上涨周期，有些国家依照经济需求发行货币，经济呈现繁荣；更有些国家以超过经济需求来超发货币，缘于此时资本投资收益率在高位，资本净流入，不会带来货币贬值，最终会导致这些国家财政支出不断扩大的惯性；国家、企业、个人的负债率不断上升；等等。当外部经济环境变化之后（比如资产价格下跌或大宗商品价格下跌），经济增速下降，资本流出，汇率承压，财政赤字扩大，债务违约，等等，问题开始集中爆发。

总之，贸易全球化逆转之后，全球经济增速下降，绝大多数国家都会出现货币贬值和债务危机。2011年之后，俄罗斯、巴西、土耳其、阿根廷、南非、委内瑞拉、印尼等新兴经济体的货币都经历了下跌，即便日元、欧元、澳元这样的国际储备货币也一样出现了比较大幅度的贬值。当全球大部分主要国家的货币开启贬值之后，美元就成为全世界人们进行资产保值的目标，这是2014年7月开始美元指数开始大幅上涨的内在动力之一。

大多数国家的人们抛弃本币换取美元，美元就从央行的账户上转移到了居民的手中，无论是用于保值还是用于支出，美元都有了对应的商品，量化宽松期间发行的美元就有了财富相对应，完成美联储战略的下半部。而随着美元的不断升值和流通区域的不断扩大，美联储实现了财富的增长，而对应的，就是其他国家财富的萎缩（本币贬值必定带来财富萎缩）。

美联储的下半部战略才刚刚开始。

货币战争中初战的"炮灰"

今天,贸易全球化逆转已经成为显然的事实,依旧和20世纪初期一样,区域性联盟、动荡的国际环境开始割裂贸易全球化的环境。北非的动荡、乌克兰战争、中东的战火、中国南海和东海的争端、朝核危机等,都在割裂贸易全球化的环境。

别了,经济全球化的光辉岁月。国际货币基金组织与世界银行在2014年的研究发现,过去两年国际贸易增长速度远低于全球经济增速,几十年来尚属首次。这一变化意味着,由国际贸易两位数增长开创的"超级全球化"时代正在结束。研究认为,国际贸易这一推动全球经济增长的"发动机看来现在已耗尽前进的能源"①。

美联储也在稳步地推进自身的战略,如果美元进入各国居民和企业的口袋并用于日常经济生活,将其他货币从商品市场中挤出去,成为"炮灰"(图8.6所示为盖茨堡战役画作局部),这才是真正的货币战争,与硝烟战场的战争相比毫不逊色。

图 8.6 盖茨堡战役画作局部

(图片来源:维基百科)

---

① 王维丹. 别了,全球化的光辉岁月 [EB/OL]. [2014—11—19] [2015—07—09]. http://wallstreetcn.com/node/210887.

美国南北战争中盖茨堡战役的最后一天（1863年7月3日），发生了皮克特冲锋。南方联盟军的罗伯特·李将军下令向北方联邦军乔治·米德少将所据守的阵地中央发动一次步兵攻击。冲锋总指挥詹姆斯·隆史崔特中将事前便已经预测到这次攻击将徒劳无功，南军的损失完全可以避免。7月2日当晚的北方联邦军会议上，乔治·米德少将就准确推测，隔天早晨李将军会对北军正中央阵地发动攻击。

冲锋部队必须先穿越大范围的炮火轰炸，经过很长的开阔地，才能抵达敌方防线，进而瓦解对方防线、摧毁火炮，这几乎是一件不可能完成的任务。此举使得九个步兵旅约12500人暴露在开放的原野上，在北军炮火狂轰之下，冲锋的士兵死伤过半，即便有部分南军成功突破到掩护北军的矮石墙，也无法坚守阵线，北军的反击结束了当天的战斗，李将军兵败撤退宾州。此次冲锋后来以乔治·皮克特少将的姓氏命名，他是詹姆斯·隆史崔特中将手下的三名南军将领之一。多年后有人问起乔治·皮克特，为什么在盖茨堡冲锋失败，他回答说："我本来就觉得北方佬在那边不会毫无防备。"南方军的将领已经预计到失败，北方军的将领也预计到了南军的攻击，这种情形下，参与冲锋的南军士兵几近于"炮灰"。

当今世界，美元是世界主要的储备货币，美元的管理和发行机制比较完善，加上美国处于优势的综合国力，如果美元与其他货币发生货币战争，很多货币很可能成为"炮灰"。

在这样的历史关头，以往货币信用越低、货币发行越不规范的国家遭受的打击将越发沉重。贸易全球化加速了全球经济的发展，特别是提升了发展中国家居民的生活水平，但因为自身货币的信用低，最终将成为美元收割的对象。由于大宗商品处于全球经济产业链的前端，随着美元升值和全球经济增速下滑，价格首先大幅下跌，大宗商品国家的货币就成为了初战的"炮灰"。

坦桑尼亚先令所遭受的冲击是对货币"炮灰"的典型诠释。

坦桑尼亚位于非洲东部、赤道以南，现为英联邦成员国，1964年独立。独立之后的坦桑尼亚是计划经济模式，直到20世纪80年代末期，坦桑尼亚都实行汇率管制，使得国民经济陷入困境，整个国家的外汇极度短缺。

1989年,华盛顿共识开始出笼,这是一整套针对拉美国家和东欧转轨国家的政治经济理论。该共识有十个方面的主要内容,其中实行利率市场化、采取有竞争力的汇率制度、实施贸易自由化、开放市场、放松对外资的限制等都是核心的内容。华盛顿共识的中心就是推动贸易全球化,从此,以跨国贸易、服务为主要推动力的经济全球化逐渐走向高潮。

从20世纪90年代初开始,坦桑尼亚接受"华盛顿共识",按照世界银行和国际货币基金组织的要求改革经济体制,全面实行市场经济。为了让本国货币准确反映本国经济发展和对外贸易的真实状况,坦桑尼亚放开了外汇管制,实行自由汇率政策。

2007年以前,坦桑尼亚中央银行主要是通过购买政府债券来管理流动性,相当于以政府债券为准备金发行货币。2008年美国次贷危机之后,坦桑尼亚中央银行也适时向市场投放外汇,以保证坦桑尼亚先令的汇率稳定。

根据坦桑尼亚中央银行的数据,2014年以前的10年,坦桑尼亚先令兑美元的汇率保持总体稳定、温和下跌的走势。2004年12月,美元兑先令的汇价率1∶1169;到2015年1月,美元兑先令的汇率为1∶1745,坦桑尼亚先令10年累计贬值33%,成为非洲国家中最稳定的货币之一。截至2014年底,坦桑尼亚的外汇储备为43.84亿美元[1]。

随着黄金和大宗商品价格的回落,从2015年开始,坦桑尼亚先令快速贬值。美元兑坦桑尼亚先令的市场汇率平均价在2015年1月为1∶1745,2月为1∶1791,3月为1∶1786,4月为1∶1829。但从5月开始,先令贬值速度加快,开始高台跳水,到6月23日,先令兑美元创下2400∶1的历史低点,不到半年跌幅超过27%。当地媒体也纷纷用"自由落体""断崖式下跌"来描述5月至6月间先令兑美元的汇

---

[1] 吕友清. 坦桑尼亚货币为何发生自由落体式贬值?[EB/OL]. [2015-07-07] [2015-07-09].

率走势。2015年6月23日,坦桑尼亚财政部长在议会上宣布:政府已经与南非兰特商业银行和中国国家开发银行分别签署了借款合同,将在6月底前分别向两家银行借款6亿美元和2亿美元。坦桑尼亚中央银行也紧急动用外汇储备,向市场投放2.24亿美元。受此提振,坦桑尼亚先令兑美元止跌回升,2015年7月初维持在2000∶1附近[①]。

从2008年美国次贷危机开始,全球经济增速放缓,大宗商品需求下降,特别是2014年,国际原油价格的暴跌,在俄罗斯卢布、阿根廷比索、委内瑞拉玻利瓦尔等货币贬值的同时,尼日利亚、安哥拉、加纳等非洲产油国的货币一样遭受猛烈的冲击。

尼日利亚是非洲最大的产油国,虽然尼日利亚央行极力捍卫自己的货币奈拉,但油价下跌导致外汇储备锐减,从2014年11月到2015年4月,奈拉兑美元贬值了30%。2015年1月至5月,坦桑尼亚的东非邻国,也普遍呈现本币贬值。乌干达货币贬值20.9%,肯尼亚和卢旺达货币分别贬值10.9%和5.1%。

面对这样的局势,坦桑尼亚中央银行在2015年1月至4月向外汇市场投放了3.39亿美元,但提振本币汇率的效果十分有限;肯尼亚也抛售了价值数十亿肯尼亚先令的美元储备,同时请求国际货币基金组织给予特别提款权救助,但本币贬值趋势仍未扭转。

坦桑尼亚和肯尼亚向外汇市场抛售美元稳定本币汇率,美联储在三次量化宽松期间印制的美元就成功进入到坦桑尼亚、肯尼亚居民的手中。对于实行外汇管制的国家也一样无法避免这样的结局,缘于外汇管制会产生黑市交易,最典型的示例是委内瑞拉和阿根廷,在进行严厉的外汇管制期间,外汇黑市都是"欣欣向荣",缘于本币不断贬值,市场拥有庞大的外汇需求。

各国央行手中的美元成功转移到居民手中,意味着本币在本国社会财富储藏和商品交易市场中所占的份额下降,而市场份额的下降进

[①②③] 吕友清. 坦桑尼亚货币为何发生自由落体式贬值?[EB/OL]. [2015-07-07] [2015-07-09].

一步对本币贬值形成更大的压力,本币就成为美元的"炮灰"。

为什么会形成这样的局面?最主要的原因当然是货币发行机制和管理机制的差别、美元的主要国际储备货币地位等,国际分工也是一个不可忽视的因素。

新兴国家自从贸易全球化之后,经济都得到了比较快速的发展,但全球经济分工并未由此改变。美国占领着全球经济的最高端,第二等级是日本、德国等发达国家,东南亚、东欧等国是主要的普通商品生产基地,而非洲、南美洲、大洋洲等依旧主要是原材料生产商和工业品的销售地。坦桑尼亚、尼日利亚等原材料生产国出售的是大宗商品,没有独立的定价权,产品的溢价完全不受自身的控制,特别是在全球经济下滑和美元强势周期更加明显。但发达国家进口原材料之后,基于他们的技术优势、管理优势、品牌优势等,产品出口就有很高的溢价,拥有独立的定价权,对于大宗商品出口国就会形成贸易顺差,这一点在大宗商品价格低迷的时候更加明显。如果一国的投资环境不具备优势,资本项目的顺差无法覆盖贸易逆差,或者资本项目也出现逆差,本币就会承受贬值的压力。

坦桑尼亚先令的贬值原因就在于此。

坦桑尼亚是一个传统的农业国,以种植业、林业、渔业、牧业为主,农业是坦桑尼亚主要经济支柱,吸收了全国劳动力的2/3。坦桑尼亚旅游资源丰富,非洲三大湖泊维多利亚湖、坦噶尼喀湖和马拉维湖均在坦桑尼亚边境线上,拥有海拔5895米的非洲第一高峰的乞力马扎罗山世界闻名,其他自然景观有恩戈罗戈罗火山口、东非大裂谷、马尼亚纳湖等,另有桑岛奴隶城、世界最古老的古人类遗址、阿拉伯商人遗址等历史人文景观。坦桑尼亚有丰富的矿产资源,已探明的主要矿藏有钻石、黄金、煤、铁、磷酸盐、天然气等,近年来矿业开采取得了长足的进展。坦桑尼亚的工业以农产品加工和进口替代型轻工业为主,技术水平比较低下。

坦桑尼亚的出口以初级农产品为主,其中棉花、剑麻、腰果、咖啡、烟草、茶叶、丁香是出口创汇的支柱，由于劳动生产率低下，产量有限，加之国际市场价格疲软，创汇能力和创汇额很少增加。黄金出口一直在坦桑尼亚出口中占有最重要的地位，在创汇额中占据第一位，但随着黄金价格的下跌，出口收入下降，2012年创汇还超过20亿美元，但2013年、2014年分别下降至17.4亿美元、13.5亿美元。近年来，旅游收入成为坦桑尼亚的主要外汇收入来源，2014年1月至10月，坦桑尼亚旅游业创汇总额为19.6亿美元，高于2013年同期的17.9亿美元。

然而，坦桑尼亚需要进口很多其他国家的设备，使得进口额不断增长。2015年前4个月，仅坦桑尼亚政府和国有企业用于进口的外汇支出就比去年同期增加3亿美元，包括选举委员会购买选民身份生物识别系统，坦桑尼亚铁路局购买机车头和车厢，还有坦桑尼亚电力公司购买涡轮发电机组，等等。

这让坦桑尼亚持续出现贸易与服务逆差。根据坦桑尼亚中央银行数据，2006年—2014年，坦桑尼亚每年的出口额平均为60.58亿美元，进口平均为98.3亿美元，每年的赤字平均为37.72亿美元；2014年坦桑尼亚商品和服务出口额为86亿美元，进口额为134.45亿美元，逆差48.45亿美元。

在此情形下，坦桑尼亚如果要保持自己的国际收支平衡进而维持先令的稳定，就需要持续吸引外资并争取外国和国际组织的援助。事实上，坦桑尼亚一直是东非国家中吸引外国直接投资最多的国家，根据联合国贸易和发展会议2015年6月24日最新发表的2015年度《世界投资报告》，坦桑尼亚在2013年实际使用外资21.31亿美元的基础上，2014年又取得了实际利用外资21.42亿美元的不俗业绩，但资本项目的顺差完全不足以弥补贸易和服务项目的逆差。外国援助在坦桑尼亚国民经济中占有重要地位，主要捐助国和国际组织有英国、印度、南非、荷兰、肯尼亚、美国、加拿大、意大利、德国和国际货币基金组织、世界银行、非洲开发银行等。当黄金和商品（特别是农产品）

价格不断下跌,外汇收入缩减,加上发达国家经济不振、国际援助下降,本币的压力不断加大,不断加剧的国际收支不平衡令坦桑尼亚先令快速跳水。

先令不断被抛售,加上政局的不明朗,被誉为丁香之国并拥有美丽海滩的坦桑尼亚(图8.7所示为坦桑尼亚桑给巴尔的海滩)已经进入"美元为王"的时期。而"美元为王"意味着先令让出在本国商品交易市场中的份额,逐渐成为"炮灰"。

图8.7　坦桑尼亚桑给巴尔的海滩

(图片来源:维基百科)

坦桑尼亚一词分别代表坦噶尼喀和桑给巴尔两个地区,意为坦噶尼喀和桑给巴尔联合起来的国家,坦噶尼喀得名于坦噶尼喀湖,桑给巴尔意为黑人居住的地方。1964年,两个先前皆为英国殖民地的国家合并,成立坦桑尼亚联合共和国。

公元975年,已伊斯兰化的波斯设拉子人阿里王子为了逃避战乱,带着他的六个儿子来到了东非海岸,他们到达东非沿岸初期,处境十分艰难,当时东非沿岸居民尚少,处在原始社会阶段。阿里家族用布匹换取落脚地,然后让儿孙们迎娶土著酋长之女为妻,经过若干代的努力,加上自身文化和知识上的优势,逐渐统一了北起拉木岛(今肯尼亚境内)南至科摩罗岛的东非沿海诸岛以及大陆的沿海低地,把基尔瓦(今坦桑尼亚南部港口,著名古城,始建于975年)作为首都,建立起桑给帝国。桑给帝国存在了约500年之久,桑给巴尔和奔巴两岛就是其重要的领地。

早在南宋时期，中国即与桑给巴尔的居民有贸易往来，古书称之为"层拔国""昆仑层期国"等。明成祖朱棣在15世纪初期派郑和下西洋，曾抵达桑给帝国的蒙巴萨港。直到近代，开始出现来自印度的移民。

从2014年3月至2014年12月中旬，俄罗斯卢布兑美元和欧元汇率不断下滑，卢布兑美元约贬值39%，卢布对欧元约贬值32%，卢布被贴上了"炮灰"的标签。而处于相同窘境的不仅是俄罗斯卢布，2014年底，巴西雷亚尔兑美元尚在2.6∶1附近，到2015年9月下旬，已经跌破4∶1；委内瑞拉玻利瓦尔在2015年初兑美元的黑市汇率尚在170∶1附近，到2015年8月，已经跌至680∶1附近，也成了美元初战的"炮灰"。此外，阿根廷比索、哥伦比亚比索、南非兰特、土耳其里拉、马来西亚林吉特等货币兑美元都是"跌跌不休"，均处于"炮灰"的行列。

随着全球贸易增长速度的不断下降，东亚以出口为导向的国家的货币很可能成为美元的第二批"炮灰"。这是因为出口增速下降，很容易打破这些国家的国际收支平衡，给这些国家的货币施加强大的贬值压力。

美元深入到别国的经济生活，就意味着占领了过去属于本国货币（以下简称本币）的市场份额，如果没有"炮灰"，这样的过程就无法完成，这才是真正"刺刀见红"的货币战争。"炮灰"的真实含义是某些货币逐渐退化成纸张，退出货币序列，进而进入换币的程序或直接流通美元等国际硬通货。

到此，似乎美元稳操胜券，这个观点是错误的，主动权依旧掌控在每个国家自己的手中。对于广大的新兴国家来说，应对货币战争最有效的武器是改革自身的行政管理体制和经济体制，不断提升整个国家的经济效率，提升财政支出的管理水平，保持自身的财政收支平衡；同时，缩小贫富差距，使全社会对货币收缩具有更强的承受力；提升自身的经济发展水平和国际竞争力，保持自己的国际收支平衡。从根本上提升自身货币的信用水平，这是对抗美元"侵略"的有效手段。

所以，问题的关键是这些国家能否改革自己，向自己开刀，如果不敢向自己开刀，就只能等美元来开刀，那叫"剪羊毛"。

美元在历史上的不同时期，曾经多次通过货币的紧缩与扩张的循环对其他经济体进行"剪羊毛"，实现壮大自己削弱对手的目的。是源于美元的信用坚固吗？很可能不是。自从美联储成立开始，美元的信用水平就在不断下降，即便在1913年—1971年之间的金本位时期也是如此，更别提1971年以后。以通货膨胀指数计算，美元在2007年的内在价值，已经不足1913年内在价值1/20。那么，为何这样的美元依旧可以对其他国家的货币和经济实现"剪羊毛"？最根本的原因是：这些国家的治理水平过低所导致的"羊毛"长的太快，货币不断滥发导致信用水平过低，经济生活中的效率过低。

在经济社会中，"剪羊毛"者和被剪者都是世界经济生活的一部分，只有如此，世界经济才不会丧失前进的动力，人类物质文明水平才会不断提高。

货币发行量不断增长，流通边界不断扩张，相对其他货币不断升值，就是美元和美联储的财富积累之道。而随着美元流通边界的不断扩张，带来的是美国经济的不断扩张，综合实力的不断增长，这又成为美国的财富之道。信用的积累承载着财富的积累，信用的扩张引导了国家财富的不断扩张。

第九章

财富赌局

当今世界，正在进行如火如荼的货币战争，津巴布韦就是竞技场，除了美元、欧元、人民币、南非兰特等货币参与角逐之外，最新参战的"队员"是津巴布韦银行票据，最终是：剩者为王，败者为寇。谁能占有更大的市场份额，就意味着相关国家的经济边界得到延伸，经济蓬勃发展。

在这场货币战争中，只有价值稳定的货币才是最终的赢家，而那些希望通过货币贬值刺激出口的国家，必定导致自身的通货膨胀，经济竞争力低下，货币价值不断削弱，成为最终的输家。

美元和非美货币特别是新兴市场国家的货币,在世界的各个角落展开绞杀,属于分散单挑的形式,这场战争是一场很长时间的战争,战争的胜负也是犬牙交错。但在一块"方寸之地"的战场上,主要国家的货币集中在一起进行绞杀,这个战场就是津巴布韦。

这本质上是财富的争夺。当今世界,主要国家都已经完成了法制化建设,货币的竞争就成为焦点:谁在这场货币战争中取得胜利,经济边界就跟随货币进行扩张,就可以在全球经济生活中占有更大的市场份额,实现财富的进一步积累;反之,货币流通边界的压缩必定带来经济边界的收缩,从而导致财富的积累停滞不前甚至倒退。

经济学中,有"中等收入陷阱"这一名词,这实际上是指信用陷阱。无论1994年墨西哥比索危机还是2002年阿根廷比索危机以及1997年的东南亚危机,都造成相关国家货币的大幅贬值,本国在国际上的购买力大幅倒退,财富缩水,从向发达国家经济水平和人均收入水平进军的道路上退了回来,掉进了"陷阱"。

津巴布韦的"竞技场"

1980年,津巴布韦独立时,1津巴布韦元约等于1.5美元,此时的津巴布韦元,不仅在非洲,即便在世界上也是高值货币,是货币中的明星。当时的津巴布韦,是非洲最富裕的国家之一。之后,津巴布韦的通胀率高企和经济崩溃令货币严重贬值,到2009年,津巴布韦的货币体系彻底崩溃,津巴布韦元也被驱逐出自身的商品交易市场。此时，津巴布韦成为世界上最贫穷的国家之一，100万亿津巴布韦元的面值更成为全世界街头巷尾的笑话。

世界上有一种运动叫做"蹦极"，1980年—2009年，津巴布韦也上演了"蹦极"的游戏。

津巴布韦元是被谁驱逐的？外表看来是被美元驱逐的，因为津巴布韦元崩溃的过程中，津巴布韦人民争相兑换美元，尽管这些活动潜藏在外汇黑市中。但津巴布韦元真的是被美元驱逐并成为"炮灰"的吗？我们需要看看津巴布韦元被驱逐的足迹。

1980年—1994年，津巴布韦主要实行的是外汇管制和固定汇率政策；1994年，开始实行浮动汇率制；1999年，津巴布韦再次开启固定汇率制度并伴随外汇管制制度，津巴布韦元兑美元的汇率为38∶1；2000年10月，津巴布韦中央银行将津巴布韦元兑美元的汇率调整为55∶1。由于实行外汇管制，外汇黑市开始破土而出，在津巴布韦金融市场以"正规军"面目出现的官方无法继续维持垄断，"游击队"出现了。

"正规军"和"游击队"的战争开始了。

我们知道，一些国家为了增加出口，对出口行业进行大量的财政补贴，这些招数津巴布韦总统穆加贝学得更精，运用得也更加赤裸裸。2002年2月，对于出口行业，津巴布韦元兑美元汇率调整为800∶1，但官方汇率依旧维持在55∶1，这相当于对出口行业进行大幅补贴，耗尽的当然是津巴布韦的全民财力。官方汇率是55∶1，当出口行业实现1美元创汇的时候，津巴布韦央行按800∶1进行兑换，自然会形成大量的货币超发。此时，津巴布韦元的实际汇率水平就会远远偏离官方汇率的水平，导致外汇需求放大，黑市"欣欣向荣"。2002年11月，津巴布韦政府为了打击"游击队"，彻底关闭外汇兑换，民间的外汇交易也彻底转入"地下"。但穆大叔依旧不胜其扰，缘于自己确定的官方汇率总被黑市投反对票，黑市汇率低于官方汇率。到2004年1月，穆大叔开始改变外汇管理体制，将固定汇率制度改为拍卖制，希望官方汇率贴近实际汇率水平。但这种拍卖出来的汇率依旧是被政府控制的，可信度依旧很低，难以反映实际汇率水平。本质上是穆大叔在演戏，和"游击队"玩障眼法，因为无论拍卖者和竞价者，穆大叔都很容易控制。当时拍卖出来的官方汇率为津巴布韦元兑美元824∶1，穆大叔希望用这种办法确定的汇率可以得到国际和国内"游击队"的承认。可这种变戏法怎么能蒙骗津巴布韦的广大群众呢？在世界任何地方，群众的眼睛都是雪亮的，而且揉不进半点沙子。结果，这一汇率依旧远远低于街头巷尾的"游击队"给出的价格，黑市价格宣布官方汇率依旧无效，是个骗局。到2004年5月，拍卖汇率调整为津巴布韦元兑美元5600∶1，津元大幅贬值，这相当于宣布津巴布韦元汇率的"真理"掌握在"游击队"手中，穆大叔的面子可丢大了，不知道是否还可以挂得住。2005年7月，津巴布韦元兑美元的拍卖汇率调整为17500∶1，但"游击队"依旧不依不饶，他们认同的价格（黑市汇率）是35000∶1，整整差了一倍。虽然穆大叔可以掩耳盗铃般地操控拍卖确定的官方汇率，但"游击队"实行的是全场"紧逼"战术，坚持痛打落水狗的精神，不到胜利决不收兵。到2008年8月，津元兑美元的官方拍卖汇率被逼到1000亿∶1。此时，您会发现有了一个大麻烦，那就是津元面值的数字上"零"太多了。如果您不理解这一点，那咱现在就说说，当津巴布韦元后面的"零"太多之后有很多的麻烦。第一，"零"太多以后，算盘肯定是不能用了，好在算盘是中国的传统文化和计算工具，穆大叔不必太担心。可是，即便使用计算机，银行计算机的位数就会不再够用，银行就会瘫痪，如果让津巴布韦发展超级计算机，估计还没到那样的水平。第二，街头小贩，如果眼睛一走神，少数或多数一个零，麻烦可就太大了，如果是卖东西的，多数了一个零，相当于东西白送，如果是买东西的，少数了一个零，相当于花了十倍的价钱。第三，津巴布韦元肯定是"闭关锁国"，缘于这么多的零，津巴布韦元肯定无法进入外国的银行系统。第四，不断贬值的津巴布韦元，外国人肯定不要。

有鉴于此，穆大叔开始进行货币改革，具体办法就是在津巴布韦元的后面一次性删除 10 个"0",相当于 100 亿津巴布韦元成为 1 新巴布韦津元,新津巴布韦元兑美元的汇率就变成了 10∶1。不知道津巴布韦哪类植物生长得最快,热带地区植物生长快一点也算正常,但估计什么都不如津巴布韦元后面的"0"增长得更快。2008 年 8 月实行新津元,到 2009 年 1 月,新津巴布韦元兑美元的汇率成为 100 万亿∶1。牛啊!在津巴布韦,百万富翁属于地地道道的贫雇农,百亿富翁也属于穷人,该国只有一个富人,就是印钞的那家伙。

估计此时的津巴布韦利用率最高的阿拉伯数字一定是"0",这毫无争议。

津巴布韦的外汇管制还具有自己鲜明的特色,一旦你将手中的美元现金存入自己的账户,要想取出来会很麻烦,此谓进去容易出来难,手续繁杂。另外,把美元存入当地银行的另一个风险是,津巴布韦银行管理部门在急需外汇时,可以悄悄将储户账户上的美元强行兑换成津巴布韦元,也就是说,你的美元我拿走,给您留下津巴布韦元,这也算是外汇管制的一种"特色"。

到 2009 年 3 月,穆大叔在"游击队"的不断紧逼之下,估计是汗流浃背,不得不彻底认输,宣布取消外汇管制,承认外币的合法性。而不断贬值的津巴布韦元彻底失去人民的信任,成为可有可无的角色。

穆大叔在实行外汇管制的同时,并没忘记拿起另外一件武器,那就是物价管制。津巴布韦独立后,实行"土改",黑人获得了大部分原由白人占据的土地,但黑人缺乏农业种植技术和农业机械,农业生产效率大幅下降,加上天灾频频,农产品供给不足,物价飞涨。雪上加霜的是,津巴布韦刚独立时,宗主国英国给津巴布韦提供援助,帮助黑人从白人手中收购土地,使土地资源平均化。可是,政府运作不透明(估计有很多的"老虎"和"苍蝇"),英国取消了援助,穆大叔自己没钱,就直接从白人手中没收土地分给黑人,外表看起来也算是一条汉子。可这样做是有严重后果的,这些白人毫无疑问大多是英国人,英国、美国等联合起来对津巴布韦实行制裁，进一步推动了物价上涨。2007年，穆大叔签署法律成立了一个收入和定价委员会，该委员会拥有唯一的商品定价权，所有非法定价的商人和企业都将获罪，最长将被判"入狱五年"。物价管制的结果是生产者在高通胀下不断亏损，生产积极性下降，自产物资短缺，通货膨胀如脱缰的野马难以控制。

通胀高速发展时期的津巴布韦，搭火车、坐汽车到邻国去采购日常用品是平常事。对于这种行为您千万不要觉得奇怪，在世界各地的很多地方都曾经出现过。

到这时，您也可以看到津巴布韦元到底是被谁驱逐出自己的经济生活的，不是美元，不是欧元，更不是南非兰特，奥巴马、伯南克等人根本就没这个本事。是街头巷尾的"游击队"吗？更不是，因为按正常的逻辑思维来说，"游击队"的装备很难对抗"正规军"。驱逐津巴布韦元的是穆大叔自己，他自己不断印刷津巴布韦元，在后面加"0"，使得持有人的信心彻底崩溃，最终被丢进历史的垃圾堆。

津巴布韦元是被"信用先生"驱逐的。

货币的唯一职责是展现信用，当货币滥发的时候，内在信用就会不断下降。此时，"信用先生"就会"起身"将不能执行信用职责的货币驱逐出商品市场，"起身"的家伙可以是美元、欧元，也可以是黄金、白银，更可以是大米、食盐。穆大叔实在怪不得奥巴马、伯南克等人，当然，更怪不上索罗斯等货币空头专家。穆大叔不遵从货币的信用准则，就使津巴布韦央行彻底破产，不仅铸币税没有了，经济的不断萎缩也带来国家财富的蒸发，成为世界上最贫穷的国家之一。

但是，现在咱们要调转一下话锋，缘于穆大叔最终是条汉子，做出了出人意料的举动。

任何带领一个国家的人物，即便不是伟人，也是重任在肩。这样的人物会犯错误吗？当然会，因为他们也吃五谷杂粮，也需要睡觉休息，更会感冒发烧，也是人，犯错误也属正常。在这样的地位上，勇敢地改正错误，就是勇敢者的行为，这比一般人要难得多。世界是变化的，时局时刻在变，能够放下个人的荣辱，为国家和民族着想，为百姓着想，勇敢地改正错误，这样的人就是一条汉子！穆大叔就是这样的汉子。

2009年4月，津巴布韦政府宣布，取消新津巴布韦元法定货币地位，以美元、南非兰特和博茨瓦纳普拉等为法定货币。一个国家没有自己发行的法定货币，而使用别人的货币作为法定货币，这也算是世界货币史上的一个小小奇迹。今天很多人会认为，一个国家没有自己的法定货币肯定是非常糟糕的事情，往小了说，缺乏发展经济的有效手段（凯恩斯主义的观点），往大了说，有点"丧权辱国"的意味。可自从取消了新津巴布韦元的法定货币地位之后，津巴布韦经济开始恢复高增长。根据世界银行的数据，2008年津巴布韦的GDP是44亿美元，2009年增加到了82亿美元，2010年是94亿美元，至2013年增加到134亿美元，也不存在严重的通货膨胀，人民生活自然好转。

取消新津巴布韦元的法定货币地位以后，经济发展，通胀回落，人民生活安定，这就是一个国家最大的福祉。如果津巴布韦的主权属于津巴布韦人民，取消津巴布韦元的结果是捍卫了主权还是"丧权辱国"？这个问题请理论家们去讨论。

2015年6月，津巴布韦储备银行发布公报，宣布彻底取消新津巴布韦元，取消进程从6月15日开始，到9月30日结束。取消新津巴布韦元不是对高通胀时期的损失进行补偿，只是一个货币兑换过程。9月30日之后，未兑换的新津巴布韦元将不再有效，失去货币的资格，正式成为纸张，而且是废纸。

新津巴布韦元兑换有比较详细的规则，其中唯一引人注目的是，世界纸币"王中王"的100万亿新津巴布韦元面额的钞票可兑换40美分。

在2009年津巴布韦宣布津巴布韦元退出法定货币后，美元、南非兰特、博茨瓦纳普拉就成为津巴布韦的法定货币。由于欧元、英镑、澳元、加元、日元等都是和美元自由兑换的货币，美元成为法定货币之后，这些货币在津巴布韦也都相当于具有了法定货币的支付能力。

以后的几年里，穆大叔继续发扬"改革开放"的精神，又允许英镑、欧元、澳元、日元、人民币、印度卢比成为法定货币，而且政府不设定这些货币相互之间的汇率。于是，这个非洲内陆国家就成了世界上唯一一个九种货币共存的国度，而且都是法定货币。在津巴布韦的法律含义上，大家"肩并肩"一般高，唯独没有他们自己的本国货币，成为货币的"联合国"，也成为世界主要货币的竞技场。

公平，真的很公平，九种货币都可以执行法定货币的职能，而且政府不设定相互之间的汇率，由人民自主决定持有那种货币，也由人民自主决定各种货币之间的兑换比率。今天我们经常说，群众认可的领导才是好领导，可穆大叔说：群众认可的货币才是好货币，货币之间的汇率如何确定、比价是多少，完全由人民当家做主！如果说穆大叔在2009年以前成为人类货币史上的"丑角"，2009年以后就一跃成为世界货币史上的明星，是否绝后不敢说，但肯定空前。穆大叔不愧是伦敦大学法律硕士和经济学硕士，完全按群体普遍接受性原则来确定各种货币的信用，将"简政放权"一步到位，当然也给津巴布韦人民带来了福音，那就是经济增长、通胀轻微，人民生活改善。

这就形成了一个完全自由的货币氛围，在津巴布韦政府不设定各种货币之间汇率的情况下，各种货币之间的兑换比率完全由市场的购买力自主决定。对于美元、欧元、日元、澳元、英镑来说，是显示自己"身手"的机会，谁的购买力稳定（甚至不断提升），占有的市场份额就会越来越大，说明自己的信用更加完善，津巴布韦国内就会主要流通这种货币。当一种货币的信用被津巴布韦人民认可之后，信用是没有国界的，也不存在种族和肤色之分，在其他国家的流通份额也就会越来越高，提高在全世界的地位。对于那些希望国际化的货币，所有的进出口补贴、汇率管制等都变成了无意义的事情，成为"画蛇添足"，唯有长期保持并逐渐提升自身的购买力，征服津巴布韦人民的内心，才能逐步扩大自己的流通份额，才会实现国际化。

这不是"百米赛跑"，而是"马拉松"，裁判只有一个，那就是津巴布韦人民，津巴布韦人民有充分的选择权，选择出来的王者才是真正的货币之王。

筹　码

津巴布韦的货币竞技场上，参赛的队员在进行世纪性的角逐。

参赛"队员"出场亮相，他们分别是：美元、南非兰特、博茨瓦纳普拉、欧元、英镑、澳元、日元、人民币、印度卢比，每个"队员"代表的都是背后的中央银行。

这些"队员"中，基本都是明星，但有一位知名度不高的"队员"，那就是博茨瓦纳（图9.1为诺索布河支流）普拉。虽然知名度不高，但穆大叔是伦敦大学的毕业生，绝对不会乱点"鸳鸯谱"，普拉也是一位实力派"队员"。博茨瓦纳中央银行于1975年建立，1976年发行本国货币普拉。相对于其他非洲国家，博茨瓦纳拥有良好的金融管理记录，并在2013年被国际透明组织列为全非洲最不腐败的国家，评价甚至高过许多欧洲及亚洲国家。世界经济论坛评估博茨瓦纳为非洲两个最有竞争力的国家之一，为非洲信用风险最低的国家。博茨瓦纳长期执行审慎的财政政策，财政收支绝大多数时间处于盈余状态，这保证了普拉的价值稳定。

图9.1　诺索布河支流

（知识产权属于 Dr. Thomas Wagner，图片来源：维基百科）

诺索布河是非洲南部的干涸河流，位于南非、博茨瓦纳境内喀拉哈里沙漠和纳米比亚东部，全长 740 公里，最近一次泛滥发生在 1989 年。这条河流最奇特的地方是被认为每隔 100 年才会在地面出现一次，但地下的水流给地表的植物提供了生长条件。

博茨瓦纳的自然条件相对较差，是个内陆国家，没有海港，而港口在现代经济中的作用不言而喻。博茨瓦纳全国国境皆为干燥的台地地形，国土中部和西南部属卡拉哈里沙漠，覆盖了博茨瓦纳接近七成土地，位于西北方的奥卡万戈沼泽是世上最大的内陆三角洲，北方的马卡迪卡迪盐沼面积广大，东南部为丘陵。博茨瓦纳南邻南非，西邻纳米比亚，东北与津巴布韦接壤。

13—14 世纪，茨瓦纳人由北方迁居于此，成为当地的主要民族。1966 年，博茨瓦纳脱离英国宣布独立。民主化政治、积极的社会政策和丰富的矿藏让博茨瓦纳拥有非洲难得一见的开发水平。2014 年，估计人均生产总值为 7704 美元，更重要的是，财政健康，货币稳定，经济增长具有很强的持续性。虽然经济发展良好，但博茨瓦纳环境保护得一样良好，该国积极与国际社会合作，在国内建立为保护野生动物而设的大面积国家公园，使得观光业有机会逐渐在该国成长兴盛。

所以，普拉虽然知名度不高，但属于实力派。

然而，博茨瓦纳终归是个小国，普拉的影响力暂时有限，估计也没有问鼎世界的野心，在津巴布韦的货币竞技场上虽然实力是有的，但处于替补队员的角色。

剩下的八位，都是上场参赛的正式队员，大家都希望在世界市场占有更大的份额，至少希望进入前三名，或者成为"优等生"。美元、欧元、英镑、澳元、日元已经是世界货币竞技场上的成名"球星"，也已经完成货币自由兑换；南非兰特、人民币、印度卢比属于货币竞技场上的新面孔，希望登上世界的舞台。

美元的背后是美联储。这是一家私人股权的中央银行。

欧元的背后是欧洲中央银行。其前身是欧洲货币局，具有独立的法人地位。

英镑的背后是声名显赫的英格兰银行。原为私人股权，1946 年之后，英格兰银行被收归国有。

澳元的背后是澳大利亚储备银行，与英格兰银行具有相似的性质。

日元的背后是日本银行。根据《日本银行法》，日本银行属于法人，类似于股份公司，资本金为1亿日元，其中5500万日元由日本政府出资，相当于日本政府掌握着控股权。

南非兰特的背后是南非储备银行。该行始建于1920年，为股份有限银行，除行长与副行长由政府任命外，享有很大的独立决策权。

印度卢比背后是印度储备银行。根据《1934年印度储备银行法》于1935年4月1日成立，在成立时为私人所有，1949年实行国有化为印度政府所有。

人民币的背后是中国人民银行。

无论这些中央银行的股权是私人、股份制还是国有，都代表着巨大的财富。谁家货币在未来的货币市场上占有更高的份额，"市值"就会增加，它的"股价"就会"走牛"，股东所拥有的财富自然就会不断增加；谁的份额下降，"市值"就会不断减少，进入长期的"熊市"，甚至最终被"ST"或被摘牌。

同时，一种货币的市场份额上升，意味着本国经济边界扩张，经济蓬勃发展，自然会给自己的国家带来财富的滚滚洪流；而货币市场份额下降，自然就导致经济边界的收缩，国家走向贫穷。

这标志着巨大的财富转移。

这可能是世界上规模最为宏大的竞技场。

或许有人会想，那好，在这场竞技中，赢了自然是皆大欢喜，即便咱在津巴布韦的竞技场上输掉了，被"红牌"罚出场也没关系，回到自己的国内继续玩，自娱自乐总行吧。可是，看看不能保持自身信用、不断贬值的津巴布韦元，如果不能审时思变，即便在家自己娱乐自己，最终的前途也是破产。还有就是苏联的卢布，在20世纪六七十年代也是国际货币，大量流通于东欧和苏联的各个联盟共和国，那时的卢布可是响当当的。可是，1990年前后，卢布被国际市场抛售，只能回家，被压缩在俄罗斯境内，最终的结局是卢布危机，卢布的价值几乎贬值到零，伴随的一样是苏联中央银行的破产。

信用是没有国界的，当一种货币被津巴布韦人民抛弃之后，最后也会被其他国家的人民和本国人民抛弃。

所以，津巴布韦的货币竞技场好似古罗马的角斗场，参与角斗的货币要么更加壮大，要么很可能死得很惨，几乎没有中间道路。

这场货币竞技的取胜关键在何处？取决于两点：

第一是本国的法制建设所支撑的经济效率。从黄金法则的内涵可以看到，一国繁荣兴盛的根本在于法制建设，只有如此才能使国家的管理具有高效率，经济生活体现出高效率，才能保证货币的内在信用水平长期稳定甚至上升，最终，对这种货币的信任就会进入人们的心灵，从而使它在竞技场上取胜。相反，如果某个国家依旧只倚仗权力支撑自己国家的行政管理和经济管理，就已经未战先败。

第二是货币的发行机制。或许我们会说，我家的货币不断升值，一定会完胜对手，是的，本人完全同意。但是，货币的长期稳定或升值可不是小孩过家家的游戏，需要背后有强大的支撑。要做到这一点，首先，需要提升国家的治理水平；其次，需要有百花齐放的繁荣文化，培育科技创新的土壤，使得自身的经济具有强大的国际竞争力；再次，在前两点的基础上还要拥有稳定的货币发行机制和卓越的货币信用管理水平。如果一国经济持续发展，但货币管理不规范而随意滥发，就无法维持货币的信用稳定。而长期滥发的货币必定带来本国的通货膨胀，使得经济增长不可持续。所以，以法律为核心内容的、完善的货币发行机制，就成为决定竞技场上胜负的关键因素。

黄金再次给出了取胜的唯一道路，数千年来，黄金抵御了战争、气候变迁等重大因素的打击，长期保持自身的信用稳定并征服了人们的心灵，成为全世界人民普遍接受的货币。所以，在津巴布韦的竞技场上，只有那种能够长期保持信用稳定的货币，才能用自己的信用征服津巴布韦人民的心灵，并夺取最终的胜利。

最简单的方式，就是制胜方式。

第十章

信用货币的迷局

当今的信用货币本质上都是银行券,那么,货币战争的本质是什么?

是经济效率的竞争!

是国家管理效率的竞争!

最终,是社会文化和社会体制的竞争!

货币与银行券

人类从事生产交换活动以来,人与人之间依靠什么作为联系的纽带?

家族之间可以通过亲情和血缘作为纽带,所以,无论母系社会还是父系社会的出现都是历史的必然。随着社会的不断进步,与家族以外的人的交往就必定发生,也就必须建立新的联系方式。最初,人们使用最简单的以物易物的方式互相交换自己所需的商品,满足各自的需求,实物货币也就诞生了。但这种交换方式是非常低效率的,比如使用羊作为货币,可今天我只想买双草鞋,交易怎么完成?总不能砍掉一根羊腿交给对方吧;或者您带着一袋稻谷去购买一斤牛肉,可卖牛肉的家伙不缺粮食,粮仓已经满了,这家伙肯定不愿意收你的稻谷。实物货币更无法满足大规模商品交换的需求。此时就需要一个全社会共同认可的基准承担一般等价物的职责,这就是货币。

所以,货币必须具有几个特点:第一,它是一份契约,保证可以随时换取自己需要的商品,这个契约所约定的内容不能随着时间而改变;第二,必须是所有人都接受,不能因为种族、性别的不同而改变;第三,具有稀缺性,使用方便。这就是确立货币信用的群体普遍接受性原则。由此可以看到,货币承载着信用,是维系社会运转的纽带。货币所承载的信用也是一个时间的概念,它代表了一种恒定和普适性。

当铸币产生以后,游戏规则开始发生变化。

铸币既涉及原材料采购、铸造,也涉及发行,要支撑整个过程的良性运转,铸造和发行过程就必须有利润存在。虽然货币的铸造与发行过程中实现了利润，但投入到流通领域之后，它所代表的信用依旧是稳定的，可以执行契约所要求的职责。此后，更聪明的人开始出现了，第一是不断减少铸币的重量但面值不变，第二是在铸币中掺入价格更低的金属，目的当然是为了实现更高的利润。

当货币发行机构产生之后，基于货币仅仅代表的是信用，贵金属、纸张甚至一个符号都可以执行这一职责，不断降低货币发行的成本就成为历史的必然。

中国东汉元兴元年（105年），蔡伦改进了造纸术，是现代纸张的起源。事实上，按现有的记载，中国在秦朝时期就开始出现更古老的纸张。可为何直到北宋年间才开始产生纸币？从东汉前期到北宋初期，间隔了八九百年，经济的发展水平自然是一个原因，但肯定有更深刻的原因。

就像上面所说的，信用是一份契约，保证拥有者可以随时换取自己需要的商品，这个契约所约定的内容不能随着时间而改变。一个人、一家企业、一个国家能突然之间就宣布自己有信用吗？不能！这个信用是通过长时间的积累建立的，所以，信用是时间的概念。现代的纸张有一定的保存期限，而古代，由于技术水平有限，保存期限就更短，再加上各地的气候有很大的差异，纸张保存期限的长短也有很大差别。造币的纸张如果发生霉烂，意味着纸币就丧失了自身的信用功能，如果烂在持有人手中，这麻烦就大了。比如：大家辛辛苦苦工作了一个月，挣得1000元纸币，可当下不需要购买什么东西，未来需要购买什么，现在也不知道，普通人不可能成为阿里巴巴，知道过去与未来的事情，此时只能将纸币储藏起来，这就是货币的价值储藏功能。在储藏过程中，如果纸币霉烂了，那真是烂在自家锅里、砸在自己手里了。相当于一个月的活白干，这一个月自己要穿衣吃饭，甚至往返工作地点还要发生费用，相当于没有收益，反而倒贴。大家的第一个反应就是，这纸币是个什么玩意？老板用纸币给你发工资的时候，你一定说：这玩意咱不要，你换一种方式，要么金银，要么其他，实在不行我从你家牵只羊顶数，没有羊抓几只鸡也行！

换句话说，如果不能长期保持信用，纸币就是纸张，它的地位就是商品而不是一般等价物。

此时，有个人站了出来，保证纸币可以保持购买力，如果发生霉烂、变质，保证更换，同时，这个人又得到绝大多数人的信任。你就会高高兴兴地接受纸币了，终归金银携带不便，弄只羊或抓几只鸡回家还需要喂养，而纸币"不吃不喝"，易于携带和交易。

这个"人"就是银行（或银行的董事长），所以银行是经营信用的机构。中国在宋朝诞生纸币，但纸币属于辅币的范畴，或许也与"董事长"的号召力不足有关；而元朝可以几乎完全流通纸币，或许与成吉思汗和他的子孙具有超强的号召力有关。

在宋代和元代实行纸币的伊始，人们就解决了这个问题，决不能让大家将纸币烂在手里。虽然纸币是在大家的手中烂掉，但砸掉的是纸币发行者的招牌。

纸币是宋朝的伟大发明，是对世界的伟大贡献。但本人认为比这一表面现象更伟大的是宋朝具有领先的哲学水平，用他们的哲学之"眼"洞悉了信用是时间概念这一核心内涵，并用他们的聪明才智解决了这一问题。宋朝仁宗天圣元年（1023年），政府在成都设益州交子务，开始发行交子纸币，用金属来支撑纸币的价值。规定分界发行，每界三年（实足二年），界满兑换新交子。交子分界，第一个目的是防止伪造，第二个目的是防止流通过程中损坏的交子无法继续使用，信用也就可以延续下去了，纸张就可以摇身一变成为信用的载体——货币。到了元朝，纸币的发行更进一步，当元朝的钞出现破损或无法流通的情况时，可以随时到元朝政府指定的机构兑换新币（需要交手续费），使纸币的信用可以更完美地延续下去。今天，人们持有纸币，如果出现损坏，阻碍流通，可以随时随地到银行去兑换，也是一样的道理。

或许今天的科技水平已经超过古代，但哲学水平超过宋朝了吗？估计很多人心中打鼓。

人类社会哲学水平和科学技术水平不断进步，二者之间相互结合，终于使货币自身材料的价值与它的面值脱离。当发行机构用自身储备的黄金支撑这些纸币价值的时候，就是金本位货币体系，虽然这些货币是银行发行，但真实的价值取决于所含的黄金数量。在布雷顿森林体系解体之后，货币的价值脱离了黄金，完全取决于发钞银行，就彻底成为银行券。虽然银行声称银行券的价值是有保证的，而且每张银行券都光明正大地标出自己的面值，以彰显自己的价值有保证，但这种保证是不确定的，能否保持自身的信用完全取决于银行的货币发行机制、经营水平和道德水平。

开始的时候，无论实物货币还是贵金属货币，其价值是固定的；当成为银行券之后，他的价值从表面上看是固定的，但实际是不固定的，这"家伙"悄悄地改变了自己的真实面目。价值不固定的银行券本质上不能称之为货币，所以金融家们就给其起了一个全新的名字——信用货币。

宋朝的哲学家们希望通过纸币的应用使信用流转更加高效，促进经济社会的发展，但可能预料不到信用货币这一"怪胎"的产生。

无论实物货币还是金属货币，担当货币的内在原因是具有稳定不变的信用，是公平的游戏；到了银行券时代，其内在的信用是变化的，人类社会关于货币的游戏规则也就彻底改变。

游戏的核心

弹性银行券

有一个人的名字叫做沃伦·爱德华·巴菲特（以下简称巴菲特），除了幼儿园的小朋友之外，相信每个人都熟悉这个名字。

巴菲特在1930年出生于美国内布拉斯加州的奥马哈，一般人称他为"股神"。

11岁的巴菲特，开始在父亲的公司工作，同年也是他头一次买进股票。他以每股38美元买进了Cities Services的优先股，但在股价达到 40 美元时即予以卖出，不料随后股价一路上扬，几年后竟站上 200 美元，这让他明白了投资绩优企业并长期持有股权的重要性。在父亲的推荐下，14 岁的他以两份送报工资所存下来的 1200 美元买下了 40 英亩的土地，并且把这些土地转租给佃农，巴菲特当起了地主。

巴菲特在哥伦比亚商学院获得经济学硕士学位，毕业后到处求职，可惜，招人单位并不能慧眼识珠，与未来的世界明星——"股神"——擦肩而过，巴菲特自然也是碰壁而归。1956 年，他回到家乡。有一次，他突然在父亲的一个朋友家里语惊四座，宣布自己要在 30 岁以前成为百万富翁，"如果实现不了这个目标，我就从奥马哈最高的建筑物上跳下去"。西方的有些场合，即便是非正式场合，发出的誓言也是需要遵守的。巴菲特的父亲或许担心，如果巴菲特将来遵守誓言，从最高的建筑物上跳下去，估计生还的可能性不大。当然，更可能的是他认清了巴菲特的才华。所以，他的父亲在不久之后就与一些亲友凑了差不多 10.5 万美元（其中有巴菲特的 100 美元），交给成年的巴菲特成立了第一个投资合伙企业——巴菲特联合有限公司。这些投资在 1956 年—1969 年间，平均每年以 30% 以上的复利增长。1962 年，巴菲特开始购入伯克希尔·哈撒韦公司的股权。

巴菲特最令人津津乐道的故事是他的复利模式，通过长期持有，使他登上了全球富豪排名榜。2008 年的《福布斯》排行榜上，巴菲特的财富超过比尔·盖茨，成为世界首富。2015 年 3 月，他在福布斯发布的 2015 年全球富豪榜中名列第三。

尽管巴菲特拥有庞大的财富，却以生活俭朴著称。1989 年，伯克希尔以 670 万美元的资金购置企业专机时，巴菲特打趣地将其命名为"站不住脚号"，因为他过去一向对其他企业首席执行官的相同行为严辞抨击，当自己站在专机上时，顿时感觉站不住脚、摇摇晃晃。巴菲特的另外一个做法是将大部分财产捐献给了福利事业，他的子女所继承的部分很少。他曾表示："我想给子女的，是足以让他们能够一展抱负，而不是多到让他们最后一事无成。"

这个故事很生动，很动人，很多人向往，并希望复制这个故事。

先慢点胡思乱想。现在，我们做个游戏，将巴菲特先生从2014年1月1日"移民"到俄罗斯，当然也带着他的投资理念，并将它的资本转换成俄罗斯卢布，看看到2014年底会如何。

假设巴菲特的所有财产是1亿美元（纯粹是为了容易计算），在2014年1月1日折合32.6587亿卢布。巴菲特先生不能改变自己的投资理念（估计老人家也不会改变），经过一年的运营之后，按30%的收益率计算，到2014年12月31日，巴菲特的财产变成42.4563亿卢布。此时卢布兑美元的汇率是56.2584∶1，折合成美元就是0.7547亿美元，此时的巴菲特先生估计得气得跳脚，因为他的本钱亏掉了约四分之一。很多人会说，作者你太损，你不能将巴菲特先生在特定的2014年移民到俄罗斯，因为那是俄罗斯卢布危机爆发的时期，此时将巴菲特先生"移民"到俄罗斯，不是将老先生推进火坑吗？是的，可我要说这还是相对客气的。如果将巴菲特先生在20世纪70年代至90年代前期移民到巴西、阿根廷或者在2012年之后移民到委内瑞拉，结果将更惨。如果在1945年将巴菲特先生"移民"到中国南京国民政府治下，到1949年，估计老先生可以直接扛着锄头回乡种地了，好在他自己的家乡本来就有土地，还不至于当雇农。

何况，当货币信用不稳定的时候，很多上市公司的收益难以保证，巴菲特先生按自己的理念很可能难以取得像美国那样的平均年收益率。

巴菲特还是那个巴菲特，只是换了个国家，顺带换了间办公室，结局却出现了如此大的差别，关键在于发钞行的不同。

美联储是私人股权的发钞行，美元可以长期贬值吗？答案是不能！如果长期贬值，美联储印钞机印出来的就不再是货币，而成为纸张，其实，这和1000多年前宋朝的纸币霉烂并烂在持有人手中，没有本质的不同。如此，美联储就不再是发钞行，而变成废纸杂货铺，美联储的股东肯定不干。终归银行家和杂货铺的老板，差异还是明显的。所以，虽然美元的内在信用是波动的，但从长期来看，贬值之后必须阶段性升值，使自己保持在一定的信用水平上。美元的信用水平可以达到黄金的信用水平吗？不必。因为现在美元储蓄是有利息的，投资到经济生活中也是有回报的，黄金没利息。但黄金依旧是美元价值的标尺，当美元的价值偏离黄金的价值过于严重之后（美元的利息收入或投资回报远不能覆盖美元相对黄金的贬值幅度），美元的末日就要到了。此时，美元必须收缩，一个形象的比喻是要拉近一点与黄金的距离，"亲戚"之间不能离得太远。

这要求美元和美元的利息收入（或投资回报）与黄金所展现的信用水平永远保持适当的距离，这就让美元具有了相对恒定的信用。

与美联储股权结构近似的是瑞士国家银行，它所发行的银行券都是弹性银行券。这种弹性就意味着货币的价值（包含投资回报或利息收入）与黄金的价值基本相符，虽然货币相对黄金有时升值有时贬值，但进行的是波浪形运动，保持弹性。

这两家发钞行都拥有大量的黄金储备，因为他们生产的产品——钞票，本身就是黄金的"亲戚"，也可以说是黄金的衍生物。

这就带来一个现象，如果一个人坚持长期投资的理念，保证每年可以取得一定的投资收益率，就可以持续致富，当收益率足够高的时候（比如巴菲特），就成为了富翁，这就是巴菲特成功的轨迹，坚持长期持有。巴菲特可以成功的基础在于，有人已经帮他解决了货币信用的问题，打好了基础。

可能有人会说，你将所有的希望都寄托在发钞行可以坚守自身操守的基础上，可靠吗？是的，发钞行是独立的发钞行，如果纸币破产，发钞行的股东就成为穷光蛋，股东们被迫坚守他们的操守，这是第一道保险。可是，市场不都是专业人士，希望普通大众具有美联储、欧洲央行、瑞士国家银行等管理者的金融水平是不靠谱的，万一他们欺骗了大众又该怎么办？也有办法，那就是第二道保险。欧美国家都有做空机制，对冲基金基本从事的都是这一职业，而有些对冲基金经理以做空货币为自己终身的事业。最典型的是索罗斯，凭一己之力打败了英格兰银行、泰国央行等。他们具有非常专业的水平，只要货币发行机构玩"猫腻"、货币的价值高估，这些机构就像"秃鹫"一样扑上来，将货币价值高估的部分像清理"腐肉"一样清除掉。所以，这些对冲基金是市场的猎食者，是动物世界中的秃鹫，也是货币发行机构的"监察官"。

这就保证了这些银行券时刻处于正常估值的范围内，必须保持自身相对稳定的信用水平。

巴菲特可以成功，自然有自身投资的独到之处，但特定的信用基础是支撑巴菲特可以成功的基础性要素，或许，老先生还需要感谢索罗斯这样的大空头。巴菲特是股神，索罗斯这样的空头就是股神的"垫脚石"。

巴菲特只能产生在特定的信用体系之下。

在这样的信用体系中，自然就会培养投资的理念，因为货币的内在价值是相对稳定的，投机是没有出路的。这样的投资环境下就会诞生以下投资行为：

第一类是投资核心竞争力明确的公司。比如巴菲特先生对于可口可乐的投资，其核心竞争力就是质量、品牌和市场占有率，巴菲特投资 13 亿美元获利 70 亿美元以上。与此相似的还包括对吉列公司的投资，作为垄断剃须刀行业 100 多年来的商业传奇，是一个不断创新、难以模仿的品牌，具备超级持续竞争优势。这个公司诞生了连巴菲特都敬佩不已的人才——科尔曼·莫克勒，他带领吉列在国际市场持续成长，1 美元留存收益创造 9.21 美元市值的增长，使巴菲特财源滚滚，笑口常开。他对 GEICO（政府雇员保险公司）、《华盛顿邮报》（图 10.1 所示为 1948 年的《华盛顿邮报》大楼）公司、大都会/美国广播公司、美国运通公司的投资都是基于这些公司有很深的"护城河"，这些"护城河"中游荡着很多"鲨鱼""鳄鱼"，屏蔽了外来者的竞争。这些公司在品牌、市场占有率、政府特许、细分行业垄断、独到的技术优势和管理优势等方面都具有超强的优势，这些投资理念秉承的都是核心竞争力的理念。在这些投资的过程中，巴菲特特别关注公司的管理层，只有进取的、有创造力的管理层，才会给投资者提供超额的回报,这永远是第一位的。

图 10.1　1948 年的《华盛顿邮报》大楼

(图片来源:维基百科)

《华盛顿邮报》在 1877 年由斯蒂尔森·哈钦斯创办,位于美国首都华盛顿哥伦比亚特区,是美国古老、颇具影响力的报纸,被认为是继《纽约时报》后美国最有声望的报纸。

1971 年,《华盛顿邮报》与《纽约时报》披露五角大楼秘密文件,指控美国政府在越战问题上说谎。1972 年,《华盛顿邮报》两名记者揭露水门事件,经调查及指证,最终迫使美国总统理查德·尼克松辞职。1981 年,《华盛顿邮报》爆发造假丑闻而被迫归还普利策奖,《华盛顿邮报》的另一个主要竞争者《华盛顿星报》关闭。

1984 年 12 月 19 日,《华盛顿邮报》报道,美国发现号航天飞机将于 1985 年 1 月 23 日的任务中,在苏联上空轨道发射一枚可以拦截无线电、电话及人造卫星通信信号的侦察卫星。由于美国空军已于同月 17 日宣布这次任务将列为极机密,这篇报道刊登后,美国国防部长卡斯珀·威拉德·温伯格抨击:"新闻界不负责任,莫过于此。"同月 22 日,美国副总统布什在接受华盛顿特区 WBC 电视台访问时说:"我真希望那件事没有被刊出，因为该报道不仅不确实，而且它透露了一些极为敏感的情报。……我敢绝对确定，他们（苏联）已从这项透露中得利，并可能从其后的泄露中得利，因为事情一旦泄露，每个人都会设法多知道一些。"

第二类就是科技类公司。一个国家或地区的信用基础越坚固，资本就越会追逐于创新来实现增值，虽然巴菲特老先生很少投资高科技类型的公司，但本人认为这类公司是必须关注的，这往往会带来远远超过股市指数所带来的收益。如果在谷歌和 IBM 上市伊始就开始投资这些公司，即便所选择的公司中有一半出现投资错误甚至亏损，但整体的收益都将是惊人的，也更适合一些散户。在信用的土壤上如果不能投资科技公司，本人认为是不可想象的。当然，这需要不断对自己的知识进行更新，紧跟科技发展的最新潮流。

只要没有极为特殊的情形发生（比如大规模核战争），这种银行券就不会出现信用崩溃（也就是纸币不会变成纸），所以，当资本市场最恐惧的时候就是最好的买入机会，当人气鼎盛的时候就需要卖出，这就形成了巴菲特的投资格言："别人恐惧的时候我贪婪，别人贪婪的时候我恐惧。"

刚性银行券

1975 年—1990 年的 16 年间，阿根廷的通货膨胀异常"稳定"，除了 1986 年的通货膨胀率为 90.1%之外，其余年份均在 100%以上，相当于物价每年翻一翻。如此"稳定"的通货膨胀数据，真需要向当时的阿根廷政府和中央银行的大人们"致敬"！

1975 年初，最大面额的货币为 1000 比索；

1976 年底，最大面额的货币为 5000 比索；

1979 年初，最大面值的货币为 10000 比索；

1981 年底，最大面值的货币为 1000000 比索；

1983 年进行货币改革，1 阿根廷比索可以换 10000 旧比索；

1985 年再次进行货币改革，1 奥斯特拉尔可换 1000 阿根廷比索；

1992 年的货币改革令 1 新比索（又称可兑换比索）代替 10000 奥

斯特拉尔；

1新比索等于1983年前1000亿比索。

阿根廷留给人们最"美好"的记忆是：中央银行无论发行何种货币（银行券），最终的结局总是刚性地、一成不变地将自身的价值贬值到接近于零，这就是刚性银行券的典型特征。而这种特征是由社会文化、体制、社会结构等因素综合所决定的。

新比索（现在正在流通，以下称为比索）可以逃出以往的规律吗？理想还是有的，但现实是渺茫的。

1992年开始流通的比索与美元是可以完全自由兑换的，美元兑比索为1∶1。2001年11月2日，阿根廷货币市场利率急剧飚升，以致银行间隔夜拆借利率竟高达250%～300%。2001年12月3日，阿根廷为了对抗比索贬值的压力，采取限制取款和限制外汇出境的严厉管制措施，这一措施一出台，立即导致社会剧烈动荡。12月18日，反对经济紧缩的游行演变成一场暴乱，造成7人死亡，当时的经济部长和总统被迫下台。此后短短半个月的时间，阿根廷显示了自身的"高效率"，居然奇迹般地更换了五位总统，这个奇迹在未来也很难被打破。2002年1月2日，第五位总统杜阿尔德宣誓就职。面对比索强大的贬值压力，宣布放弃和美元的固定汇率制度，美元兑比索1∶1的汇率宣布结束。

这导致比索的剧烈贬值。2002年3月，比索兑美元最低达到4∶1的水平。2002年12月12日，比索对美元的汇率是2.48∶1。比索危机发生之后，农场主因为不愿意接受急剧贬值的比索，拒绝出售农产品，造成市场上农产品紧缺，一个农业大国闹起了粮荒。阿根廷采取三项措施缓解了当时的局势：首先，在未能与国际货币基金组织和私人放贷机构达成再融资协议情况下，阿根廷拒绝偿付其全部债务，包括拖欠国际货币基金组织的部分，这实际上就是赖账，这令阿根廷2002年拖欠的950亿美元主权债务成为全球历史上国家欠债中最大的一笔，直到希腊债务危机的时候才被打破；其次，将比索的价格与美元脱钩——即阿根廷经济"去美元化"，伴随而来的是所有债务和储蓄（包括私人储蓄）被强制兑换成比索，这标志着阿根廷开启了外汇管制；最后，就是比索贬值。

2002年之后，拜赖账的效果特别是大宗商品需求增长、价格上升所赐，比索基本稳定并形成小幅贬值的态势，至2011年1月，比索兑美元接近4∶1。此后，比索又开启了新一轮加速贬值（图10.2为2011年1月—2015年8月阿根廷比索兑美元走势图）。

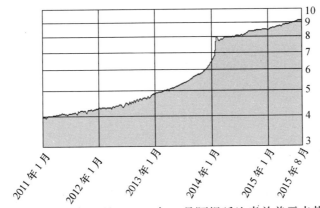

图10.2　2011年1月—2015年8月阿根廷比索兑美元走势图

日本有部名叫《追捕》的电影，著名演员高仓健有这样一段精彩的台词："……走吧，一直向前走，别往两边看，你就会融化在这蓝天里……"这段台词可以用于形容比索兑美元的汇率走势。从比索兑美元的图形可以明显地看到，图形总是上行的，意味着比索兑美元一直义无反顾地贬值，从不"左顾右盼"，也不"回头"，结局最可能是"融化在蓝天里"，成为天空中飘荡的纸片。但这仅仅是阿根廷官方公布的汇率，由于阿根廷实施外汇管制，黑市汇率一直存在，其走势比高仓健的台词还要"优美动人"，更加"义无反顾"。在阿根廷比索兑美元小幅贬值的阶段，黑市与官方汇率差异一般仅在5%左右。到2012年5月，在全球金融市场动荡、国内通货膨胀高企的背景下，阿根廷政府打响了"汇率战"，加强对外汇市场管控，强行截留外汇，力图稳住金融市场和投资者信心。但如此一来，居民通过正规市场购买外汇的渠道几乎完全冻结，黑市美元汇率反而大幅上涨，不仅加剧市场恐慌情绪，而且进一步推高已经失控的通货膨胀。

拥有西班牙和阿根廷双重国籍的鲁文·胡里奥和老伴居住在阿根廷首都布宜诺斯艾利斯颐养天年，每个月收到西班牙政府用欧元发放的养老金。阿根廷是个美丽、豪放的国家，自然是养老的好去处。他习惯将部分欧元存起来或兑换成美元，作为"压箱底"资产，用来应对可能出现的紧急情况，做到未雨绸缪。但从 2012 年 7 月开始，他发现汇入银行账户的欧元养老金被阿根廷央行强制兑换成比索，打听之后才知道，阿根廷政府已经将"汇率战"触角延伸到用外汇支付的养老金。

在阿根廷和邻国乌拉圭的边境口岸，上演的是更惊险的一幕，比《追捕》的镜头和高仓健的演技毫不逊色。全副武装的阿根廷海关人员牵着警犬对过境的车辆和旅客进行细致的搜检。这种如临大敌的气氛，总会让人以为在盘查恐怖分子，或者是搜查毒品走私贩。如果您这样想就错了，阿根廷海关人员盘查的，不是恐怖分子，不是以往重点检查的毒品走私，而是正在查找美元——没收所有违禁带出阿根廷的美元现钞。

美元现钞享受恐怖分子和毒品相当的"待遇"，也算是阿根廷政府给予的特殊"关照"。

布宜诺斯艾利斯市中心的佛罗里达步行街被称为阿根廷的金融街，街道两侧聚集着许多银行和货币兑换所，阿根廷警方和税务部门的稽查人员则在街头巡逻，打击倒卖外汇的"黄牛党"。

虽然政府打击外汇黑市的声势十分浩大，但通过合法途径购买外汇的渠道几乎全部堵死，外汇黑市交易就是"野火烧不尽，春风吹又生"，黑市汇率大幅飙升，本币资产急剧贬值。2012 年 7 月 17 日，黑市比索兑美元汇率为 6.5∶1，而官方汇率是 4.55∶1，差价超过 42%。2015 年 6 月底，官方比索兑美元约为 9.1∶1，而黑市汇率则为 14∶1～15∶1。

津巴布韦的穆加贝总统与外汇黑市"游击队"曾进行持续数年艰苦卓绝的"战争"，同样的"战争"在阿根廷继续进行。历史规律是，"游击队"基本都能取得"战争"的最后胜利。

比索很可能再次走上 20 世纪 70 年代至 90 年代的道路。第一，黑市产生之后，居民就不再信任比索，持续储蓄的是美元，他们会将美元储存在"床垫中"。可当市场中的流动性匮乏之后，为了经济和政府运作的需要，阿根廷中央银行就需要持续释放比索基础货币，形成恶性循环。第二，为确保经济增长，阿根廷政府需要扩大公共支出，财政赤字扩大将导致该国通货膨胀不断持续，汇率贬值和通货膨胀互相推动。而阿根廷中央银行缺乏独立性，必须配合政府的意愿进行货币发行，这与私人股权的央行具有本质的不同。

为何阿根廷中央银行发行的银行券呈现刚性银行券的特征？这种情形不仅仅发生在阿根廷、委内瑞拉、巴西等南美国家，亚欧的很多国家也曾经多次上演相同的一幕，与阿根廷走一样的路，原因又是什么呢？

这是一个非常复杂的问题，但总体和几个因素有关：第一，取决于国家的治理水平。可以看到，2001年11月，阿根廷政府欲进行经济紧缩措施时，引起了剧烈的抗议，并最终导致骚乱。当国家治理水平比较低的时候，贪污腐败严重，贫富差距恶化，穷人抵御不住国家采取货币紧缩措施所带来的压力，就必定走上街头，南美的街头政治也就如此形成。当国家治理水平低的时候，财政支出庞大，超过经济的承受能力，财政不具有可持续性，也会造成本币持续贬值。第二，中央银行的独立性太低。当政府在经济或财政方面遭受困难的时候就求助于中央银行印钞，形成基础货币不断膨胀的惯性。第三，取决于经济模式。当一国经济主要依靠资产价格上涨带动投资增长，以此来拉动经济增长时，一般容易造成贫富差距恶化、社会基本矛盾不断激化的后果，穷人也承受不住货币紧缩所带来的压力，而货币持续宽松的结果，就只能是货币持续贬值。

这世界上的每个人，都应该对自己手中的银行券加以鉴别。像阿根廷中央银行发行的刚性银行券，并不具有财富储藏的职能，只能是从到手的那一天开始，立即投入到资产购买中：

第一，购买土地。阿根廷在20世纪初就是农业大国，属于发达国家，到今天依旧是农业大国，却成为发展中国家，工业化水平进展缓慢。根源就在于自己的银行券（货币）不具备价值储藏职能，当投入到工业领域之后,实现的利润无法弥补货币贬值和通货膨胀带来的损失,此时,任何货币资本通常的选择就是购买土地,而且任何时期购买都是合适的。因此,也可以得到一个简单的推论:如果一个社会使用的货币不具有财富储藏职能,不具有比较稳定的信用水平,就无法作为财富的载体,这个社会也就很难通过持续的工业化积累财富,进而迈入发达国家的行列。简言之,一个国家的持续富裕之路,就是信用的持续积累之路。

第二,购买外汇和金银。

第三,或许是购买可以长期跑赢通货膨胀的资源类股票特别是黄金上市公司的股票。

有些国家风风火火高速发展,看起来前途一片光明,伴随的自然是工业化不断推进,可是,之后总会陷入经济、社会动荡的怪圈,丧失以往工业发展的成果,突然之间掉下"悬崖",再次回归以农业为主的社会。根源在于工业发展积累的财富需要信用才能储藏,而使用货币的信用来储藏财富是当代社会最有效的方式。当本币无法保持信用的时候,通过工业发展积累财富的模式就无法成立,最终,全社会就只能追逐土地或国际硬通货。阿根廷等很多南美国家已经在这条道路上不断轮回了几十年甚至上百年,一直无法迈入发达国家的行列。

阿根廷这样的国家如果要走出不断轮回的怪圈:第一,需要改革政治体制,使得财政支出与收入具有可持续性,提高财政支出的效率,弥合社会的等级差别和贫富差距;第二,必须改革货币发行机制,使得中央银行可以依照市场的信用需求独立发行货币,而不是为了政府的需要或经济需要发行货币;第三,建立健全市场的监督机制,准许做空机制发挥作用,实现货币的可自由兑换。如此,才能使得货币可以保持长期的信用,承载工业生产过程中产生的财富,走出不断重复的轮回。可以看到,2015年底上台的阿根廷新政府走出了正确的第一步,上任伊始,即开启比索的可自由兑换,相当于放弃比索在国内的"霸权",给持有人更多的选择权,这或许意味着阿根廷一系列政治体制、财税制度改革的开始。这是希望之路,但也是艰难曲折之路,世人将拭目以待。

数字货币

互联网将世界联系在一起,实现了信息共享,压缩了信息传递的空间与时间,也一样压缩了货币之间的"空间",使货币的购买力趋于统一,最终就会实现统一的货币,比特币为首的数字货币应运而生。

比特币(图10.3)的概念最初由中本聪在2009年提出。根据中本聪的思路设计发布的开源软件以及建构其上的P2P(点对点)网络来看,比特币是一种P2P形式的数字货币,P2P的传输意味着一个去中心化的支付系统。

图 10.3　比特币

(图片来源:维基百科)

随着互联网和信息时代的到来,诞生了以比特币为代表的数字货币。很显然,信用货币不断贬值,损害了货币本应该具有的人权属性,直接推动了数字货币的产生与应用。数字货币是一种去中心化的支付系统,这是它们最典型的特征,各国政府和央行难以操控,对现有的信用货币形成了巨大的威胁。未来,各国政府和央行可以采取的手段只能是规范数字货币的流通与应用,但难以限制,这是由数字货币的特征决定的。

数字货币展现自身的信用,不因国家、民族、肤色而作丝毫的改变,收付过程几乎不受时间与空间的限制,同时,是一种去主权化的货币体系,适应了信息时代的发展潮流,必定拥有广阔的发展空间。

与其他货币不同,比特币不依靠特定机构发行,它依据特定算法,通过大量的计算产生。比特币使用P2P网络中众多节点构成的分布式数据库来确认并记录所有的交易行为,并使用密码学的设计来确保货币流通各个环节的安全性。P2P的去中心化特征与算法本身可以确保无法通过大量制造比特币来人为操控币值。基于以上原理,比特币的价值可以得到有效保护,比特币持有者就拥有了真实、恒定的价值用于支付和财富储藏。使用比特币进行交易也可以保证交易过程的可靠性和交易过程中的匿名性。

比特币钱包的使用者可以方便而又快捷地检查、储存、支出其持有的比特币。

比特币之后,又诞生了很多其他的数字货币,例如瑞波币、莱特币、以太坊、未来币、黑币等,而且数量几乎每周都有增加。

数字货币作为一种新兴货币,数量有限制,拥有客观的信用水平,具有成为世界货币的潜力。

数字货币是去中心化的货币,这将让信用货币发行者丧失自主的发钞权,所以它的发展注定是艰难曲折的。但是,创建比特币所依托的区块链技术却逐渐显示出旺盛的生命力。区块链是一串使用密码学方法所产生的数据块(称为"区块",block)的集合,新增的数据块总能链接到上一个区块,即整条区块链的尾部,所以,区块链可以看作成记录比特币交易的账本。比特币的创建者中本聪创造了比特币系统的第一个区块,即"创世区块",并附有一句:The Times 03/Jan/2009 Chancellor on brink of second bailout for banks,这句话是当天《泰晤士报》的头版文章标题。

既然区块链可以看作是记录比特币交易的账本,那么就可以以账本的形式运用到金融交易过程中,比如国债、股市、期货和其他金融衍生品的交易,也可以运用到银行的账册管理系统,这可以极大地提高金融服务业的效率并有效打击非法交易。区块链技术的这些运用已经被许多国家或地区重视,并取得飞速发展。未来,从区块链技术的特点来说,还可以在军事、通信、能源、版权保护等方面得到广泛的运用,拥有巨大的发展潜力。

第十一章

货币周期与财富轮回

能源决定一国的经济基础，当美国实现能源独立后，决定美国经济开启了新时期，美元进入了新的阶段，那就是强势美元。

基于美元是世界很多国家货币发行的准备金，强势美元之下将让很多国家的货币不断贬值并最终走向换币的道路，滞胀是黄金法则被破坏之后的必然结局。

摆脱滞胀的唯一出路就是重建黄金法则。

美元的轮回

二战后的美元演变

一战和二战，美国本土远离战火，经济得到持续发展。二战中，欧亚大陆几乎被打成一片废墟。二战后，欧亚基础设施和工业体系的重建，给美国本土经济带来了一系列影响。随着本土商品和设备的加速输出及国内经济的持续繁荣，美国国内对资本的需求不断加大，这在美国利率市场上生动地表现了出来（图11.1为1954年—2012年美国联邦基金利率走势图），50年代中前期，市场利率不断走高。

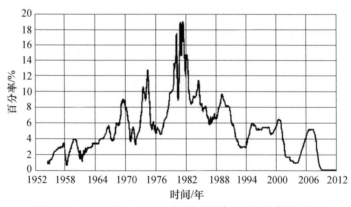

图11.1　1954年—2012年美国联邦基金利率走势图

此时，对于欧亚国家来说，面临的局势很严峻。美国输出商品和设备，欧亚国家是购买方，需要向美国支付硬通货——美元或黄金，美元和黄金不断流入美国，在欧亚国家形成"美元荒"。随着欧亚大陆基础设施和工业体系的恢复，以德国和日本为首的欧亚国家的经济开始发展，基于欧亚国家的生产要素价格在低位，经济效率更高，形成美国资本外流。虽然当时实行的是美元—黄金货币体系，但资本外流让美元承受贬值的压力；再加上美国参与朝鲜战争、越南战争并在西欧、日本等国家保留大量的驻军，使得美国的国际收支不断恶化。国际收支不平衡使美国在20世纪50年代末期和60年代爆发了数次美元危机，美元贬值的压力形成的美元危机让美国的联邦基金利率继续处于上行的趋势。虽然这一时期联邦基金利率不断上行，但货币贬值带来的通货膨胀依旧不断发展，从1968年前后开始，通货膨胀明显恶化。而不断恶化的通货膨胀持续消耗经济增长的潜力，最终，美国在70年代陷入经济滞胀。

20世纪70年代，美国联邦基金利率剧烈震荡。70年代中期，美国大陆原油产量下降，对海外原油的依赖性不断加大，在1977年9月至1978年10月这1年多的时间里，受油价不断上涨的影响，加之经济增长乏力，美国对外贸易也从顺差滑入逆差，美元对主要货币汇率出现了高达16%的大幅下跌。美元疲软导致进口价格大幅攀升，通货膨胀率从原来的6%跃升到了8%以上，到1979年底，更进一步上升到了10%以上的水平。1979年夏天，为了对抗通货膨胀，卡特总统采取了一项后来被证明更具决定性的行动，那就是提名当时的美联储纽约分行行长保罗·沃尔克出任美联储主席。结果证明，这一任命使得保罗·沃尔克充分发挥了自身的才能，施展他那一套非常规的货币管理理论，最终打断了通货膨胀的脊梁。当年的10月6日，美联储即开始使用新的货币管理机制用于打击通货膨胀，即严格控制货币供应量的增长，哪怕导致利率水平大幅上升也在所不惜。虽然此后美国遭受了大萧条以来最严重的经济衰退，但最终制服了通货"猛虎"，为之后近20年美国经济的健康增长奠定了根基。保罗·沃尔克严控货币发行后，也将美国推向了强势美元时代。截至1985年2月，美元指数（图11.2为1977年—2014年美元指数示意图）曾一度高达158，美元上涨幅度超过80%。然而，同期全球金融市场却动荡不断，最为知名的是拉美债务危机。尽管外债过高是爆发拉美危机的内在因素，但早前弱势美元导致的资金源源涌入与美元强势回归后资金的大举撤出成为了危机的加速器,从此,拉美陷入了著名的"失去的十年"。

图 11.2　1977 年—2014 年美元指数示意图

20 世纪 80 年代以来,美国经济面临着贸易赤字和财政赤字的双重困扰,到 1985 年,美国希望通过打压美元、提升日元以挽救这种困境。1985 年 9 月,美国、日本、德国、法国、英国财政部长及央行行长在纽约广场饭店签订广场协议,拉开日元急速升值的序幕。此后,日元大幅升值,美元贬值,美元指数出现快速回落。同期,美国联邦基金利率也呈现下行的趋势。

克林顿总统任期内(1993 年—2001 年),以互联网为主导的信息技术革命全面爆发,随着经济效率的提升,资本流入美国,美元指数从 1995 年开始步入上涨周期。到 2001 年,互联网泡沫破灭导致信用市场急剧萎缩,美元指数再次回落。在 1995 年开始的强势美元周期,美元指数上涨约 45%。在此期间,大量国际资本回流美国也加剧了亚洲市场资本流出,爆发了 1997 年—1998 年的亚洲金融危机,当时,亚洲各国资产泡沫加速破裂,经济与金融体系遭受重创。

伴随着 2001 年互联网泡沫的破裂和其后的"9·11"恐怖袭击,美国经济和美元都深受打击,资金流出美国。为了防止美国经济陷入衰退,格林斯潘主持的美联储从 2001 年开始连续 13 次降息。可是,当时美国经济进入去杠杆化进程，欠缺拉动经济增长的内在动力，美联储宽松货币的结果就是催生资产泡沫并推高通货膨胀。到 2004 年 6 月，为防止通货膨胀的恶化，美联储不得不启动 17 次加息。此时，美国经济增长的新驱动力尚未形成，加息只能形成美元指数的"死猫式反弹"，反弹之后继续下跌，一直持续到次贷危机爆发。次贷危机和欧债危机期间，美元指数两次反弹，但均属于弱势反弹，是全球资本避险需求所推动的。

2001 年互联网泡沫破裂之后，美元指数总体上呈现不断下行的趋势，并在 2008 年次贷危机爆发的前夜跌到 71 一线。所以，从美元的价值来看，2007 年以前的房地产高涨以及其后的泡沫破裂，均属于自 2001 年开始的美国经济去杠杆进程，也是美元指数回落的过程。

次贷危机爆发后，美联储开启三次量化宽松，美国联邦基金利率维持在接近于零的位置，这是一次时间超长、幅度超宽松的货币政策，在未来的很长时间内都将给美国经济和世界的金融环境带来深刻的影响。

美元的新时代

从 2001 年互联网泡沫破灭开始直到 2008 年美国的次贷危机爆发，美国经济持续调整，也就是说在这一时期内，美国经济在丧失持续增长的动力，美元指数持续回落，美元的价值下降。2009 年开始，美联储开启三次量化宽松，也将美国联邦基金利率打到接近于零的水平。美元的价格、利率和人均工资增长率均表示这是一轮生产要素价格重置的过程。

图 11.3 是美国人均工资增长率（对应左轴）和核心消费平减指数（对应右轴）变化图。

个人消费支出平减指数是衡量一国在不同时期内个人消费支出总水平变动程度的经济指数，这里的"平减"是指通过物价指数将以货币表示的名义个人消费支出调整为实际的个人消费支出，也就是说剔

图 11.3 美国人均工资增长率和核心消费平减指数变化图

除了物价的影响，几近于消费量的概念。从图 11.3 中的核心消费平减指数曲线可以看出，虽然大宗商品价格从 20 世纪末期到 2010 年前后出现了一轮牛市，2004 年之后美国的工资增长率也有一轮快速上涨，但美国个人实际消费水平一直在相对低位徘徊。以更长周期来看，虽然 1995 年前后，美国开始了以互联网为主导的信息技术革命，带来工资增长率提升，但也无法带动个人实际消费水平的明显提升。这一调整过程在 1989 年前后就开始了。1998 年—2014 年这 17 年间，美国的个人消费水平虽然不断波动，但基本处于低位徘徊的状态。这与扣除物价上涨之后的实际工资收入紧密相关，也就是说，个人的实际支付能力很可能并没有太大的变化。

核心消费平减指数也就合理地解释了无论美国的互联网繁荣还是次贷危机之前的资产价格繁荣，都无法有效地带动全社会生产效率的有效提升（互联网繁荣也只带动了局部生产效率的上升，对整体的影响有限），进而无法带动美国全社会人均实际工资水平和消费水平的提升，自然无法彻底逆转美元指数的长期下跌趋势。而美元的全面升值必须需要全社会生产效率的提升，进而带来实际收入的全面上升，这需要美国的工业基础——能源供给问题的彻底解决，下文将继续论述这一问题。

当然，美国个人消费水平在1998年—2014年无法实现有效提升，应该也与人口老龄化有关。美国人口老龄化具有自身的特点：一是进入老年社会的时间长。美国步入老年国家之列从20世纪40年代就已经开始，至今已持续了70年。二是人口老龄化发展较慢，在西方发达国家中处于中等水平。由于美国有较高的生育率（例如，2005年美国总和生育率为2.0），同时美国从世界各地吸纳了大量的青壮年移民，所以，美国在一定程度上缓解了自身人口老龄化的进程。人口老龄化问题似乎难以成为1998年—2014年间美国个人消费水平处于低位的决定性因素。

1985年之后，美元指数出现数次反弹，但维持的时间都不长，即便1995年—2001年的上涨也不过是6年，而次贷危机和欧债危机带来的反弹更是昙花一现。2014年中，美元指数却开启了一轮轰轰烈烈的上涨，这轮上涨的本质是什么？美元是世界储备货币，弄清了这轮上涨的本质，就可以看清未来资本市场的大局。

一般人的思维中，习惯于把2014年中的美元上涨和过往的反弹或上涨相比较，虽然历史有内在的规律，但每一次都不会简单地重复，本轮美元指数的上涨，本人认为是一种新的模式：

第一，中国、美国这样的大国，仅凭某一行业或部分行业的发展，很难带动全社会整体生产效率的大幅上升，也就很难支撑自身的货币走出比较长周期的趋势。比如：汇改之后，人民币兑美元持续升值了10多年，伴随的是中国加入世界贸易组织，全面融入世界经济，成为世界工厂，这是全社会生产效率的提升过程。这与某些小国或地区的情形截然不同，他们往往可以依靠某些行业的竞争力提升本币的价值。自从20世纪70年代中期开始，美国大陆原油产量下降以后，能源供给受到制约，就只能有选择性地发展服务业、军工产业和科技含量高的某些高端行业，虽然这可以维持美国经济在世界上的地位，但是不能带来美国全社会生产效率的整体提升，何况，产业链齐全与否就是大国经济竞争力的决定性因素之一。页岩气、页岩油的持续开采，让美国逐渐走向能源自给，可以完善自己的产业链，实现制造业的不断回迁和新兴产业的不断培育，让美国经济中的各个产业都实现平衡发展，使美国经济重新恢复全面竞争力。这才是美元指数从2014年下半年开始步入升势的原因。

有一些报道认为，中国和美国一般制造业的成本已经相近，这是可以理解的。缘于中国经过改革开放以来的经济高增长，工资水平、资产价格水平不断上涨，生产要素价格不断上升，汇率出现逐渐高估的趋势，综合起来，导致制造业的成本优势丧失。在生产成本趋同的情况下，未来制造业的竞争将主要是科技进步和管理进步的竞争，恰恰在这些方面，美国占有优势。在这一方面，不仅是中美相比，美国与欧洲、日本和其他新兴经济体相比都有相同的优势。这将让美国制造业恢复竞争力，制造业逐渐回流美国。制造业回流美国之前，首先是资本回流，这就带来美元指数从2014年中开始的趋势性上升。制造业是工业化国家经济的基石，无论对于就业、工资的上涨和财政收入的提升都能起到全面的推动作用，这将推动美国的核心消费平减指数摆脱低位徘徊的状态，进入新一轮上行的通道。此时，美国的实际消费能力将上升，为企业提供更大的发展空间，进一步带动其他行业（最典型的是服务业）的资本回流美国，也进一步推动了美元指数持续上涨。

从2014年年中开始的美元指数上涨和美联储的加息预期基本无关。因为美联储在2015年11月的利率是0～0.25%，加息之后是0.25%～0.5%，均远远低于欧亚多数国家的利率水平；而且2004年—2006年美联储的加息也未带来美元指数的持续上涨，相反，反弹之后却出现持续数年的下跌。如果说加息预期就可以造成美元指数的上涨，这是不可想象的。

第二，本人在《如松看人权货币》一书中，从美元的内涵上详细地论述了 2014 年以后美元上涨的原因。美联储在 2009 年开启三次量化宽松，将美元的利率长期维持在接近于零的位置，如果未来美联储还有更大的能力、实现更大力度的宽松，则标志着从 1985 年（以"广场协议"的签定为标志）前后开始的这个循环还没有完成。可事实不是如此，黄金不断恢复货币职能和数字货币不断普及，正在快速地侵占美国本土美元在商品市场中所占有的交易份额，说明美联储开启的三次量化宽松既是上一个周期的结束，也是未来新周期的开启，新的周期至少会维持在 10 年以上。

第三，2015 年 12 月，美联储开启了第一次加息。本次加息周期的启动与以前有根本的差别。2004 年 6 月，美国在前一次降息周期结束之后开始第一次加息，将基准利率提升 0.25% 至 1.25%。当年，美国的通货膨胀率是 2.68%，前一年（2003 年）是 2.27%。如果不考虑 1994 年墨西哥金融危机和 1997 年东南亚金融危机所带来的美联储短期货币政策波动，从 1994 年 2 月 4 日至 2000 年 5 月 16 日，是一个完整的加息周期，将基准利率从 3.00% 调整至 6.50%。在这一周期启动的 1994 年，美国的通货膨胀率是 2.61%，前一年（1993 年）是 2.96%。而 20 世纪 60 年代至 70 年代，美联储的加息更是在通货膨胀率更高的位置才启动。美联储本次加息前的 11 月，美国的核心通货膨胀率是 2.0%，通货膨胀率是 1.4%，与以前启动加息周期的通货膨胀水平明显不同。这说明，美联储非常担忧 2008 年以后飞速膨胀的资产负债表在未来会给美国带来严重的通货膨胀，更担心金银货币职能的恢复和数字货币的加速普及对美元带来的冲击。因此，这决定本次的加息周期与以往有本质的不同。

因此，可以预料的是，自 2014 年年中美元指数的上升将与以往的反弹具有截然不同的含义。美联储本次开启的收缩将是一个超长的周期，虽然中间会有短期的波动，甚至会偶尔降息，但依旧意味着美国联邦基金利率长期上涨和美元指数长期上升周期开始起步。

带血的原油

2012年，本人在自己的新浪博客中发表文章，说明美元要走十年牛市，上一小节（美元的新时代）主要从基本面的趋势上说明。本节再从其他方面进一步说明。

以2012年美国的相关数据为例：

根据美国商务部2013年2月8日公布的统计数据，2012年美国对外贸易总额达49322亿美元。其中，出口总额达21959亿美元，进口总额达27363亿美元。贸易逆差为5404亿美元，下降3.5%。

货物贸易方面，2012年美国货物贸易进出口总额达38629亿美元，货物出口总额为15636亿美元，货物进口总额为22993亿美元，货物贸易逆差为7357亿美元。

服务贸易方面，2012年美国服务贸易进出口总额达10693亿美元，服务出口总额为6323亿美元，服务进口总额为4370亿美元，贸易顺差为1953亿美元。

一直以来，货物贸易逆差都是美国资本外流的主要渠道，而资本项目和服务贸易方面，美国一直保持着比较良好的记录，但很难抵御巨额的货物贸易逆差，这是美国国际收支不平衡的主要原因之一，也是美元贬值的主要动力之一。

美国有全球最高的科技水平和管理水平，完全可以自己制造更多的商品满足自身的需求，美国为何放弃了很多领域的制造业？

亚欧的生产成本更低是一个原因，但是，次贷危机以后，亚欧的成本优势正在逐渐消失，所以，这只是原因之一，一个更主要的原因是美国能源的国家成本更高！（注意，这里说的是国家成本，而不是美国原油采购商的进口价格。）

我们知道，20世纪70年代中期以后，随着美国大陆原油产量的下降，美国需要进口大量的原油，原油的成本是多少？大家一定会说，国际市场上每天都有一个明码标价的价格，这是美国的原油成本，也决定了美国燃油和相关化学品的成本。2011年—2013年，美国日均进口原油1300万桶、849万桶、771万桶。2012年，原油进口额约为3470亿美元，占2012年美国外贸逆差的64%，原油进口使美国形成了巨额的贸易逆差。

上述数字是正确的，但仅对企业而言，对于美国国家来说，就是错误的。对于企业来说，他采购的海外原油价格就是国际市场标示的价格，可对于美国国家来说，进口每一桶原油的价格远远高于采购商的采购价格。美国2012年的军费总数是6820亿美元，考虑到美国国内是和平环境，相当一部分军费是用于保持海运航线和中东产油区的稳定，如果1/5～1/3的军费支出和保护原油供给有关，就是1364～2273亿美元，和2012年原油的进口额3470亿美元相比，显然是个沉重的数字，原油供给的国家成本将提高39.3%～65.5%，这是高昂的代价。何况，美国在中东海湾地区进行了数次比较大规模的军事行动（图11.4所示为1990年美国"布立顿"号巡防舰开进波斯湾海域），虽然原因各不相同，但有一个共同的经济因素都是为了保证自身的原油国际供给。这进一步刺激军费支出。而美国与中东穆斯林的矛盾不断激化（这是"9·11"恐怖袭击的根源之一），显然也与原油有关，这也是美国付出的国家代价。在原油安全的问题上，美国支出了巨额的成本。所以，对于美国国家来说，得到每桶原油的价格远远不是采购商交易的价格，而是要高很多。

图11.4　1990年美国"布立顿"号巡防舰开进波斯湾海域

（图片来源：维基百科）

一战之前，科威特是隶属于奥斯曼土耳其帝国的伊拉克的一个自治省份。一战期间，英国占领科威特并促使其独立，但伊拉克始终没有承认。20世纪80年代的两伊战争，伊拉克欠下巨额债务（其中欠科威特140亿美元），只能输出原油来偿还，故而希望提高原油价格。可科威特和沙特在此期间不断提高产量，使原油价格下跌，这让伊拉克异常恼怒。此时，萨达姆宣传占据科威特是建立大阿拉伯联盟的第一步，也是为了重建巴比伦帝国，为入侵科威特创造舆论氛围。1990年8月2日，伊拉克军队入侵科威特，推翻科威特政府，宣布科威特为伊拉克的一个省，萨达姆委任自己的表弟为省长。如果国际社会不做干涉，伊拉克就有能力进一步入侵沙特，进而垄断石油价格。事实上，在海湾战争期间，伊拉克占领了沙特的城市卡夫吉，后被美军逐出。经联合国安理会授权后，海湾战争爆发，以美国为首的34国军队以轻微的代价重创了伊拉克军队，并促使其从科威特撤军。

美国政府内部提出一系列原因说明参战理由，主要是石油对美国经济的重要性以及美国与沙特阿拉伯长期的友好关系。但有些美国人对这个原因并不满足，他们呼吁"不要用血换油"。海湾战争中，美国国会计算的美国战争开支为611亿美元，也有人估计为710亿美元，其他国家共支付了约530亿美元。

2003年—2011年，爆发了伊拉克战争。美国、英国、澳大利亚、波兰等国军队组成联军入侵伊拉克，推翻了萨达姆政权。《今日美国报》在2013年报道说，伊拉克战争中美国的直接战争费用就达8000多亿美元。诺贝尔经济学奖得主约瑟夫·E. 斯蒂格利茨和琳达·J. 比尔曼斯在其《三万亿美元的战争》一书中指出，伊拉克战争费用远不是政府公布的数千亿美元，若把战争对美国财政预算和经济的消极影响考虑在内，美国实际耗资多达3万亿美元。伊拉克战争的目的是什么？2007年9月16日，格林斯潘在其回忆录发行时声称他的书中表明"进攻伊拉克'很大程度上'是为了石油"。

对于美国来说，海外原油过于昂贵，甚至带血。

这依旧只是表面的成本，还有更庞大的隐性成本，海外军费支出增长加大了美国国际收支平衡的压力，使得美元的汇率承压，"跌跌不休"的美元损害了美元两百年来建立的信用基础——美元成为主要国际储备货币的基石，这是更加高昂的成本。

美国原油的实际进口成本远远超出很多人的想象。

在这样的情况下，美国会鼓励一般的制造业吗？显然是不可能的，虽然企业或许可以盈利，但美国这个国家只能破产。此时，美国只能发展军工、医药等少数科技含量很高、战略地位更重要的行业，其他一般商品制造业只能放弃，导致美国产业结构失衡。所以，20世纪80年代以后，美国的货物贸易逆差不断扩大，亚洲、东欧的消费品不断进入美国，占领美国市场。除了制造业成本的差异之外，更深层次的原因是美国原油的真实成本实在太高，美国联邦政府无法承受，不支持制造业的全面发展。

原油进口形成巨额的货物贸易逆差，大量进口亚洲和东欧的产品，进一步加大了货物贸易逆差，和美国的海外军事行动支出一起，严重地影响了美国的国际收支平衡。所以，原油的供给就是压在美元指数上的沉重负担，使得美元指数从20世纪80年代中期开始持续处于跌势，即便1995年—2001年以互联网为主导的信息技术革命、2004年—2006年美联储的持续加息，都无法改变这样的趋势。

仅从1990年—2008年的情形观察，美国原油产量不断下滑，最低产量跌至日均500万桶，较1990年时的日均735.5万桶下降32%。在此期间，恰恰是美军海外军事行动非常频繁的时期。2008年以后，美国原油产量逐渐回升至20世纪90年代初的水平。2014年，日均产量达到870万桶，为1900年统计该数据以来最高值；2015年，日均产量达到950万桶，比产量最低的时期几乎翻了一番。这一时期内，美军从伊拉克撤军并陆续从阿富汗撤出。美元指数也在2014年年中开始，步入了升势。

美国的页岩油和页岩气在技术革命的推动下取得飞速的增产，加上新能源利用在技术上的不断推进，美元正在逐渐接近能源自给的目标。未来，随着国际油价的波动，页岩油、页岩气的产量会出现波动，但美国能源自给的目标很可能可以实现。这就降低了美国整个国家的经济总体成本，逐渐推动美国的国际收支实现平衡：第一，原油进口形成的货物贸易逆差将快速缩减，2014年，美国日均进口原油已经下降至720万桶，比2011年的1300万桶下降了44.6%。加上部分需求可以在北美自由贸易区内和南美洲解决，对中东、非洲原油和原油海运航线的依赖性大幅下降。第二，随着原油逐渐走向自给，奥巴马政府上台之后就在推动制造业的不断回归，美国有能力发展更多的制造业，很多自产商品将逐渐取代进口，抑制货物贸易逆差不断扩大的趋势。第三，随着制造业的景气度回升，资本将更大幅度地回流美国，加大资本顺差。以上因素是美元指数从2014年7月下旬开始出现迅速上涨的原因。仅2014年8月、9月间美元指数上涨的初期，流入美国的国际资本即分别为745亿、1643亿美元，这种趋势在2014年下半年和2015年一直在持续。当流入资本在美国的投资周期完成之后，制造业的产能开始释放，进而大幅改善商品和设备自给率。第四，美军无需再四处奔波，军费开支将得到有效缩减。美国2014年的军费开支是6100亿美元，与上一年相比下降了6.5%，如果与2010年相比则下降了20%，下降的部分中，主要是海外的军事支出，以伊拉克和阿富汗为重点。所以，这期间可以明显地看到，美军这个"世界警察"有点犯懒，对亚欧的大部分地区干预力度不断下降，源于推动美军四处征战的原油利益不存在了。

能源自给自足，军费开支缩减，美国的国际收支平衡就会得到好转，那时，美国输出的是商品和设备，这就回到二战期间和20世纪50年代中前期的情形，逆转20世纪80年代之后开始的美国进口商品、输出资本的全球经济模式。当全球经济模式逆转之后，世界各国无论是购买美国的商品、设备还是军火，必须支付美元和黄金两样硬通货，"美元荒"的时代有可能再次来临，新的时代就此开启。

原油在撬动美国经济格局，在撬动美元的价值，也在撬动世界的经济局势。

美元本位制下的结局

在布雷顿森林体系解体之前，世界货币体系是一种以黄金—美元为核心的货币体系，黄金作为最终的交割手段。虽然此时的全球货币市场中，美元是"老大"，但老大的背后支撑是黄金。可是，1971年之后，美元脱离了黄金，但美元在世界货币体系中的核心位置没有改变，世界上绝大多数国家的货币都演化成了以美元为保证金的汇兑本位制，可称为美元本位制。

此时，美元依旧是"老大"，但另一位"真老大"（黄金）被美联储揣在兜里，只要美元不强烈地刺激这个"真老大"（指美元剧烈地、持续地贬值），这位"真老大"不干涉"人间"的事务，甚至被很多国家的人们认为只是特殊商品。美元开启三次量化宽松，意味着美元逐渐丧失货币储藏职能和价值标尺的作用，这位"真老大"的货币职能开始恢复，数字货币也开始攻城略地，这在《如松看人权货币》中有清晰的说明。2014年下半年开始，美元指数剧烈地上升，开始安抚黄金这位"真老大"，希望让其"安静"下来。

背后的语言是，黄金在警告美元，如果你继续贬值，丧失货币的人权属性，"真老大"就"掏牌"，既可能是足球场上的黄牌也可能是红牌，当然更可能是先黄牌后红牌。美联储很识时务，在自身货币政策和美国经济不断复苏的配合之下，美元开启升值之路，意思是说，咱还是别等"真老大"掏牌了。

这世界总有自身的逻辑，虽然它使用的是无声的语言。

当美元持续扩张、不断贬值时，黄金是美元的判官；当美元开始升值时，黄金下场休息，美元开始成为其他信用货币的仲裁。原因在于美元存在于大多数央行的货币发行准备金中，美联储是美国的发钞行，也近似于世界的中央银行。

然而，黄金的眼睛永远紧盯着市场，也永远紧盯着美元的信用水平，如果美国通货膨胀开始明显回升，黄金就会再次起身，成为经济生活中的铁血判官。

欧元、英镑、瑞郎、加元、澳元等货币，在维持自身发行机制的前提下，适当保持自己的外汇储备和黄金储备，对美元的依赖性相对较弱。而其他绝大多数货币特别是新兴经济体国家的货币基本依靠自身的外汇储备来维护自身的货币发行和货币币值，这些外汇储备中，以美元为主，黄金、欧元、日元等为辅，就形成近似意义上的美元本位制。

当美元贬值时，黄金、欧元、日元的价值总体上升，美元也易得，此时，以美元计算的准备金总额上升，非美货币扩张，相对美元来说，非美货币价值稳定甚至上升。所以，美元宽松时期，俄罗斯卢布、巴西雷亚尔等货币都可以保持自身的币值，甚至一定时间内可以相对美元升值；当美元转强的时候，其他货币的价格下跌，美元不再廉价易得，就走向相反的道路，这些货币就将失去自身的发行准备，不断贬值，流通边界不断收缩，导致这些国家的经济萎靡不前甚至衰退。

未来，美元在黄金货币职能不断恢复、数字货币加速普及和制造业回流美国的推动下，很可能走向比较长时间的升值之路，可以推断美元本位制下部分货币的衍化路径：

对部分国家来说，可以严控自身的财政支出，使财政具有可持续性，收放自如；同时，社会的贫富差距比较小，社会保障制度比较健全，也可以采取货币收缩措施而保持社会稳定。这些国家就可以渡过因美元收缩导致的对本国货币和经济的压力，甚至就此实现经济增长方式的转型，将美元收缩带来的危机转化成机遇，实现经济的可持续增长。无疑，这样的国家可以跨过"中等收入"等"陷阱"，逐渐迈入发达国家的行列。比如，智利就属于拉美国家中的"异类"，虽然在2014年—2015年也受到大宗商品价格下跌的打击，但通货膨胀温和，经济增长比较稳定。智利财政异常稳健，表11.1为2011年—2013年智利中央政府财政收入与支出数据①。

表 11.1 2011 年—2013 年智利中央政府财政收入与支出数据

年份 项目	2011年	2012年	2013年
收入/亿比索	275406.77	287360.16	286886.94
支出/亿比索	210419.80	228821.86	245298.83
差额/亿比索	64986.98	58538.30	41588.11
差额占收入的百分比/%	23.6	20.63	14.5

智利中央政府长久以来一直非常注意自己的财政收支平衡。用老百姓的话来说，懂得结余，当发生经济困难时，就拿出结余来渡过难关。2005 年—2008 年，智利一直保持财政盈余，占 GDP 比重分别为 4.7%、7.7%、8.7% 和 5.2%，这是非常惊人的水平，很少有国家可以做到。2009 年，受全球金融危机影响，智利财政出现 72.24 亿美元亏空，为历史最高赤字，占当年 GDP 的 4.5%。2010 年，财政恢复盈余，占 GDP 的 0.4%，2011 年的财政盈余占 GDP 的 1.4%。随着 2014 年—2015 年大宗商品价格的不断下跌，智利经济也遇到了自身的困难，却通过过往的财政结余抵抗了这种冲击。智利财政最重要的特征是，2015 年 1 月至 9 月 401.32 亿美元的财政支出中，30% 用于教育支出，说明教育支出在智利的财政总支出中占有非常高的地位和比例，也说明他们增大支出不是去进行政府主导的投资行为，而是持续进行教育投入，这将为智利经济的可持续增长、实现国际竞争力的全面提升提供坚强的后劲。智利教育的高度发达，即便在发达国家也得到公认。比如，智利天主教大学每年接收将近 1350 名外国留学生，主要来自美国、欧洲和新西兰等发达国家和地区。

不断实现财政盈余说明智利的国家治理具有很高的水平，财政支出的效率很高。教育的高投入，使世界对智利的经济发展充满信心。

---

① 中华人民共和国外交部. 智利国家概况 [EB/OL]. （2015－05－11）［2015－11－07］http：//politics.people.com.cn/n/2015/0511/c1001-26978600.html.

2014年初，普华永道发布报告认为：智利经济增长稳定高效、医疗和教育体系完备、政治和司法环境稳定、经济可持续增长有保证。

在美元收缩周期，只有国家治理水平高、财政支出高效、货币发行机制完善的国家，才能保持社会稳定和经济的可持续增长。

对另外一些国家来说，财政支出的刚性非常强并经常保持赤字状态，同时，紧缩货币政策会带来严重的社会问题。这些国家如果不改革自身的社会管理体制和货币管理体制，就会遭受严重的挫折。

对于这些国家的货币加速贬值的时间点的判断，可以使用巴西雷亚尔来说明。

据巴西央行2015年1月30日公布的数据显示，2014年巴西初级财政赤字达325.36亿雷亚尔（按当时的汇率约合137.6亿美元），占巴西当年国内生产总值（GDP）的0.63%，是2001年以来首次出现赤字。包括公债利息在内的总财政赤字，2014年几乎增长了两倍，达到3439亿雷亚尔（按当时的汇率约合1285亿美元），占GDP的6.7%，是全球主要经济体中总体财政赤字最高的国家之一，这是一国财政无法承受之重。同时，2014年，巴西的国际收支出现接近300亿美元的逆差。国际收支逆差加上财政赤字扩大，再加上通货膨胀高烧不退就预示着巴西雷亚尔加速贬值的周期即将开始。所以，本人在自己的新浪博客上据此预测巴西雷亚尔在2015年面临加速下跌。事实上，2014年12月12日，巴西雷亚尔兑美元为2.6512∶1，到2015年9月4日，巴西雷亚尔兑美元汇率跌破了3.85∶1，创出13年新低。巴西雷亚尔是世界主要经济体货币在2015年前8个月中贬值幅度最大的货币。华尔街见闻网这样描述巴西雷亚尔的贬值速度："巴西雷亚尔贬值太快，以至于策略师们撕报告的速度都跟不上。"巴西的通货膨胀率在2014—2015年间出现了跳升，从6.46%飙升至10.67%。如果不改革政治体制和经济体制，采取收缩基础货币的措施，就很可能进入货币贬值和通货膨胀互相推动的怪圈。

虽然巴西央行在2015年7月底将基础利率提升到14.25%，但对于抑制雷亚尔的贬值和通货膨胀几乎无济于事。

对于巴西这样的国家而言，收缩基础货币和压缩财政赤字永远是艰难的。社会等级严重，贪污腐败盛行，贫富差距恶化，游行示威（图 11.5 所示为巴西民众游行示威的场面）不断爆发。虽然大宗商品价格不断下跌是巴西遭遇困境的诱因，但更深刻的原因是巴西的社会治理水平太低，这让社会基本矛盾不断累积，使巴西货币难以走出不断贬值的怪圈。

图 11.5　巴西民众游行示威的场面

（图片来源：张家界在线）

2013 年 6 月 17 日以后，巴西主要城市爆发大规模示威游行，抗议巴西政府上调公交车票价格，反对在足球世界杯工程上开支不当，同时要求打击贪污腐败和改善医疗、教育等福利。

2015 年 3 月 15 日，超过 100 万巴西人参加抗议示威，要求弹劾总统迪尔玛·罗塞夫。示威者说，巴西国营石油公司的腐败丑闻罗塞夫肯定知情。反对派说，石油公司面临的受贿指控中一大部分都是在罗塞夫担任该公司董事长期间发生的。

总之，美元贬值周期，非美货币和美元同时扩张，这带来资产价格的狂欢；当美元进入收缩周期以后，投资风险开始无限放大，而且特别要提防本币剧烈贬值的发生，这将消灭很多国家的人们数十年的劳动所积累的积蓄，这是一种财富的超级掠夺。

美元本位制为美元在全世界剪羊毛提供了便利。美元贬值周期，带来资产价格狂欢，只要国家治理水平低，必定带来财政开支不断膨胀的惯性，也会形成贫富差距不断恶化的结果；当美元进入升值周期以后，就会带来本币的不断贬值，甚至被迫换币。

这意味着世界财富的巨额转移，出现货币危机的国家，以美元表示的 GDP 大幅缩水，人民陷入贫困，国际购买力大幅下降。比如，2015 年，有 2100 万俄罗斯人陷入贫困，大约占俄罗斯总人口的 14%，贫困人口比例大幅增长。而货币信用坚固的国家，即便手中的货币数量不变，但购买力大幅上升，全球财富就实现了大幅转移。

滞胀——世界无法摆脱的归宿

滞胀的形成

停滞性通货膨胀简称滞胀。在经济学特别是宏观经济学中，特指经济停滞、失业及通货膨胀同时持续高涨的经济现象。

20 世纪 60 年代前，很多凯恩斯主义者忽视滞胀的可能性，因为历史经验说明，高失业率伴随的是低通货膨胀率，反之亦然。20 世纪 60 年代以前，货币的发行主要依托黄金，而黄金产量增长缓慢，很难发生货币超发导致的成本推动型物价上涨。在 20 世纪 70 年代，美国出现滞胀时，通货膨胀与就业水平的关系并不平稳。宏观经济学者对凯恩斯主义抱怀疑态度，凯恩斯主义者再三考虑、猛翻书本去寻找对滞胀的解释。

将书本翻烂之后，当代凯恩斯主义者终于认识到了以下事实：通货膨胀的形式有两种：一种是需求拉动型，这和经济加速增长、需求不断上升（就业率上升）相关；另一种是成本推动型，当货币不断增发的时候，货币贬值，会带来商品生产成本上升，推动通货膨胀。在后一个观点中，当持续的通货膨胀发生之后，需求下降，企业就丧失了持续发展和扩张的能力，最终导致经济增长停滞，就业率下降，滞胀也就产生了。

2012 年—2015 年，随着国际大宗商品价格的不断下跌，大宗商品国家的货币出现连续贬值，通货膨胀持续累积，企业发展和扩张的能力丧失，经济增长出现停滞甚至萎缩。

假定一个国家以大宗商品生产为主，当大宗价格上涨到一定高度之后，GDP 是 1 亿美元，用本币衡量的 GDP 是 10 亿元。此时，这个国家的货币兑美元的汇率为 10∶1。当美元表示的大宗商品价格下跌 50% 之后，如果产量不变，这个国家用美元衡量的经济总量就成为 0.5 亿美元，此时就会产生本币相对美元的贬值压力，因为美元衡量的经济总量下降了一半。虽然外在的表现现象很可能是资本外流、本币的避险需求等导致本币贬值，但最根本的原因是以美元表示的 GDP 萎缩之后，体现出本币过剩。此时，为了保证本币汇率，防止通货膨胀不断加剧，就需要回收基础货币，以保证自身货币的信用水平。可我们知道，对于现行世界各国政府来说，回收基础货币几乎是不可想象的。这往往会带来政府的生存危机，财政陷入绝境，除非个别在过往形成大量财政结余的国家才可以做到，绝大多数政府不可能也没能力做到。基础货币的回收必定造成资产价格泡沫的破裂，穷人的生活难以为继，等等，形成社会动荡，威胁政府的生存。所以，当美元表示的 GDP 缩水之后，本币就面临巨大的贬值压力，这种压力几乎是无解的。

本币贬值就相当于物价上升，会快速推高通货膨胀水平，而通货膨胀的不断加剧将让本国工商企业的生存与发展受到抑制，经济增长速度下滑，进而进入滞胀的状态。以俄罗斯和巴西为例，到 2015 年都已经陷入严重的滞胀，表 11.2 为俄罗斯和巴西 2011 年—2015 年的 CPI 和经济增长数据。

表 11.2 俄罗斯和巴西 2011 年—2015 年 CPI 和经济增长数据

年份 国家（项目）	2011	2012	2013	2014	2015
俄罗斯 CPI	6.1	6.6	6.5	11.4	12.9
俄罗斯经济增长率/%	4.2	3.5	1.3	0.6	−3.7
巴西 CPI	6.5	5.8	5.91	6.46	10.67
巴西经济增长率/%	2.7	0.9	2.3	0.1	−3~4

随着通货膨胀不断加剧，经济增速不断下滑，俄罗斯和巴西是典型的滞胀状态。

巴西、俄罗斯之外，尚有委内瑞拉、阿根廷、南非等众多国家，都已经进入滞胀状态。

未来，即便这些国家用本币表示的经济增长稍有恢复，但只要无法制服通货膨胀并稳定本币的币值，这种经济增速的小幅恢复都是毫无意义的。根源在于高通货膨胀只要存在一天，就会压制工商企业的生存与发展，会将这些国家的经济再次带入衰退，最终，纸币变成纸的逻辑就成立了。只有在制服通货膨胀并稳定本币币值基础上的经济增长才是有意义的。

2015年，以出口为导向的国家的经济状况比以大宗商品出口为主的国家的境遇要好得多，但这些国家的处境预计在未来也将恶化，这些国家主要分布在亚洲和东欧地区。大宗商品价格的下跌本质上是全球需求不足导致，这种需求不足的影响会逐渐传导到以出口为导向的国家。在全球产能过剩的情况下，需求不足就会导致以美元标价的出口商品价格的下跌，这也是爆发货币战争的根源，从而导致用美元表示的经济总量下降；这些国家获取外汇的能力减弱，对本币的支撑力减弱；国际资本外流，本国货币需要避险；等等。这些因素都将带来本币贬值，而本币贬值将带动这些国家的通货膨胀水平，通货膨胀持续一定时间，就会削弱本国工商企业的盈利和扩张能力，最终让这些国家经济增速下降，陷入滞胀。

以出口为导向的国家，出口商品的国际竞争力有很大差别，各国经济和汇率的走势差异很大。德国、日本和韩国出口商品的竞争力比较强，这些国家的治理水平也比较高，经济一直处于低增长、低通货膨胀状态，暂时并不存在滞胀的威胁。最危险的是东南亚和东欧的某些以出口为导向的国家，自身商品在国际上的竞争力有限，为了保护各自的市场份额，只能开启价格战。这会严重影响本国的国际收支平衡，本币就会贬值，走向滞胀。图11.6、图11.7、图11.8为印尼、泰国、马来西亚的货币兑美元走势图。

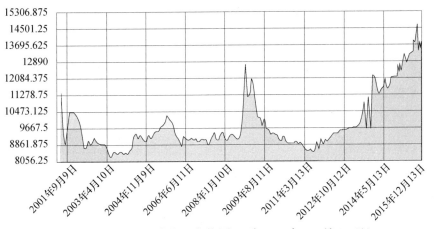

图 11.6 印尼盾兑美元走势图（到 2015 年 12 月 13 日）

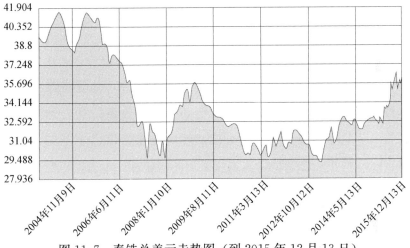

图 11.7 泰铢兑美元走势图（到 2015 年 12 月 13 日）

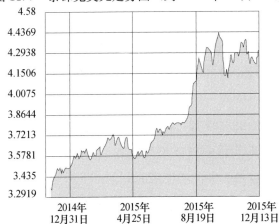

图 11.8 马来西亚林吉特兑美元走势图（到 2015 年 12 月 13 日）

随着这些国家的货币大幅贬值,通货膨胀水平也会走高。虽然货币贬值短期会提振本国商品的国际竞争力,但随着本国通货膨胀的不断发展,最终会削弱出口商品的竞争优势,进而削弱工商企业的生存与扩张空间,这些国家都会面临滞胀的威胁。

然而,这三个国家都曾经在1997年东南亚金融危机中接受了教训,或许对它们未来的经济发展有益。相信它们会通过货币收缩、财政收缩措施首先对抗货币贬值带来的通货膨胀不断增长的压力。因为在通货膨胀压力很高的情况下,继续用货币或财政手段刺激经济是无意义的,只能让通货膨胀走向恶化,制约经济活力,从而走向滞胀。但如果部分国家或地区因为资产泡沫严重、贫富差距恶化等原因无法实行紧缩的措施,就只能走向滞胀。

以美国为首的发达国家最终也很可能会陷入滞胀。

2009年—2015年,美国经济温和复苏。同期,部分新兴经济体国家却逐渐陷入滞胀的陷阱;以欧元区和日本为代表的发达经济体却不断面临通货紧缩的威胁,尽管开启一轮又一轮量化宽松并实行负利率政策,经济增长却非常低迷,通货紧缩的阴影挥之不去。综合趋势作用之下,资本回流美国等发达国家,这从2014年中以后,新兴经济体国家的外汇储备开始下降可以得到佐证。资本持续流入,最终会推动美国和发达国家的生产要素价格,使得美国的资本投资回报率曲线见顶回落,最重要的标志将是人均工资增长率见顶(见图11.3)。欧美普遍已经进入老龄化社会,如果不能爆发新的技术革命,进而大幅提升经济效率(这是重要的前提),最终,美国等发达国家很可能需要承受在次贷危机以后央行资产负债表加速扩张带来的后果,也陷入滞胀的陷阱。

如果美国真的出现滞胀,美联储只有采取20世纪70年代后期和80年代初期那样的货币强烈收缩措施才会缓解,那也将成为美元见顶的最终时刻,这也是美联储不愿意看到的。

美联储可以让美国经济避免陷入滞胀吗?或许是可以的,可以通过利率手段压制资产价格(比如房地产)的上涨,避免经济过热的出现,这需要早加息、持续加息。所以，美联储轻易不会改变自己加息的决心和进程。

对于未来，我们拭目以待。

滞胀时期的投资选择

滞胀是什么？前面说过经济学家给出的定义，本人给一个比较通俗的说法。

停滞代表经济增长萎靡不振，也就是说，现在我们使用的信用货币没有投资渠道，无法通过参与经济运行实现保值增值，此其一；其二，通货膨胀不断发展，代表信用货币相对于商品不断贬值。此时，信用货币只能贬值，被逼入死胡同。

黄金法则的不断完善将推动经济社会的发展，而滞胀将带来对经济社会的破坏，是破坏黄金法则。这主要体现在两个方面：

第一，前文说过，通货膨胀本质上是赋税过重导致的结局。而通货膨胀不断发展意味着和货币发行相关的阶层不断加大对普通大众的索取力度，也往往意味着社会管理阶层的腐败和低效，是对法治社会的破坏。

第二，信用货币不断贬值使社会丧失了信用基础，丧失了财富储藏的载体，进一步破坏了黄金法则。

对于那些属于刚性银行券的货币来说，滞胀的发生就很可能面临货币价值归零的威胁，规避风险就显得更加重要。用这些货币表示的任何金融资产都有巨大的危险，或许只有实物资产才有意义。基于商品的实物价值均受到供需关系的制约，当商品供过于求的时候并不能有效保护自己的财富，此时，只有商品的一般等价物——金银——才是最优的选择。

美元、瑞郎属于比较典型的弹性银行券。对于这类货币，美国在20世纪70年代发生的事情可以作为示例。

1969年—1982年，美国经历了为期13年的严重滞胀。在滞胀时期，美国共经历了四次经济危机，经济危机的谷底分别是1970年11月、1975年3月、1980年7月、1982年11月。经济危机期间，生产下降，失业率上升，物价普遍大幅上涨。缺乏经济增长点自然是美国陷入滞胀的根本原因。而扩张性财政政策和处于转型期的货币政策直接推动了通货膨胀。政府预算内的财政赤字在1976年和1981年分别创下了694亿美元和739亿美元的历史新高。在1970年至1979年的10年中，政府的财政赤字预算达5128亿美元。为了弥补财政赤字，美国政府还发行了大量的国债。1970年国债发行额为370亿美元，1975年国债发行额为5332亿美元，1980年国债发行额达到9077亿美元，人均负担的国债额从1960年的1572美元增加到1980年的3985美元。联邦政府每年为国债付出的利息也从1960年的92亿美元增加到1980年的749亿美元，利息支出约占每年联邦政府财政支出的10%左右。这些不合时宜的货币政策和财政政策将滞胀不断推向深入。布雷顿森林体系解体带来美元贬值、石油价格的不断上涨和农产品的短缺更为通货膨胀插上了翅膀。直到20世纪80年代初期，随着全球范围内以微电子、生物、新材料、宇航、海洋、核能等尖端工程技术的应用成为经济增长的推动力，加上货币政策和财政政策的调整，美国经济才重新步入增长轨道，使美国经济摆脱了滞胀。滞胀期间，美国企业大量倒闭，国家和个人的资产负债表都遭受残酷的打击。

20世纪70年代美国"滞胀"时期，各行业的表现不一。统计发现，具有定价权的上游资源行业和下游服务业，以及出现新的盈利模式的行业，增速明显能超越CPI的涨幅。增长最强劲的行业分别是采掘业、农林牧渔、金融服务业、公用事业，平均年增速超过10%，远远超过CPI的上涨。其中，采掘业、农林牧渔的年增长几次超过50%。在货币贬值周期，这些商品生产行业有优异的表现并不意外，因为货币相对于初级产品贬值，自然带来采掘业、农林牧渔的增长，这这些行业的增长很大程度上是在货币贬值过程中的套利行为，如果再加上公司具有好的管理团队，取得超常增长就毫不意外。金融服务业的年增长也曾接近20%，这是因为70年代美国的银行业出现了新的盈利模式——国际贷款业务的兴起，这形成美国银行业信贷扩张、高杠杆、高盈利的时期，直至80年代初，由于美国联邦基金利率大幅上升，带来银行债务危机爆发。

温和增长的行业包括信息服务业、教育医疗业、房地产、住宿食品服务业、文化娱乐业等行业，扣除通货膨胀的因素后，基本实现正增长。信息服务业的增长主要是受到当时美国电信行业的垄断格局被打破，行业竞争机制刺激了居民对通信的消费增长。

呈现停滞状态的行业涉及面较广，包括制造业、交运仓储业、建筑业、零售业、批发贸易等，主要是受到经济停滞、高失业率的影响。

然而，最大的亮点是黄金采掘业。作为规避通货膨胀的保值工具，纽约黄金价格在1980年1月创下了每盎司850美元的高点，而我们知道，在1971年以前，每盎司黄金的价格仅是35美元，十年的时间上涨了23.29倍。所以，即便对于美元这样的弹性银行券来说，黄金依旧是抵抗滞胀的最优手段。

滞胀意味着经济衰退，通常伴随着股市下跌。我们有一个明显的感觉是美国股市熊短牛长，但整个滞胀时期，美国股票市场经过了6次调整，约有一半的时间处于熊市之中，与其他时期显著不同。1973年—1974年的股市大调整中，美股下跌了近43.3%，为历次调整中最大跌幅。整个滞胀时期，股指基本上呈现大幅震荡、市盈率低位盘整的状态，机会主要显现在某些行业和个股之中。

本人认为，全球在未来的很多年很可能面临着普遍的、深度的滞胀，黄金将成为人们的"保护神"。滞胀是对黄金法则的破坏，此时，值得信任的只能是以黄金为代表的信用完善的货币。

滞胀的治理

滞胀一旦产生，任何虚与委蛇的财政和货币政策都是无效的。唯有两项相互结合的措施才是解决问题之路：第一，收缩基础货币；第二，紧缩财政支出。这意味着彻底放弃暂时的经济增长。

紧缩财政支出，意味着减少对社会的索取，就需要改革社会的管理体制和财政支出体制，使社会的运转更加高效合理，这自然意味着法制地位的上升；而紧缩的货币政策，意味着货币信用的重建，给社会提供稳定的价值标尺和财富储藏工具。这实际上就是黄金法则的重建。

无论美国在 20 世纪 70 年代的滞胀还是巴西在 20 世纪 70 年代至 90 年代的滞胀，均是通过强力恢复黄金法则之后，才得到最终的治理。

对于美国在 20 世纪 70 年代的滞胀，扩张性的财政政策和货币政策并没有带来经济繁荣，相反，滞胀却不断深入。最终，保罗·沃尔克采取非传统的货币政策，紧缩市场中的基础货币，任由利率走高，再加上里根总统严控政府财政开支、加强对困难人群和企业的救助，制服了滞胀的猛虎。

20 世纪 70 年代至 90 年代，新兴经济体国家巴西也遭遇长时间滞胀，期间进行了数次换币，均无法将巴西经济带上正轨，通货膨胀高烧不退。巴西前总统费尔南多·恩里克·卡多佐（1995 年 1 月—2002 年 12 月任巴西总统，以下简称卡多佐）在其回忆录中写道：他所面对的最大敌人之一是（出任巴西总统前）就任财政部长时那高达 2500% 的通货膨胀（1993 年巴西通货膨胀率为 2567%）。为了应对超级通货膨胀，时任巴西财政部长的卡多佐制定了著名的"雷亚尔计划"，促成了新货币雷亚尔（雷亚尔在葡萄牙语中含有"皇帝"和"真实"的含义，欲增强居民的信心）的诞生。

雷亚尔计划的核心内容是：

第一，平衡巴西联邦财政收支，消除赤字。财政赤字是巴西通货膨胀历时 10 余年居高不下的根本原因。财政赤字主要依靠增发货币和发行巴西联邦短期债券弥补。在经济停滞或衰退的情况下，货币的过量发行成为不以生产发展为依据的纯货币行为，导致物价上涨，通货膨胀上升。

第二，实施"实际价值单位"，以稳定货币。解决巴西联邦财政平衡是稳定货币的基础和前提。1994 年 3 月 1 日，巴西开始在国家货币体制中引入新的经济指数"实际价值单位"（URV）。"实际价值单位"本身不是一种货币，而是一种经济指数，仅具备记账功能。中央银行每天根据美元与巴西克鲁塞罗雷亚尔货币的汇率变化，公布"实际价值单位"与克鲁塞罗雷亚尔的比价。因此,"实际价值单位"的变化是根据美元的变化而变化,不受克鲁塞罗雷亚尔通货膨胀的影响。巴西政府同时规定,职工工资、退休金、最低工资标准、公共服务价格、商品标价、经济合同等必须根据"实际价值单位"进行计算(实际上等于以美元计算)。克鲁塞罗雷亚尔贬值,但"实际价值单位"不贬值。巴西政府将"实际价值单位"纳入货币体制的主要目的是把货币的支付功能和记账功能分开,因此,通货膨胀对"实际价值单位"没有直接影响,以此作为新老货币更换前期的过渡,使新货币出台后摆脱旧货币的惯性影响,从而达到稳定新货币的目的。"实际价值单位"是实施雷亚尔计划关键性的过渡手段,也是与前7个经济稳定计划的不同点。

第三,发行新货币雷亚尔。经过财政平衡并稳定货币价值后,消除了财政赤字和惯性通货膨胀的影响。在此基础上,巴西政府决定从1994年7月1日开始发行新货币雷亚尔。规定雷亚尔兑美元的汇率为1:1,自8月1日起,旧货币停止使用。

1994年巴西各项经济指数证明,雷亚尔计划不仅在反通货膨胀方面卓有成效,而且在促进巴西经济发展方面起了重要作用。巴西的通货膨胀率由1994年6月的近50%降为7月份的6%,1994年12月至1995年1月份的通货膨胀率为1%~2%。1994年巴西经济增长4.5%,摆脱了长期的低迷,财政决算首次出现30亿美元的盈余。在外贸方面,在大幅度降低进口关税的情况下,外贸顺差仍达115亿美元,国际储备达400亿美元。巴西经济开始进入新的稳定发展时期。

巴西制服滞胀的武器依旧主要体现在两点:其一,严控财政支出,消灭财政赤字;其二,稳定货币的价值。这与美国制服20世纪70年代滞胀的做法并无根本的不同。

办法是清晰的,但未来各国政府能否做到是有疑问的,这就决定了各国货币的前途,也决定了各国和各国居民财富的前途。

时机

任何一个国家只要陷入滞胀,都会带来国民经济的倒退,人民生活水平的下降，缘于本币购买力下降。如果按本币表示的经济增长出现萎缩，就意味着剧烈的倒退。

当一个国家经济增长速度下降，而通胀开始向上的时候，就很可能已进入滞胀的阶段，此时，就是黄金"闪光"的时刻。

个别国家的经济增速"水份"比较高，更有一些国家因此被国际货币基金组织谴责，此时通过正式发布的数据判断这个时间点就比较困难。好在尚有其他的指标可以判断，比如：增值税的增长速度、全社会能源消耗量、发电量等数据，都可以给出比较基础的判断，用于判断经济发展的趋势，进而判断全社会的经济效率走势。当这些指标下滑的时候，意味着全社会经济效率在下降，经济增长速度在下行。

基于2008年以后，全球几乎所有国家都在使用货币手段或增加负债保护自己的经济，有三个最有效的手段可以判断通胀的趋势：

第一，本币相对美元是否形成贬值的趋势，这是最重要的指标。因为各个国家在不断推进贸易全球化之后，与外部的联系更加紧密，本币贬值就会带来进口商品价格的上升。虽然在全球经济回落周期全球需求下降，大宗商品价格下跌，会带来短期的通缩预期，但这些因素都是短期的，大宗商品价格的下跌达到一定程度之后，就会告别单边下跌的阶段，货币贬值就会成为推动通货膨胀上行的动力。

第二，本币相对黄金价格的趋势。当用本币表示的黄金价格开始上升周期以后，意味着通货膨胀起步，这一点也与本币与美元的汇率有关。

第三，就是有关机构发布的通货膨胀数据。

当经济增长速度下行的趋势确立，而通胀开启上行趋势以后，黄金就成为最有效的、保护人们劳动果实的手段，企业和个人都是如此。

但愿我们的社会，通过不断强化法治建设（税法的建立与完善、轻徭薄赋和清明吏治都是核心内容），加强货币的信用管理，不断强化和完善黄金法则，使得社会的文明水平和经济发展水平不断再上新台阶，避免陷入滞胀的陷阱。

后　记

这是最坏的时代。

货币战争的隆隆声不绝于耳，各国竞相贬值自己的货币，冠冕堂皇的理由是为了争夺国际商品市场的份额，本质上都是在掠夺本国民众的劳动果实，将本国人民推向贫穷。

无论中国史还是世界史，从没有一个国家可以依靠贬值自己的货币而崛起于世界民族之林，成就国家富强、百姓富足、人民安居乐业的盛世。

那是因为，财富的积累必须依托于信用，货币不断贬值就是不断丧失信用，就会中断财富的积累。

有些国家，上百年甚至数百年前就是很富裕的国家，人民生活具有很高的水平。最典型的是阿根廷，100年前就是当时的发达国家，不断"发展"之后，今天却成为发展中国家，依旧是一个以农业为主的社会，货币危机与债务危机不断伴随着这个美丽的国度。中国宋朝就已经是世界上工业水平最先进的国家，到了清朝却再次回归农业社会。相似的现象也多次发生在世界各地。最根本的原因在于，一个国家如果要实现长期的繁荣，必须依靠工业、科技水平的进步，而这些领域产生的利润必须用信用来储藏，这也是进一步推动经济发展的源泉。当自身的货币不具有恒定的信用、不断贬值的时候，在工业、科技等领域从事劳动的人们，就无法保护自己的劳动果实，劳动的积极性就会消失，社会走向倒退，让这些国家在农业社会的模式中不断打圈，走不出历史的循环。

更有一些国家，权力主导社会的运行，权力在经济生活中以铸币税、行业垄断等为手段进行肆意掠夺，不断加大征收隐性赋税的力度，通过货币贬值进行货币套利，人们劳动和发明创造的积极性更会消失，这样的社会只能走向国困民穷。

法治的进步是全社会信用的表现形式，可以推动社会进步。货币的信用是财富的载体，这才是实现国民富裕、国家强盛的基础。

这也是最好的时代。

货币战争可以说是人类的"癫狂"，将让人类社会陷入信用危机。当灾难不断深化之后，意味着曙光的来临。人类历史上，任何一个信用崩溃的时期，人们的脑海里都会涌现黄金的影子，因为它代表的就是信用——而且千百年来忠实地履行着自己的职责。

"癫狂"意味着可以肆意贬值的信用货币踏上了死亡之旅，新的信用萌芽就会破土而出。黄金依旧会承担它的历史使命，而且从不会让人类失望；数字货币也以自己的客观信用对信用货币发起猛烈的冲击。

区域、主权性质的货币可以阶段性存在，但展现恒定信用、保护人类社会所有人权益的世界货币才是真正的王者。

在本书的写作过程中，陈小惠、马施君、陈恩国、张广江、陈腾宙、周江挺、张洋、陈湘云、张哲、陈小霞、何文涛、曾玉媚、冯玉珍、邓忠诚参与了编辑、整理和资料查找等工作，在此衷心地表示感谢！

另外，本书参考了很多文献资料，在此向相关作者致以谢意！